交通仿真理论与实验

主　编　杨艳群　梁　钰
参　编　肖泽荣　黄金龙　祝站东

北京理工大学出版社
BEIJING INSTITUTE OF TECHNOLOGY PRESS

内 容 简 介

本书是适应"新工科"背景下交通工程实验教学改革，结合理论与实验的实际需求编写而成的。本书共 11 章，分为理论概述、VISSIM 仿真和 TransCAD 仿真三个部分。本书着重介绍了 VISSIM 仿真软件和 TransCAD 仿真软件的常用操作方法，旨在培养学生独立完成交通微观和宏观仿真的能力。

本书可以作为交通运输工程专业本科生、研究生的教材使用，也可以作为从事本学科的科研人员、试验人员和工程技术人员的参考用书。

版权专有　侵权必究

图书在版编目（CIP）数据

交通仿真理论与实验 / 杨艳群，梁钰主编. -- 北京：北京理工大学出版社，2025.4.
ISBN 978-7-5763-5278-8

Ⅰ. U491.2-39

中国国家版本馆 CIP 数据核字第 2025P4B888 号

责任编辑：陆世立	文案编辑：李　硕
责任校对：刘亚男	责任印制：李志强

出版发行	/ 北京理工大学出版社有限责任公司
社　　址	/ 北京市丰台区四合庄路 6 号
邮　　编	/ 100070
电　　话	/ (010) 68914026（教材售后服务热线）
	(010) 63726648（课件资源服务热线）
网　　址	/ http://www.bitpress.com.cn
版 印 次	/ 2025 年 4 月第 1 版第 1 次印刷
印　　刷	/ 北京广达印刷有限公司
开　　本	/ 787 mm×1092 mm　1/16
印　　张	/ 11.75
字　　数	/ 249 千字
定　　价	/ 66.00 元

图书出现印装质量问题，请拨打售后服务热线，负责调换

前言

人才是立国强国之本，高素质专门人才是中国式现代化建设和高质量发展的基础性、战略性支撑。习近平总书记强调："办好中国的事情，关键在党，关键在人，关键在人才。"立足新发展阶段，加强高素质专门人才队伍建设的意义重大，打造一支爱党爱国、敬业奉献、技艺精湛、规模宏大的高素质专门人才队伍，与国家发展同频，对国家战略性发展意义重大。

交通运输专业是一个系统理论和实践并重且多学科交叉的专业，在国家基础建设中占有极为重要的地位，"一带一路"建设、"互联网+"的实施对交通运输专业人才培养提出了新的要求，"新工科"建设应运而生。"交通仿真理论与实验"是适应"新工科"背景下交通工程实验教学改革，面向交通运输专业本科生和硕士生的基础专业课程。本书在内容组织上尽量避繁就简，力争做到不遗漏关键知识点，并舍弃一些不常用的模型和功能，侧重于详细的操作说明及图片展示，以具体的操作实例为索引，同时涵盖交通工程领域常用的两个仿真软件（VISSIM 和 TransCAD），让读者在掌握操作的同时就能对照教材实现简单的交通案例仿真应用，着力打造交通运输高素质专门人才。此外，本书也可供从事本学科的科研人员、试验人员和工程技术人员参考。全书共分为11章，第1章为绪论；第2章介绍了常见交通仿真系统的模型与软件；第3~7章介绍了 VISSIM 软件的相关操作，主要有 VISSIM 操作基础、十字交叉口仿真、非机动车与行人仿真、仿真评价和环形交叉口仿真；第8~11章介绍了 TransCAD 软件的相关操作，主要有 TransCAD 操作基础、地图的创建与编辑、反推 OD 矩阵和交通需求预测模型。

本教材得到了福建省本科高校教育教学研究项目《新工科背景下土木工程创新型人才"一专多能"实验教学改革与实践》（编号：FBJY20230045）和教育部产学合作协同育人项目（编号：231104575143120、241002554295249）等项目的资助。本教材编写单位为福州大学、福建理工大学和福州市规划设计研究院集团有限公司，其中第1、2章由福州大学杨艳群教授和福建理工大学祝站东副教授共同编写，第3章和第8~11章由福建理工大学梁钰实验师编写，第4、5章由福州市规划设计研究院集团有限公司肖泽荣教授级高级工程师编写，第6、7章由福州市规划设计研究院集团有限公司黄金龙高级工程师编写，全书由福建理工大学梁钰实验师负责统稿。

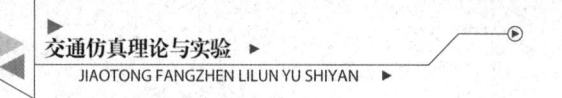

在本书的编写过程中，相关单位、同人给予了许多帮助，提供了众多有价值的资料及图片，在此一并致谢。由于编者的水平有限，书中难免有错漏之处，恳请专家同行和读者批评指正。

编　者

2025 年 4 月

目 录

第1章 绪论 ··· (1)
   1.1 交通仿真的概念 ··· (1)
   1.2 交通仿真的内容 ··· (2)
   1.3 交通仿真的特点 ··· (3)
   1.4 交通仿真的分类 ··· (4)
   1.5 交通仿真的应用 ··· (5)
   1.6 交通仿真的发展概况 ··· (6)

第2章 常见交通仿真系统的模型与软件 ··· (10)
   2.1 微观交通仿真系统的模型与软件 ·· (10)
      2.1.1 微观交通仿真系统的功能特性 ···································· (10)
      2.1.2 微观交通仿真系统的基本模型 ···································· (11)
      2.1.3 微观交通仿真系统的基本步骤 ···································· (12)
      2.1.4 VISSIM 仿真系统 ·· (13)
   2.2 宏观交通仿真系统的模型与软件 ·· (14)
      2.2.1 宏观交通仿真系统的功能特性 ···································· (14)
      2.2.2 宏观交通仿真系统的基本模型 ···································· (15)
      2.2.3 宏观交通仿真系统的基本步骤 ···································· (17)
      2.2.4 TransCAD 仿真系统 ·· (17)

第3章 VISSIM 操作基础 ··· (21)
   3.1 VISSIM 基本介绍 ·· (21)
      3.1.1 软件界面介绍 ··· (21)
      3.1.2 基本操作 ··· (24)
   3.2 基本路段仿真 ··· (26)
      3.2.1 基本路段的创建 ··· (26)
      3.2.2 路段常用属性设置 ·· (28)

  3.2.3 基本路段的编辑 …………………………………… (32)
  3.2.4 中间点的编辑 …………………………………… (33)
  3.2.5 交通流量的加载 …………………………………… (36)
  3.2.6 路段运行仿真 …………………………………… (37)
 3.3 道路连接仿真 …………………………………………… (39)
  3.3.1 分岔路段的创建 …………………………………… (39)
  3.3.2 连接器的编辑 …………………………………… (40)
  3.3.3 路径决策 …………………………………………… (43)
 3.4 冲突区仿真 ……………………………………………… (45)
  3.4.1 冲突区的创建 …………………………………… (45)
  3.4.2 优先权分配 ……………………………………… (47)
  3.4.3 车速控制 ………………………………………… (48)

第4章 十字交叉口仿真 …………………………………… (50)
 4.1 实验目标 ………………………………………………… (50)
 4.2 数据资料 ………………………………………………… (50)
 4.3 背景图的加载与设置 …………………………………… (52)
 4.4 路网的构建 ……………………………………………… (54)
  4.4.1 专用车道交通仿真 ……………………………… (54)
  4.4.2 混行车道交通仿真 ……………………………… (59)
  4.4.3 可变车道交通仿真 ……………………………… (61)
 4.5 车辆设置与路径分配 …………………………………… (63)
  4.5.1 车辆设置 ………………………………………… (63)
  4.5.2 路径分配 ………………………………………… (65)
 4.6 交通信号设置 …………………………………………… (68)
  4.6.1 信号控制机设置 ………………………………… (69)
  4.6.2 信号灯设置 ……………………………………… (73)

第5章 非机动车与行人仿真 ……………………………… (77)
 5.1 实验目标 ………………………………………………… (77)
 5.2 数据资料 ………………………………………………… (77)
 5.3 行人仿真 ………………………………………………… (79)
  5.3.1 创建行人车辆构成 ……………………………… (79)
  5.3.2 交叉口东进口方向过街行人仿真 ……………… (81)
  5.3.3 交叉口其他方向过街行人仿真 ………………… (83)
  5.3.4 冲突区设置 ……………………………………… (84)
 5.4 非机动车仿真 …………………………………………… (87)
  5.4.1 创建非机动车车辆构成 ………………………… (88)
  5.4.2 交叉口东进口方向非机动车仿真 ……………… (88)
  5.4.3 交叉口其他方向非机动车仿真 ………………… (93)

第6章 仿真评价 (95)
6.1 实验目标 (95)
6.2 知识要点 (95)
6.3 数据检测器的设置与评价 (96)
6.4 行程时间检测器的设置与评价 (98)
6.5 排队计数器的设置与评价 (101)
6.6 交叉口节点评价 (103)

第7章 环形交叉口仿真 (105)
7.1 实验目标 (105)
7.2 数据资料 (105)
7.3 背景的导入及设置 (106)
7.4 路网的构建 (106)
7.5 流量的加载与运行 (110)
7.6 冲突区设置 (110)

第8章 TransCAD操作基础 (112)
8.1 TransCAD基本介绍 (112)
8.1.1 软件界面介绍 (112)
8.1.2 设置TransCAD的工作环境 (115)
8.1.3 TransCAD文件介绍 (116)
8.2 图层操作 (118)
8.2.1 基本概念 (118)
8.2.2 图层的基本操作 (118)
8.3 修改与美化地图 (120)
8.3.1 使用样式 (120)
8.3.2 使用标签 (123)
8.3.3 使用图例 (124)
8.4 专题地图分析 (124)
8.4.1 彩色与图案专题 (124)
8.4.2 点密度专题 (126)
8.4.3 饼图和直方图专题 (126)
8.4.4 比例符号专题 (127)
8.4.5 棱柱形专题 (128)
8.4.6 地图着色 (128)
8.5 数据表的编辑 (129)
8.5.1 数据表的填充 (129)
8.5.2 数据表的链接 (130)
8.6 矩阵的创建与编辑 (131)

8.6.1 创建矩阵 (131)
8.6.2 填充矩阵 (131)
8.6.3 矩阵索引的转换 (132)
8.6.4 创建期望线 (133)
8.6.5 将 Excel 数据转换为矩阵 (134)
8.6.6 导出矩阵到 Excel 中 (135)

第 9 章 地图的创建与编辑 (138)
9.1 实验目标 (138)
9.2 知识要点 (138)
9.3 创建线类型地理文件 (138)
9.3.1 编辑路段图层 (138)
9.3.2 添加路段图层属性数据 (141)
9.3.3 保存地图 (144)
9.3.4 制作路段流量专题地图及交叉口流量流向图 (144)
9.4 创建面类型地理文件 (145)
9.4.1 编辑面层 (146)
9.4.2 添加面层属性数据 (147)
9.5 创建点类型地理文件 (147)

第 10 章 反推 OD 矩阵 (149)
10.1 实验目标 (149)
10.2 知识要点 (149)
10.3 质心的输出 (149)
10.4 质心连杆的创建 (150)
10.5 矩阵的输出 (152)
10.5.1 网络设置 (152)
10.5.2 OD 反推 (153)

第 11 章 交通需求预测模型 (155)
11.1 实验目标 (155)
11.2 知识要点 (155)
11.3 出行生成预测 (156)
11.3.1 基本原理 (156)
11.3.2 数据准备 (156)
11.3.3 估计回归模型参数 (158)
11.3.4 运行回归分析模型 (159)
11.3.5 平衡产生量与吸引量 (160)
11.4 出行分布预测 (160)
11.4.1 基本原理 (160)

  11.4.2 数据准备 ·· (161)
  11.4.3 重力模型法 ·· (161)
 11.5 出行方式划分预测 ·· (164)
  11.5.1 基本原理 ·· (164)
  11.5.2 数据准备 ·· (165)
  11.5.3 创建出行方式表 ·· (167)
  11.5.4 Logit 模型的参数估计 ··· (169)
  11.5.5 应用 Logit 模型 ·· (169)
  11.5.6 将分担率矩阵转换为出行分布矩阵 ····································· (170)
 11.6 出行分配预测 ··· (171)
  11.6.1 基本原理 ·· (172)
  11.6.2 数据准备 ·· (172)
  11.6.3 出行分配 ·· (172)
参考文献 ··· (175)

第1章 绪 论

1.1 交通仿真的概念

仿真，顾名思义是指对真实事物的模仿，也称为模拟，是指为了求解问题而人为地模拟真实系统的部分或整个运行过程。仿真不是伪造，其目的不是代替真实事物的功能，而是对真实事物或事件的一个再现，使我们能够低成本、低危险地显示已经发生或未发生的事件，对其特征和规律进行研究。仿真是利用仿真模型产生一个人为的系统的经历，在仿真过程中获得数据，以便描绘或推断出与实际系统有关的运行特征或行为结果，所以说仿真是将所研究的问题用数字、实体或混合的形式加以模仿的一种技术。按所用方法的不同，可以将仿真分为物理仿真和数字仿真两种。物理仿真是根据相似原理，对真实系统建立物理模型；数字仿真又称计算机仿真，是运用计算机技术，建立系统模型，在计算机平台上反映出事件或系统的特征。计算机及相应的程序代码表示实际系统，其在运行时与实际系统在逻辑上具有相同或类似的特性，从而可以用它来检验实际系统，修改实际系统的不足，或者用于教学演示等，并且能节省费用和时间，降低不必要的风险。

现代交通仿真属于多用计算机仿真，作为仿真科学在交通领域的应用分支，它是20世纪50年代以来，随着计算机技术的进步而发展起来的。经过半个多世纪的发展，交通仿真作为一项交通系统实验分析技术，被称为交通工程研究人员测试和优化各种道路交通规划设计方案，描述复杂道路交通现象的一种直观、方便、灵活、有效的交通分析工具，目前已广泛应用于道路交通设计、智能交通系统方案设计与技术研发、网络交通流理论研究等诸多方面。

从实验角度来看，交通仿真是再现交通流时间和空间变化的模拟技术。交通仿真是智能交通运输系统的一个重要组成部分，是计算机技术在交通工程领域的一个重要应用，它可以动态、逼真地仿真交通流和交通事故等各种交通现象，复现交通流的时空变化，深入分析车辆、驾驶员和行人、道路及交通的特征，有效进行交通规划、交通组织与管理、交通能源节约与物资运输流量合理化等方面的研究。同时，交通仿真系统通过虚拟现实技术手段，能够非常直观地表现出路网上车辆的运行情况，对某个位置交通是否拥堵、道路是否畅通、是否出现交通事故及出现上述情况时采用什么样的解决方案来疏导交通等，在计算机上经济有效且没有风险地仿真出来。交通仿真是以相似原理、信息技术、系统工程和交通工程领域的基本理论与专业技术为基础，以计算机为主要工具，利用系统仿真模型模拟道路交通系统的运行状态，采用数字或图形方式来描述动态交通系统，以便更好地把握和控制该系统的一门实用技术。

本书对交通仿真的定义是：交通仿真是计算机仿真在交通工程领域的应用，它是以相似原理、信息技术、系统工程和交通工程领域的基本理论和专业技术为基础，以计算机为工具，利用系统仿真模型模拟道路交通系统的运行状态，采用数字或图形方式来描述动态交通系统，以便更好地把握和控制道路交通系统的一门实用技术。

1.2 交通仿真的内容

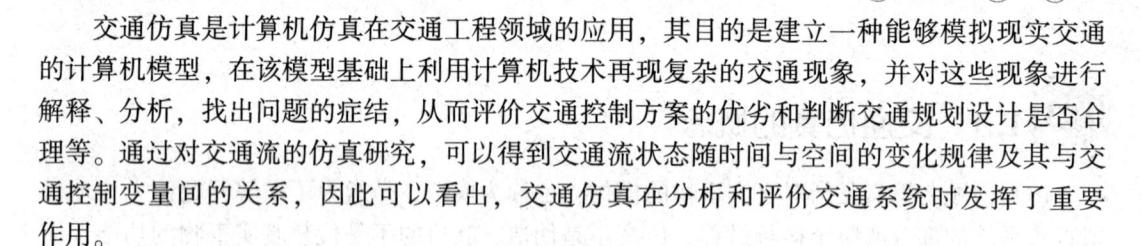

交通仿真是计算机仿真在交通工程领域的应用，其目的是建立一种能够模拟现实交通的计算机模型，在该模型基础上利用计算机技术再现复杂的交通现象，并对这些现象进行解释、分析，找出问题的症结，从而评价交通控制方案的优劣和判断交通规划设计是否合理等。通过对交通流的仿真研究，可以得到交通流状态随时间与空间的变化规律及其与交通控制变量间的关系，因此可以看出，交通仿真在分析和评价交通系统时发挥了重要作用。

一般而言，交通仿真主要包括以下研究内容。

1. 公路交通系统仿真

公路交通系统是交通系统的一个子系统，因此一般交通系统的仿真原理与方法适用于公路交通系统仿真。但是，由于公路交通系统在系统组成及运行上具有独特的性质，所以公路交通系统仿真又具有其自身的特点。

2. 城市道路网仿真

城市道路网是城市车辆运行的载体，它是由城市主干道、快速路和支路通过交叉口连接组成的，可建立仿真模型来描述城市道路网。

3. 行人和非机动车仿真

行人和非机动车是城市道路交通系统中的重要组成部分。行人和非机动车与机动车在交叉口争夺道路空间，如果对行人和非机动车缺乏了解，就不能妥善解决行人和非机动车的交通问题，势必会严重干扰机动车的正常运行，最终导致交通秩序混乱。对行人和非机动车进行仿真可以研究大型集散场地的行人特性、行人过街时与机动车的相互作用机理及非机动车的一些交通特性，这对解决一些交通问题非常有效。

4. 交通环境仿真

随着经济的迅速发展和人口的急剧膨胀，道路里程和机动车的数量迅猛增加。与此同时，交通噪声和空气污染日益严重，这将极大地危害人们的身心健康。交通仿真技术的应用为降低污染、保护环境提供了有效的工具和手段，所以交通仿真在环境保护方面的应用越来越受到重视。

5. 交通安全仿真

交通是由人、车、路和环境构成的一个复杂的人机系统，因此交通事故的诱发因素是多方面的。对于交通安全的评价，应充分考虑人、车、路和环境诸方面因素的综合作用和综合影响。国内外现行的交通安全评价方法主要是"事后"分析法，这对改善现状有一定的积极作用，但该方法对"事前"的预测及评估作用不大。因此，应用交通仿真对某个区域和某个路段的交通安全进行"事前"跟踪和评估就显得尤为重要了。

6. 面向智能交通系统的交通仿真

随着智能交通系统（Intelligent Transport System，ITS），特别是先进的出行者信息系统的逐步推广和实施，出行者的选路行为必将受到信息因素的动态影响，其出行行为也变得复杂化和多样化，这对交通仿真提出了新的挑战。

1.3 交通仿真的特点

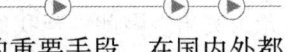

交通涉及人们生活的方方面面，交通仿真作为解决交通问题的重要手段，在国内外都得到了蓬勃的发展，并越来越受到重视，被公认为是挖掘现有交通资源潜力的有效工具。相对于传统的数学分析方法，交通仿真既有优点也存在应注意的问题。

1. 交通仿真的优点

1）经济性

有些数据无法通过调研和实验得到，或者这一过程所花费的人力、物力过大，在这种情况下，可以通过交通仿真的方法得到这些数据。

2）安全性

利用计算机进行仿真实验，可避免实地调研和实验（如交通调查）中出现的意外伤害，具有较高的安全性。

3）可重复性

一旦建立了一个仿真模型，就可以任意地重复仿真过程。

4）易用性

与以往的方法相比，交通仿真方法更便于使用，它不需要太多的数学知识就可建立一些解析模型。

5）可控制性

交通仿真是通过程序控制的，这很容易使某些参数限制在一定范围内或保持在某个特定值。例如，可以人为地将一些变量设定为常用交通仿真参数，只改变其中一些变量以考察它们对道路安全性的影响，还可以事先对一些因素如信号配时、道路几何设计等进行人为优化，采取特定的组合方案进行模拟，进而对不同方案进行比选、评价等。

6）可拓展性

利用计算机进行模拟是对某种设想进行验证，它可以使某些参数（如车速、交通流量等）超出实际调查所能得到的范围。利用交通仿真进行模拟预测还可以再现复杂交通环境条件下的车流运行特性，从而弥补观测数据的不足。

2. 交通仿真应注意的问题

尽管交通仿真有许多优点，但它仍有许多问题需要注意。

（1）建立交通仿真模型时需要输入大量的数据，对某些实际问题而言，这些数据很难甚至无法获得。

（2）交通仿真模型需要验证、标定，并进行有效性检验。若忽视了这一点，则仿真结果将会失实。

（3）建立交通仿真模型不仅需要大量的知识，如交通流理论、计算机程序设计、概率论、决策论、统计分析等，而且需要对所研究的道路交通系统有充分的了解。

（4）一些人在使用交通仿真软件时只懂得简单地套用数据模型，而对于模型的限制条件和基本假设并不清楚，或者将其视为"黑箱"，对其含义并不了解，这极可能导致得出错误的结论。

应当指出，交通仿真只是众多交通分析技术中的一种，它既不是唯一的也不是最好的。交通仿真技术对于系统模型有着极强的依赖性，而要建立系统模型，就必须要对真实系统进行简化和抽象处理，这必然要引起某种程度上的"失真"。事实上，这正是交通仿真技术本身固有的缺陷。对于道路交通这样一个随机、动态、复杂的大系统，这一问题显得尤为突出。因此，当我们面临实际的交通问题时，首先要考虑选用其他的交通分析方法，而交通仿真只是最后的选择。也就是说，只有当确认其他方法不足以解决有关问题时，才需要进行交通仿真实验。同时，对仿真输出结果应保持审慎的态度，应结合其他定性或定量的分析方法对真实系统的行为做出正确的推断。

1.4 交通仿真的分类

从交通流理论的角度来看，交通仿真可以分为宏观交通仿真和微观交通仿真。从仿真技术的角度来看，交通仿真可以分为连续时间仿真和离散时间仿真。从仿真实现方式的角度来看，交通仿真可以分为Agent理论仿真、多媒体技术仿真、人机交互方式仿真。从解决的对象的角度来看，交通仿真可以分为交叉口交通仿真、路段交通仿真和综合路网交通仿真。从仿真应用的研究范围的角度来看，交通仿真可以分为交通安全仿真、交通拥堵仿真、交通污染仿真、交通规划仿真、交通控制仿真、驾驶员行为仿真等。下面主要介绍宏观交通仿真和微观交通仿真。

宏观交通仿真对交通要素、实体、行为等细节描述的要求较低，交通流看作连续流，不考虑个别车辆的运动而从统计意义上成批地考虑车辆的运动。仿真过程通过速度-流量曲线控制交通流的运行，它的主要参数是路段速度、交通密度和交通流量等。一般来讲，宏观交通仿真对计算机资源的要求较低，仿真速度较快，主要用于研究交通基础设施的新建与扩建、宏观管理措施及交通发展政策。

微观交通仿真采用基于单个车辆行为的微观交通流模型，主要从车辆的行驶行为、车道组的设置及交通设施的配置等各个微观环节来分析交通系统的特征或优化其性能。微观交通仿真的主要参数是每辆车的当前速度、加速度和位置等，因此，微观交通仿真能够细致地反映出车辆在道路上的跟驰、超车及车道变换等微观行为。一般来讲，微观交通仿真对计算机资源的要求较高，仿真速度较慢，且在一定程度上受仿真车辆数量和路网规模的限制，难以在大规模网络上在线运行，主要用于研究交通流与局部的道路设施的相互影响，也用于交通控制仿真。

微观交通仿真与宏观交通仿真在仿真方法上完全不同，微观交通仿真通过考察单个驾驶员和车辆及其相互作用特征来描述系统的状态，而宏观交通仿真是通过考察交通流特征，即车队的"平均"行为来描述系统的状态。微观交通仿真与宏观交通仿真都可用来研究交通流的特征，如研究交通流量、交通密度和平均车速等。除此之外，微观交通仿真还可以用来研究每辆车的运动状态，这是宏观交通仿真办不到的。

1.5 交通仿真的应用

交通仿真在交通领域有着广阔的应用前景，有时甚至是不可替代的工具。交通仿真作为一种交通分析工具，凭借其诸多显著的优点已经渗透到交通工程领域的方方面面，其应用领域主要包括以下几个方面。

1. 在交通工程理论研究中的应用

目前，交通仿真软件在交通工程理论研究中的应用主要集中在交通流理论研究方面。随着计算机技术的迅猛发展，以计算机为辅助工具，利用其可重复性、可延续性模拟交通运行状况来研究交通运行特性和通行能力已成为交通流理论研究的一个发展方向。在通行能力研究方面，国内外都已有利用仿真模型进行通行能力研究的实例。例如，美国的道路通行模拟软件 HCS 由美国交通研究委员会研制开发，该软件由交叉口、干道、公路网等模块组成。其输入数据包括交通设施几何参数（车道数和车道宽度等）及交通和道路条件（交通流、自由流密度、地形条件、道路等级、横向干扰、重型车比例等），其输出结果为各种交通设施通行能力及其相应服务水平。HCS 软件为美国道路运输与交通工程的设计、规划与控制提供了良好的服务，并发挥了巨大的作用。国内有关大学及中华人民共和国交通运输部所属部分研究院的相关研究人员也开展了对道路路段、交叉口等通行能力的研究，他们正在加紧研究和开发适合中国国情的相关模拟软件，力争使我国的通行能力研究与国际接轨。

2. 在道路几何设计方案评价分析中的应用

在制订道路几何设计方案时往往需要知道几何线性的透视效果，以往这一目标通过遵循平纵线性组合原则及绘制部分立体透视图来实现。由于人为的差错和透视图的精确性有限等，在道路竣工后，往往会存在一些不尽如人意之处。现在交通仿真软件的出现很好地解决了这个问题，它们提供了 3D 平台，便于设计者在计算机上观看、检验所设计道路的实际效果，及时发现设计方案的缺陷和局限性，并及时进行修改或调整。

3. 在交通管理系统设计方案评价分析中的应用

交通管理系统设计方案的制订往往需要更为细致、准确的交通分析工具，以提供更好的决策支持手段，实际工作中由于缺乏这样的工具，不得不照搬在宏观规划层次中采用的交通分析工具。最新的交通仿真软件提供了将道路和交通设计有机结合在一起的灵活的实验平台，该平台可以直观地提供各种交通设计的实施效果，并可以计算方案实施过程中的各种交通流参数，如德国的 VISSIM 软件。

4. 在道路交通安全分析中的应用

在完成道路几何设计和交通组织设计后，设计者可以通过运行仿真软件来检查道路上是否存在交通隐患。尤其是在信号设计中，设计者可以直观地查看是否有车辆在通过交叉口时发生冲突，并以此来评价信号配时方案是否保证了交叉口的通行安全。在交通安全与事故分析中，仿真模型可"再现"交通事故发生的全过程，它是分析事故原因、制订交通安全保障措施的有力工具。

5. 在交通新技术和新设想测试中的应用

交通仿真软件提供了一个有效、直观的仿真实验平台，各种新的交通技术和设想都可以在这个平台上进行实验。而在交通仿真软件出现之前，各种交通新技术和新设想都需通过费用高昂的真实实验来验证，而且有时由于实地观测和采集数据的难度较大，故并不能全面考察和评价这些新技术和新设想的优缺点。

6. 在智能交通系统中的应用

随着信息时代的到来，现代交通已步入崭新的发展时代。交通智能化是现代交通发展的方向，利用信息技术、计算机技术、传感器技术、自动控制技术、人工智能技术等进行交通管理和控制、车辆设计与制造，以及加强车辆、道路、使用者之间的联系，形成实时、准确、高效的综合运输系统即智能交通系统已成为时代发展的趋势。交通仿真模型是在智能交通系统中进行交通分析的重要手段和方法，但并非所有的仿真模型都适用于智能交通系统。一般而言，面向智能交通系统的仿真模型需要满足以下条件。

(1) 清晰地表现路网的几何形状，包括交通设施，如信号灯、车检器等。

(2) 清晰地表现驾驶员的行为。

(3) 清晰地表现车辆间的相互作用。

(4) 清晰地表现交通控制策略。

(5) 可以模拟先进的交通管理策略，如采用可变信息标志(Variable Message Signs，VMS)提供路径重定向、速度控制和车道控制等。

(6) 提供与外部应用程序实时交互的接口。

(7) 模拟动态车辆诱导系统，再现被诱导车辆和交通中心的信息交换。

(8) 可应用于常规路网，包括城市道路和城市间的高速公路。

(9) 可细致地仿真路网交通流的状况，如交通需求的变化，并可模拟交通设施的功能。

(10) 可模拟公共交通。

(11) 提供用于分析结果的工具。

(12) 提供图形用户界面(Graphical User Interface，GUI)。

1.6　交通仿真的发展概况

1. 国外交通仿真的发展

目前，国外在交通仿真研究方面已经开展了很多工作，并开发了众多的交通仿真软件，其中一些软件已经实现了产品化和商业化。从 20 世纪 50 年代开始出现交通仿真以来，纵观其发展过程，可大致将其划分为以下 3 个阶段。

1) 20 世纪 50—60 年代

这一时期的交通仿真软件主要以优化城市道路的信号设计为应用目的，因而宏观交通仿真模型被广泛使用。但是，该模型的灵活性和描述能力都较为有限，加上当时计算机的性能较低，所以仿真结果的表达也就不够理想。这个阶段比较具有代表性的交通仿真软件和系统有英国道路与交通研究所的 Robeson 于 1967 年开发的道路交通流仿真软件 TRAN-SYT，它主要用于确定定时交通信号参数的最优值；Gerlough 在 1963 年建立用于道路网络信号配置的 TRANS 模型及美国联邦公路局于 1956—1966 年研制的 SIGOP 仿真系统。

2) 20 世纪 70—80 年代

在这个阶段，由于计算机技术的迅速发展，计算机仿真模型的精度得到了提高，功能也更加多样化。同时，微观交通仿真模型也得到了较大的发展。这个阶段具有代表性的交通仿真模型有美国联邦公路局开发的 TRAF-NETSIM 模型，其是一个描述单个车辆运动并应用时间扫描法的网络微观交通仿真模型，其对道路几何条件的描述也很灵活，TRAF-NETSIM 模型经过多次版本升级后，功能日趋强大，被广泛应用于交通控制和管理系统方案优化、交通设计方案优化及交通工程相关领域的理论研究中；1971 年，Lieferman 建立了用于描述个别车辆运动的 UTCS-1 模型；1974 年，日本科学警察研究所开发了 MISTRAN 模型，用于研究左、右转车辆与横穿道路的步行者之间的相互影响；1976 年，英国利兹大学开发了用于平面交口交通信号控制的 SATURN 宏观模型。

3) 20 世纪 80 年代末以来

由于受早期计算机性能及发展水平的限制，当时开发的交通仿真模型主要在大、中型计算机及图形工作站上使用，而且几乎都是采用面向过程的传统的软件开发方法，大多数都是采用 Fortran 语言或专用的仿真语言来开发工具，仿真模型也很难真正体现复杂的交通现象，因而系统的通用性、交互性、可维护性、扩展性都较差。随着计算机技术的迅速发展及软件开发技术的进步，20 世纪 80 年代末以来，智能交通系统成了国外研究的热点，世界各国都展开了以智能交通系统为应用背景的交通仿真软件的研究与开发，从而出现了一大批评价和分析智能交通系统效益的仿真软件。典型的交通仿真软件及模型如表 1-1 所示。

表 1-1　典型的交通仿真软件及模型

项目	说明
应用领域	定量评价和分析智能交通系统的效益，尤其是 ATMS/ATIS 系统中各种方案的效益评价
典型的交通仿真软件及模型	美国：CORSIM、MITSIMU、PHAROS、SHIVA、TRANSIMS、DYNASMART、VATSIM、KRONOS、MITSIM； 英国：DEACULA、PADSIM、PARAMICS、SIGSIM； 德国：VISSIM、AUTOBAHN、MICROSIM、PLANSIM-T、SIMNET、ARTIST； 法国：NEMIS、SIMDAC、SITRA-B+、ANATOLL； 西班牙：GETRAM/AIMSUN2； 瑞典：MIMIC； 芬兰：HUTSIM； 荷兰：FLEXYT Ⅱ； 日本：MELROSE、MICTSTRAN、NETSTREAM、STREAM
描述的交通现象和对象	车辆排队及溢出、车辆交织、交通事故、公交运行、行人冲突、停泊车辆、天气状况、寻找停车场、自行车/摩托车等

续表

项目	说明
描述的交通控制和管理方式	固定信号控制、自适应控制、匝道汇入控制、静态路径诱导、动态路径诱导、事故处理、公交车优先控制、可变标志控制、收费口、自动道路系统、无人驾驶车辆、停车地诱导等
评价指标	运行效益指标：行驶速度、行驶时间、拥挤程度、行程时间变化性、公交运行正常率等； 安全性指标：车头时距、超车、车辆冲突次数、车辆与行人冲突等； 环境指标：尾气排放量、路旁污染程度、噪声水平、空气质量等； 舒适性指标：乘坐舒适性等； 技术性指标：油耗等
软件的输入、输出界面	大部分软件采用文本输入格式来描述节点、路段、交通信号、路径、车辆到达率等； 拓扑结构和几何数据的图形输入界面； 大部分软件具有动画演示输出功能，但也有少数软件只提供数据库格式的输出形式
硬件条件	大部分软件可在个人计算机或 UNIX 系统上运行
路网大小	路网大小从 50 个节点、1 000 辆车到 200 个节点、上万辆车，有的甚至可处理 3 000 个节点、100 万辆车，但采用的是并行处理机制
运行速度	取决于路网大小和计算机性能，目前仿真系统运行所需时间一般会比实际系统要短
基本的仿真技术	几乎所有的仿真软件均采用面向对象的编程技术，绝大部分仿真软件采用了时间扫描的描述方式，且多为微观仿真

2. 国内交通仿真的发展

与国外相比，长期以来我国的交通仿真并未引起有关部门的重视。随着智能交通系统研究在世界各国的广泛开展，我国交通界认识到研究智能交通系统的重要性。与此同时，作为智能交通系统核心技术之一的交通仿真也受到了极大的关注。目前，同济大学、吉林大学南岭校区、东南大学、华中科技大学、上海交通大学、中国农业大学、北京交通大学、北京工业大学、交通运输部公路科学研究院等都展开了实质性的研究工作，如多车道通行能力的仿真研究、高速公路入口匝道范围的仿真研究、信号交叉口的组织优化研究、超车模型和车道变换模型的仿真研究等，取得了一定的成果。

3. 交通仿真的发展趋势

1) 应用领域不断扩大

交通仿真的运用规模和范围将逐步扩大，研究对象将从一种交通设施发展为多种交通设施。目前国内外开发的交通仿真模型大多局限于道路交通流理论研究，少数涉及综合交通系统研究。随着仿真方法的进一步成熟，交通仿真在运输工程领域将会得到越来越广泛的应用。另外，系统开发将面向智能交通系统，在完善交通仿真模型的同时，考虑智能交通运行的影响将是仿真软件开发的另一个目标，研究适应智能交通系统方案评价需求的仿真系统和开发面向智能交通系统的应用软件将成为交通仿真技术更高层次的发展方向。

2) 功能不断完善丰富

近年来,随着计算机软、硬件技术的迅速发展,微型计算机的计算能力得到了很大提高,这促使交通仿真从单独的交叉口和路段仿真转向城市局部路网,甚至城市整体路网仿真。交通仿真软件的功能不断被完善丰富。

3) 表现手法更加丰富

随着计算机技术日新月异的发展,新的仿真方法和手段不断涌现,可视化仿真、多媒体仿真、虚拟现实仿真等新的仿真技术的开发应用对交通仿真产生了深远的影响。交通仿真系统正朝着三维动画、多媒体的方向发展,仿真结果的表现形式也将更加形象、逼真和丰富。

4) 交通仿真模型进一步完善

目前,对交通仿真技术的研究已经相当深入,但是交通系统的复杂性导致没有哪个国家开发的仿真软件能充分考虑到交通系统中的所有影响因素,尤其是在微观仿真方面。因此,对交通仿真模型的进一步完善仍是今后的一项重要工作。交通仿真模型不应局限于反映单个交叉口的运行情况,而应全面反映上、下游路段及整个路网的动态交通状况。例如,在车辆运行模型中,应增加关于非机动车、行人等行为的描述;考虑到车辆对环境的影响,应增加关于车辆优先的描述等。

5) 快速引入新技术

仿真研究不仅要真正与地理信息系统(Geographic Information System,GIS)、计算机辅助设计(Computer Aided Design,CAD)等与信息技术相关的信息系统联系起来,也要将虚拟现实技术应用到交通仿真系统中,以便能够细致地描述驾驶员的反应和行为。另外,利用虚拟现实技术有可能将传统的驾驶仿真器和传统的交通流仿真系统综合起来。在传统的驾驶仿真器中,驾驶员必然会对其在显示屏上见到的一定的交通环境做出反应,如果交通环境能够对驾驶员的行为做出反应,则情景会更加真实。

第 2 章 常见交通仿真系统的模型与软件

2.1 微观交通仿真系统的模型与软件

随着经济的发展，机动车保有量不断增加，路网的通行能力已难以满足交通流量快速增长的需要，这就使交通拥堵日趋严重。因此，对城市路网进行改建、新建，并对交通管理和控制手段进行适当的调整成为一种迫切的需要。微观交通仿真就是针对这一需要而提出的，其仿真模型在描述和评价路网交通流状况方面具有传统数学模型无法比拟的优越性，它可以在计算机上精确再现路网上的实际交通状况。利用仿真系统的输出结果能够对不同设计方案进行对比、优选，从而节省大量的时间投入和经济开销。

2.1.1 微观交通仿真系统的功能特性

微观交通仿真系统主要由两部分组成：一部分是交通设施和路网几何形状的精确描述，包括信号灯、检测器、可变信息牌等交通设施；另一部分是每辆车的动态交通行为的精确模拟。一个完善的微观交通仿真系统应具有以下功能。

(1) 能够建立和处理不同形式的路网，清晰地表现路网的几何形状，包括交通设施，如信号灯、检测器等。

(2) 能够产生进入路网的不同种类车辆的车长、初速度等相关信息，从而获得交通流的各种统计数据。

(3) 能够处理车辆在路网上的运动，准确反映车辆间的相互作用，如跟驰、车道变换时的相互作用，以及驾驶员的行为等。

(4) 能够处理网络内部对车流产生影响的产生点和吸引点。

(5) 能够跟踪在路网内行驶的任何一辆车，真实地模拟交通控制策略(定周期、自适应、匝道控制等)。

(6) 能够仿真先进的交通管理策略，如路径重定向、速度控制和车道控制等。

(7) 能够提供与外部应用程序交互的接口。

(8) 能够仿真动态车辆诱导，再现被诱导车辆和交通中心的信息交换。

(9)能够应用于一般的路网，包括城市道路和城市间的高速公路。
(10)能够仿真路网交通流的状况，如交通需求的变化等。
(11)能够仿真公共交通系统。
(12)能够提供用于分析结果的工具和图形化的交互界面。

2.1.2 微观交通仿真系统的基本模型

微观交通仿真系统以各个车辆个体在路网上的运动为求解目标，描述目标车辆与周围交通环境的相互关系，即研究周围的交通环境如何导致或决定了车辆的驾驶行为。其中，交通环境包括目标车辆周围的车辆、道路交通基础设施和交通规则。微观交通仿真系统的基本模型主要包括车辆生成模型、路网描述模型、交通规则模型、信号灯控制模型、车辆行驶行为模型、路径选择模型、路口转向模型和交叉口模型等。

1. 车辆生成模型

车辆生成模型用来解决交通流的输入问题，是整个仿真过程的起始点。该模型根据路网中实际的起讫点(Origin Destination，OD)交通流量，按照一定的车头时距概率分布规律，随机地、不断地在车源处产生新的车辆。描述这种随机性分布规律的方法有两种：一种是以离散型分布为工具，考察在一段固定长度的时间或距离内到达某场所的交通数量的波动性，如用二项分布、泊松分布、负二项分布等来描述车辆的到达；另一种是以连续型分布为工具，研究车辆间隔时间、车速、可穿越空当等交通流参数的统计分布特性，如用韦布尔分布、负指数分布、移位的负指数分布、爱尔朗分布等来描述车头时距的统计特性。

2. 路网描述模型

路网描述模型属于静态模型，用来表现路网的拓扑关系及道路的几何条件。为达到能够真实反映路网现状的目的，首先需要一个尽可能接近实际情况的路网描述。因此，路网描述模型除了要反映道路的拓扑关系，还应包括对各种道路几何条件的描述。在微观交通仿真系统中，一般用节点、车道信息、路段这3个不同层次的结构体来完成路网描述。其中，节点表示车辆的产生点、吸引点或交叉口；车道信息包含车道号、车道类型、限速、转向限制等；路段为联结各节点的有向道路，每个路段可以包含一条或多条车道。

3. 交通规则模型

交通规则从某种意义上说是对驾驶员驾驶行为的一种限制，是驾驶员在车道上行驶时必须遵守的规则。常见的城市交通规则主要有车道转向限制、分车道车辆类型限制、车道限速及车道优先规则等。在微观交通仿真模型中往往通过设置车道的相关驾驶行为参数来体现交通规则。

4. 信号灯控制模型

信号灯控制模型是交通仿真系统中利用信号控制机、信号灯组和信号灯来表现交通信号控制策略的模型。建立信号灯控制模型的目的就是对绿信比、相位差和信号配时周期等信号控制基本参数进行优化。在信号灯控制模型中，信号灯组是最小的控制单元，可用来描述单个相位的相位差及红灯、绿灯、黄灯的时长。一个信号控制机则包含多个信号灯组。

5. 车辆行驶行为模型

车辆行驶行为主要有两种，即跟车行为和换道行为。车辆跟车模型通常描述的是无法超车的同一车道中相邻车辆间的相互作用。根据车辆跟车行为的研究动机，可把车辆跟车模型相应地分为基于交通工程的跟车模型、基于交通心理学的跟车模型及基于两者相结合的跟车模型。在交通网络微观模拟中，车辆换道模型是除车辆跟车模型之外的另一个重要模型，它用来描述车辆由于速度改变或道路行驶条件的限制而采取的变更车道的行为。车辆在路网中行驶时诱发其产生车道变换意向的原因有很多，换道行为可分为强制性换道行为、主动性换道行为两种。

6. 路径选择模型

一般来说，路径选择模型是车辆根据 OD 交通流量信息来选择出行总时间最短路线的模型。微观交通仿真模型中的路径选择可分为两种：一种是在出行之前就已经确定的固定路径，路网中的公交车辆通常采用固定路径；另一种是可以在出行过程中实时选择的可变路径，非公交车辆一般采用这种路径。在路径选择模型中，车辆在每一个交叉口处都会根据一定的配流比例随机选择行驶路线，常用的交通流分配方法有最短路分配和 Logit 模型分配等。

7. 路口转向模型

微观交通仿真系统中的路口转向模型根据车辆当前行驶方向和下一个路段行驶方向的位置关系来确定车辆在路口的转向情况，包括左转、直行、右转。

8. 交叉口模型

车辆在交叉口受到行驶条件和交叉口管制措施的双重约束，其行驶状态与路段车辆的行驶状态有较大差别，此处车辆的跟车状态更多地表现为停车或启动状态，因此，路段的跟车模型已不适用于交叉口。根据交叉口区域范围的划分，交叉口模型分为车辆到达模型、车道选择模型和车辆驶离模型。

▶▶▶ 2.1.3 微观交通仿真系统的基本步骤 ▶▶▶

微观交通仿真系统是一个复杂、随机的动态变化系统，仿真系统的实现是一个循环过程，主要包括以下基本步骤。

1. 交通问题的分析

分析交通问题时要对交通系统进行整体分析、描述和刻画，明确研究目的，确定所研究的交通问题的时间与空间界限。在针对交通现状要素建立仿真模型时，需确定起关键作用的要素，包括交通流在整个仿真过程中的变化状况，交通流到达和离开系统的分布规律，交通条件是否随时间发生变化等。所有这些问题都需在仿真研究开始之前加以明确描述，只有全面、科学、细致地研究交通网络中存在的问题及近期可能发生的交通问题，并针对主要问题进行分析，找出问题产生的症结，才能正确地进行交通的微观仿真。

2. 数据的收集和处理

微观交通仿真建模所需基础数据一般包括道路几何数据（车道数、车道宽度、隔离带宽度、非机动车道宽度、车道划分及道路交叉口的形式）、交通流特性数据（交通流量大小、交通组成、转向车流量比、车辆到达分布、车速分布、车辆的排队与消散）、交通管制数据（各交叉口信号配时、交通管理情况）等，具体视研究对象而定。数据样本量应确保满足最小样本量的要求，以便对模型进行标定和有效性检验。数据处理方式通常包括计算

均值和方差、确定数据的分布形式和相互关系、进行回归分析和单位转换等。

3. 仿真模型的建立

微观交通仿真通过路网描述模型、车辆生成模型、动态驾驶行为模型等来模拟车辆在不同道路和交通条件下的运行状况，并以动态形式显示出来。从仿真技术的应用角度来看，仿真模型的建立因研究对象及所用仿真软件的不同而略有差异。一般来说，建立仿真模型时首先应建立路网，然后输入交通流特性数据及设置交通规则、信号控制方案，最后校准、验证及测试仿真模型。

4. 仿真参数的选取

微观交通仿真系统应根据不同的区域、交通现状、评价目标选取不同的仿真参数，以获取最佳仿真结果。在仿真过程中，可以设置若干测试断面和测试路径，记录测试所得的流量、断面车速、路段行程时间、损失时间、停车次数等指标，然后与实测结果比较。只有不断调整仿真参数，才能保证微观交通仿真模型的准确性。

5. 仿真程序的运行

仿真程序的运行依赖随机数，运行不同的随机种子可以看作对系统总体的不同观测，为确保仿真输出结果可靠，需采用不同的随机种子进行多次仿真。系统进行道路交通仿真时一般只有待系统运行稳定以后才开始记录仿真结果，同一项目一般要运行多次，取各次运行结果的平均值作为最终结果。

6. 仿真结果的分析

仿真结果主要是仿真后的统计数据，包括瞬时分布统计（如点速度、车头时距、排队分布、停车次数等）及区段分布统计（如行车延误、行程时间、平均行驶车速、超车率等）。提取不同方案的仿真结果，分析比较各个可能措施的交通影响和投资，排除一些不可行、效益不显著或因投资太大和周期太长而不宜实现的方案，最后形成若干可行的、效益投资比令人满意的方案。方案的比选阶段必须同所涉及的单位进行方案说明、讨论及修改，然后根据各方要求进行系统模拟，提交仿真结果，直至确定最优方案。

2.1.4 VISSIM 仿真系统

VISSIM 仿真系统（以下简称 VISSIM）是由德国 PTV 公司开发的微观仿真系统，是一种微观的、基于时间间隔和驾驶行为的仿真建模工具，可用于交通系统的各种运行分析。除了可以模拟私人交通，它还可以模拟铁路交通及其他公共交通，用来分析各种交通条件下的交通运行状况，是评价交通工程设计和城市规划方案的有效工具。

VISSIM 是一个离散、随机、以 0.1 s 为时间步长的微观仿真系统。系统内部由交通仿真器和信号状态发生器组成，它们之间通过接口来交换检测器的呼叫和信号状态。交通仿真器是一个微观的交通流仿真模型，它包括车辆跟车模型和车辆换道模型。信号状态发生器是一个信号控制软件，它以仿真步长为基础不断地从交通仿真器中获取检测信息，然后决定下一仿真时刻的信号状态并将这一信息传送给交通仿真器。

交通仿真模型的精确性主要取决于车辆流量模型的质量，如路网中的车辆行驶行为。与其他不太复杂的模型所采用的连续速度和确定的跟车模型不同，在 VISSIM 采用的核心仿真模型中，车辆的纵向运动采用了德国卡尔斯鲁厄理工学院 Wiedemann 教授于 1974 年建立的"心理-生理跟车模型"。其中，Wiedemann 74 模型适用于模拟一般城市道路驾驶行为；Wiedemann 99 模型适用于模拟高速公路和快速路上的道路驾驶行为。车辆的横向运动（车道变换）采用了基于规则的算法。模拟驾驶员行为的方法分为保守型和冒险型。

心理-生理跟车模型的基本思路：一旦后车驾驶员认为他与前车之间的距离小于其心理（安全）距离时，后车驾驶员就开始减速。由于后车驾驶员无法准确判断前车车速，因此后车车速会在一段时间内低于前车车速，直到前、后车间的距离达到另一个心理（安全）距离时，后车驾驶员开始缓慢地加速，由此周而复始，形成一个加速、减速的迭代过程。

车速和空间阈值的随机分布能够体现出驾驶员的个体驾驶行为特性。德国卡尔斯鲁厄理工学院进行了多次实地测试以校准该模型的参数。定期进行的现场测试和模型参数更新能够保证驾驶行为的变化和车辆性能的改善在该模型中得到充分反映。

VISSIM 可以作为分析许多交通问题的有力工具，它能够分析在诸如车道类型、交通构成、交通信号控制等约束条件下的交通运行情况。它不仅能对交通基础设施的实时运行情况进行交通模拟，而且可以以文件的形式输出各种交通评价参数，如行程时间、排队长度等。因此，它是分析和评价各种交通基础设施建设方案的交通适应性的重要工具。

VISSIM 的主要用途体现在以下几个方面。
（1）公交优先信号控制逻辑的设计、评价和细微调整。
（2）对有协调式信号控制和感应式信号控制的路网进行交通控制的评价和优化。
（3）评价城市道路网中轻轨建设项目的可行性及其影响。
（4）分析交织区的慢速交通行为。
（5）对比分析交通设计方案，包括信号控制交叉口、停车标志控制交叉口、环交、立交的设计方案。
（6）评价轻轨和公共汽车系统复杂站点布局的容量和管理。
（7）评价公共汽车优先解决方案。

2.2 宏观交通仿真系统的模型与软件

目前，国内宏观交通仿真系统通常采用"四阶段"交通模型，从系统功能来看，宏观交通仿真系统主要还是应用于城市客运系统，包括道路交通、公共交通等方面，部分城市也将其应用于货运系统。随着社会的发展和科学的进步，宏观交通仿真技术作为交通规划和政府决策参考基本手段的重要性也越来越突出。

2.2.1 宏观交通仿真系统的功能特性

宏观交通仿真的根本作用是指导和支撑城市交通规划及辅助决策，且这种作用贯穿交通规划的整个过程。由宏观交通仿真系统在交通规划过程中的基础性地位不难知道，其基本功能必须包括交通需求、供应、服务水平的分析、预测和评价。这些功能决定了系统的应用范围，包括宏观层面的交通战略规划、城市和交通发展政策制定，中观层面的交通网络规划、工程立项，以及微观层面的工程设计和地块开发影响等。因此，宏观交通仿真系统应具有以下功能特性以满足各种应用的要求。

1. 层次性

由于宏观交通仿真系统具有广泛的应用性，因此，需要对仿真系统进行有效分层，从而既能对整体的多模式政策和规划研究提供数据支持，也能为中观层次的子区域模型、微观层面的仿真模型提供背景需求量，此外还可以根据实际需要，提供相应数据接口给特殊子模型使用，如环境评价子模型。

2. 综合性

宏观交通仿真系统的分析能力不应局限于单一系统，如公交系统，而应涵盖包括道路系统（轿车、摩托车、出租车、公交）和轨道系统（地铁、轻轨及市郊铁路）等在内的整个城市大交通系统，同时具有不同时间段的分析能力。

3. 长期性

宏观交通仿真系统的功能并非仅仅着重于短期交通行为变化，还要能根据长期社会经济环境、土地使用变化合理推测相应的交通行为，预测其可能产生的改变和影响。

4. 政策性

宏观交通仿真系统应能分析不同交通政策的影响，如公共交通、出租车和停车费率调整等策略，以及停车和交通管制等措施的具体影响。

2.2.2 宏观交通仿真系统的基本模型

交通系统是一个复杂的大系统，一个好的交通仿真系统既要能从总体上反映城市各部分之间的交通需求，又要能对区域模型进行细化，反映区域内部之间的出行规律。要实现这些目标，必须要有能帮助规划者或设计者达到系统预定目标的系统子模型。宏观交通仿真系统一般由12个基本模型组成，分别为土地利用模型、车辆拥有模型、家庭收入模型、出行成本模型、出行生成模型、出行分布模型、出行方式划分模型、高峰时段模型、载客率模型、路网交通流分配模型、公共交通模型和方案评价模型。

1. 土地利用模型

土地利用形态决定了交通产生量、交通吸引量和交通分布形态，因而在一定程度上决定了交通结构。土地利用模型描述了地域内部经济活动的选址行动及实际土地利用的空间分布，产生将来社会经济发展、土地利用的预测和假定信息，为下一阶段交通仿真过程提供输入条件。

2. 车辆拥有模型

车辆拥有模型是宏观交通仿真模型的重要部分，在宏观交通仿真模型中融入交通政策和机动车拥有等因素是确定出行生成率和方式的前提。车辆拥有模型包括3个部分：有车户的预测模型、车辆数量的预测模型、车辆拥有宏观控制数据的预测模型，这些模型以家庭收入作为影响家庭车辆拥有的主要因素，同时考虑公交可达性、是否拥有地铁、停车费用等因素。

3. 家庭收入模型

家庭收入模型是用来预测未来交通小区家庭收入分布的模型，是车辆拥有模型和出行生成模型的基础。家庭收入模型的核心是收入分布模型和平均收入预测模型。为保证得到的收入分布与宏观层次一致，将家庭收入模型分为宏观和微观两个层次，其中宏观层次为微观层次提供总体数据，微观层次的总和分布应该与宏观层次的相同，这样可以使预测的收入分布不会偏离宏观数据。

4. 出行成本模型

出行成本模型的主要输出为分出行方式的各类成本及按一定的要求计算的分出行方式的综合成本，为车辆拥有、出行生成、出行分布等模型所采用，它产生的费用是否准确决定了模型结果的好坏。交通网络成本包含时间成本(行车时间、等车时间等)和实际费用(道路收费、公交票费等)等各层面的费用，为了把各层面的费用统一，出行成本模型使用综合费用来表示整体费用。出行成本模型中主要有道路网络和公交网络两类综合费用。

5. 出行生成模型

出行生成包括出行产生与出行吸引两部分，其目的是求出各交通分区具有不同出行目的的出行产生量与出行吸引量。因此，出行生成模型应分为出行产生与出行吸引两个子模型。可以根据家庭成员数和车辆拥有率，按不同出行目的建立以户为单位的出行生成模型。

6. 出行分布模型

使用出行分布模型的目的是建立各交通分区间的出行起讫分布。获取出行起讫分布时应采用广泛使用的双约束重力模型，不同出行分布模型之间的区别在于阻抗函数的选取和是否采用 k 系数。

7. 出行方式划分模型

使用出行方式划分模型的目的在于预测不同交通方式的市场占有率。由于分层 Logit 模型能较好地反映政策变量(如方式服务水平与社会经济发展条件)对出行方式划分的影响，因此出行方式划分模型采用分层 Logit 模型进行构建。构建时首先对私人机动化出行和公共交通出行进行划分，然后细分为摩托车、私人轿车和常规公交、地铁等。

8. 高峰时段模型

为了对不同交通设施进行评价，可以采用高峰时段模型将全天的出行人矩阵转换到一天的高峰时段，如早高峰、晚高峰，高峰时段转换系数可从调查数据中得到。

9. 载客率模型

载客率模型是将采用个体化出行方式(如乘坐私家车、出租车及长途客车)的出行人矩阵转换为出行车矩阵，从而作为出行分配的输入。出行方式和出行时段不同，载客率系数也不同。

10. 路网交通流分配模型

路网交通流分配是指将按出行方式划分的结果分配到已建立完成的道路网或公交网上，以进行后续的交通系统分析工作。在进行交通流分配前，必须先建立道路网络或公交网络。由于公交系统均预先排定班次，同时不会因为道路服务状况而更改路线，所以对于公交交通流，可以以预载的方式反映公交车辆对道路容量的影响。

11. 公共交通模型

公共交通模型主要用于公共交通分配，包含轨道网络、快速公交(Rapid Bus Transit,

RBT）系统等的客流分析与预测，为科学规划公共交通网络及确定公交运营组织方案提供定量支持。公共交通模型主要分为两部分：一部分是公共交通子模式划分模型；另一部分是公共交通分配模型。其中，公共交通子模式划分模型采用的是分层 Logit 模型。

12. 方案评价模型

方案评价模型的作用是，从相关人员的立场出发，从经济、技术及环境的角度，通过对备选方案进行交通流预测、效益分析，阐明其达到预期规划目标的可能性，从而为决策者选择最佳方案提供依据。

2.2.3 宏观交通仿真系统的基本步骤

1. 数据的准备和输入

这一阶段的主要任务是明确研究目的，划定系统的范围，收集基础数据并建立交通规划数据库。交通规划仿真所需数据一般包括社会经济方面的数据、土地利用数据、道路基础设施数据、交通流及交通管理数据等。等上述各项数据收集完成后，可利用 Excel 和 Access 建立交通规划数据库并将其作为交通需求预测、交通规划方案制订的依据。

2. 模型的建立和运行

这一阶段的主要内容是建立仿真路网和进行交通需求分析及预测。仿真路网的基本元素包括节点、路段、小区、小区连接线等，建立仿真路网的任务就是根据实际情况在软件里将以上基本元素表达出来。交通需求分析及预测主要包括社会经济发展预测、人口发展预测、交通生成预测、交通分布预测、交通方式划分预测等。

3. 结果的分析和输出

这一阶段的主要内容包括出行分配和方案评价。所谓出行分配，就是把各种出行方式的空间 OD 交通流量分配到具体的交通网络上，模拟出行者对出行路径的选择，从而得到路段交叉口的交通流资料。在完成交通流分配之后，交通仿真软件会计算出各种不同的路网参数，从而可以对路网进行定量的分析和评价。交通仿真软件提供的主要参数有路段流量、节点流量、饱和度和行程时间等。

2.2.4 TransCAD 仿真系统

1. TransCAD 仿真系统的主要技术特点

由美国 CALIPER 公司开发研制的 TransCAD 仿真系统（以下简称 TransCAD）将 GIS 与交通需求预测模型和方法进行了有机结合。TransCAD 的主要技术特点如下。

（1）菜单驱动、直观明了的类似 Windows 系统的用户界面。

（2）支持全面的二次开发和脚本宏语言。

（3）支持 .NET。

（4）容易与其他规划软件进行数据转换和兼容。

（5）所提供的交通规划工具包括四阶段模型、快速响应方法、基于出行链（Tour-based）的模型、离散选择模型、货运模型和组合模型。

（6）提供从路段流量反推 OD 矩阵的方法。

（7）包括一套先进的公交规划和需求预测方法。

(8) 新近发行的 TransCAD 5.0 版本中的均衡出行分配以最快的速度达到高度的收敛标准，以满足交通项目的评估和影响分析的需要，其动态出行分配可以应用于大的规划网络。

(9) 提供一个全新的对多层、多元 Logit 模型的参数估计和应用引擎，使出行方式划分模型更为容易。它直接支持 ESRI Geodatabases、Access、Excel 及 Google Earth 等。

(10) 支持用多线程和分布式计算来进一步提高大规模模型的计算速度。

2. TransCAD 中交通规划"四阶段法"的基本模型

1) "四阶段法"交通需求预测模型——出行生成模型

出行生成的目的是预测在研究范围内每个区域所产生和吸引的出行数量。出行产生一般是从个人出行的角度来考虑的（基于家庭或基于个人），而不是基于车辆来考虑的。常用的、最简单的出行分类包括工作出行、基于家庭的非工作出行和非家庭的其他出行。最常见的出行产生模型的输入是家庭特性和个人特性，这些数据既可以在个体水平也可以在区域集合水平。交通网络特性和土地使用方式不常使用，这相当于假设交通服务水平不是影响出行率的重要因素。这样，大多数出行产生模型不能预测未来可达性和土地使用变化的影响。然而，这些因素应该考虑，尤其是 GIS 环境已经减小了记录土地使用和可达性因素的难度。

TransCAD 提供了多种方法进行出行生成分析，用于出行产生建模的 3 种主要工具如下。

(1) 交叉分类法：交叉分类法将城镇区域人口按某些社会经济特征分成相对均匀的类别，然后通过经验估计每类中每个家庭或个人的平均出行量。这样就产生一张用于预测出行产生量的查询表。

(2) 回归模型：通常使用两种回归方法。第一种方法使用集计到区域级别的数据，以区域的户均出行数为因变量，以平均区域特征为自变量。第二种方法使用家庭级别或个人级别的个体数据，以每个家庭或个人的出行量为因变量，以家庭或个人的特征为自变量。

(3) 离散选择模型：离散选择模型使用基于家庭或个人的个体数据去估计家庭或个人出行产生的概率。将这些离散的结果综合起来就可得到总的出行产生数量。

2) "四阶段法"交通需求预测模型——出行分布模型

出行分布模型预测起讫点之间的出行空间分布形式。TransCAD 主要提供了最常用的增长系数法、重力模型。

(1) 增长系数法：这种方法用乘数因子（通常根据已预测出的产生量和吸引量推算）把一个已知矩阵的元素进行缩放，得到一个新的起讫点流量矩阵。当无法获得区域之间的距离、出行时间或所需费用等信息时，通常采用这种方法。

(2) 重力模型：该模型的输入包括一个或多个流量矩阵，一个反映区域之间的距离、出行时间或出行费用等有关交通阻力因数的矩阵，以及预测的未来出行产生量和吸引量。重力模型将区域间的出行量与其交通出行的阻力因数直接关联起来。重力模型中的阻力因数的函数形式，也有很多种选择，常见的是指数函数和幂函数，以及在美国城市交通规划中推荐采用的伽马函数。除了用函数形式的阻力因数，在进行模型计算时，用户也可使用摩擦因数对照表（相当于一个离散的阻力函数）。应用重力模型之前，用户必须校准阻力函数或摩擦因数。出行分布模型的校准是指对模型的参数进行估计，典型的校准方法是通过

迭代过程，计算出能重现出行距离的分布，并符合初始年份产生量和吸引量的模型参数值。

3)"四阶段法"交通需求预测模型——出行方式划分模型

出行方式划分模型用于分析和预测个体或个体组群在进行某种类型的出行时，对不同运输方式的选择。一般来说，其目的是预测各出行方式所占的份额或出行数目。出行方式划分模型的估计和应用可以在基于出行个体的离散数据上进行，也可以在集计数据的基础上进行。集计模型的应用是寻求预测区域各交通方式的出行比例，而离散模型的应用是基于对普查或样本综合取得的个体数据的分析。在个体层次上，选择的问题本来就是分离进行的：每个人在一组可选的出行方式中，挑选出其中的一种。一般来说，交通需求预测模型中出行方式划分这一部分，先通过对调查所获得的个体数据进行分析估算出来，再根据集计的解释性变量做出预测。

出行方式划分模型的数据通常包括出行者的社会经济情况(如收入及是否拥有汽车)和可选的出行方式的服务情况(如出行的时间和花费)。构建模型的方法是先识别哪些因果变量与出行方式划分相关，然后通过实际数据检验这些变量的统计意义。对于公交出行模型，应考虑是否接近公交车站，可能需要的换乘，以及对使用公交有影响的其他因素等。

出行方式划分和选择分析的主要方法有回归、交叉分类及离散选择模型(如Logit或多层Logit)。交通方式的划分不一定必须借用TransCAD来完成，可以把其他方法获得的方式划分的成果直接为TransCAD所用。

4)"四阶段法"交通需求预测模型——出行分配模型

出行分配模型用于估算路网上的交通流量，该模型以表示起讫点之间的交通流量的OD矩阵作为输入文件，根据可选路径的出行时间或阻抗，将每个OD对间的流量分配到路网上。TransCAD提供一套完整的城市交通流量分配程序。出行分配是城市交通需求预测过程中的一个关键步骤。出行分配模型用于预测未来规划方案的路网流量，估算路段的出行时间和相关的属性，它们是估算项目经济效益和空气质量影响的基础。出行分配模型还用于有关路网性能的估算，为很多模型中的出行方式划分和出行分布等阶段模型提供依据。

下面介绍在交通规划实践中常用的交通流量分配方法，这些方法在TransCAD中都能应用。

(1)全有全无分配法。采用全有全无分配法，OD对间的所有交通流都分配到OD之间的最短路径上。该方法与现实不相符的地方是每个OD之间只采用一条路径，即使另外的路径的出行时间或费用相同或非常接近也不采用。另外，将交通流量分配到路段上时，没有考虑路段是否有足够的通行能力或严重的交通拥堵，所输入的出行时间为固定值，不随着路段的拥堵程度而变化。

(2)STOCH分配法。STOCH分配法是将每个OD之间的交通流量分配到连接该OD的多条可选路径上。分配到一条路径上的流量所占的比例是选择该路径的概率，路径的选择概率是由Logit路径选择模型计算的。一般来说，和其他可选路径相比，时间越短的路径被选择的概率越大。但是，STOCH分配法并不将流量分配到所有的可选路径上，只分配某些有限的、较为"合理的"路段上。一个合理的路段是使出行者离出行起点越来越远，离出行终点越来越近的路段。在STOCH分配法中，路段出行时间输入为固定值，路段出行时间不随路段流量的变化而改变。因此，该方法不是一种平衡方法。

（3）递增分配法。递增分配法是逐步分配交通流量的一种方法。在每一步分配中，根据全有全无分配法分配一定比例的总流量。每一步分配后，根据路段流量重新计算出行时间。当采用的递增次数足够多时，该分配法类似于平衡分配法，但是，该方法不能保证产生平衡解，因为在路段流量与出行时间之间可能存在不一致的地方，会导致方案评估计算的错误。另外，递增分配法还受到流量分配时，OD对的处理顺序的影响，这加大了分配结果中包含进一步偏差的可能性。

（4）容量限制法。容量限制法试图通过循环迭代全有全无流量分配和根据反映路段通行能力的拥挤函数计算路段出行时间，来近似计算平衡解。遗憾的是，该方法不能收敛，在某些路段上可能会跳来跳去地反复分配流量。在一些软件包中，容量限制法试图通过平均出行时间和最近迭代中一组流量的平均值来减轻这个问题。这种方法不仅不能收敛为一个平衡解，还有产生另外一个问题的可能，即其计算结果非常依赖具体的迭代次数。多执行一次迭代或少执行一次迭代，常常会获得截然不同的结果。

（5）用户平衡法（User equilibrium，UE）。UE采用一个迭代过程达到平衡的结果，即出行者改变路径不可能再改进出行时间。在每次迭代中都计算路网中各路段的流量，其中考虑到路段通行能力的限制和与路段流量相关的出行时间。UE问题的推导可以归结为一个数学规划问题，在TransCAD中采用Frank-Wolf方法来求解。

（6）随机用户平衡法（Stochastic User equilibrium，SUE）。SUE是UE的一种通用表述，它假定出行者没有完整的路网属性信息，或者他们对出行费用的感受不同。SUE分配程序比确定性的UE分配模型的结果更接近现实，因为SUE允许使用吸引力小的路径，也允许使用吸引力较大的路径。吸引力小的路径具有较低的利用率，但不会像UE那样总是出现零流量。TransCAD中SUE采用的逐次平均法，是已知的唯一可以收敛的方法。由于该方法具有的特点，因此需要使用较多次的迭代循环。

（7）系统优化分配法（System Optimization，SO）。SO是一种使路网总的出行时间达到最小的分配方法。采用SO分配的结果是，出行者若改变他们的路径，则会增加系统的总出行时间，尽管某出行者有可能减少自己的出行时间。SO可以认为是一种拥堵最小化的模型，其中出行者被告诉使用指定的某条路径。显然，SO分配模型不是一个符合行为现实的模型，但它有可能有效地分析智能交通系统方案。

第 3 章
VISSIM 操作基础

3.1 VISSIM 基本介绍

3.1.1 软件界面介绍

启动 VISSIM 后，其主界面如图 3-1 所示。VISSIM 的主界面主要包括菜单栏、顶部工具栏、左侧工具栏、状态栏和视图区。

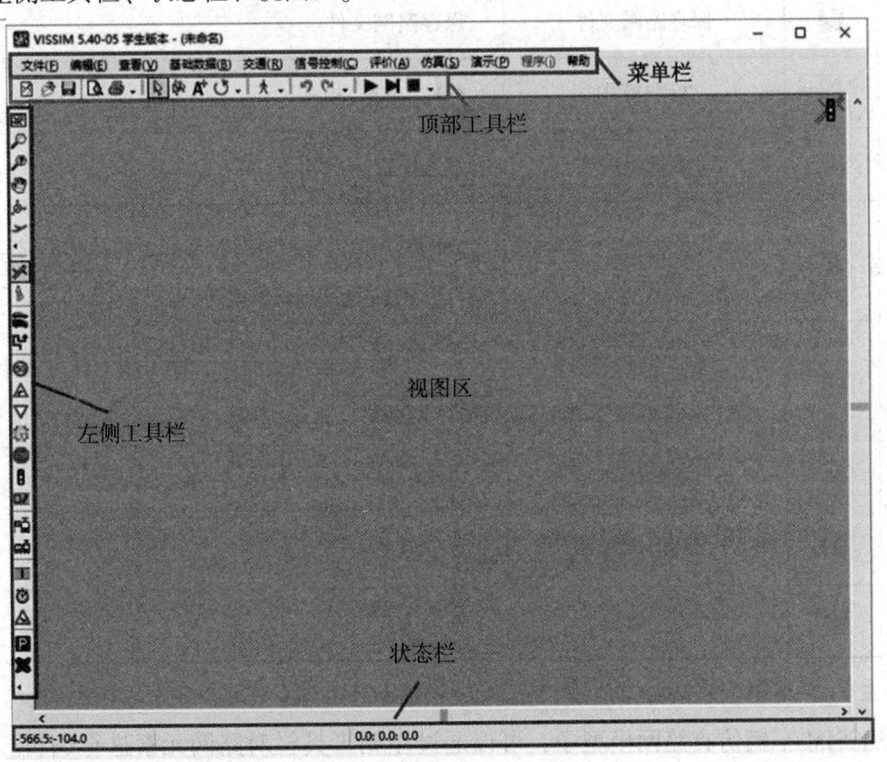

图 3-1 VISSIM 的主界面

1. 菜单栏

菜单栏包含软件运行的各种功能，支持各模型及仿真基础参数设置。菜单栏及其名称如表 3-1 所示。

表 3-1 菜单栏及其名称

英文名称	中文名称	英文名称	中文名称	英文名称	中文名称
File	文件	Edit	编辑	View	查看
Base Data	基础数据	Traffic	交通	Signal Control	信号控制
Evaluation	评价	Simulation	仿真	Presentation	演示
Scripts	程序	Help	帮助		

2. 顶部工具栏

顶部工具栏主要包括文件管理、模式切换、仿真运行控制等工具，其主要功能如表 3-2 所示。

表 3-2 顶部工具栏中的工具按钮及其主要功能

工具按钮		名称	主要功能
文件管理工具		创建路网文件	新建路网文件
		打开路网文件	打开已有的路网文件
		保存路网文件	保存路网文件
模式切换工具		标准模式	标准(单选)模式
		多选模式	多选模式
		标识模式	标识模式，当某类路网元素处于激活状态时，其标识可重新定位
		鼠标单击位置的下一个元素	多个路段/连接器重叠时，使用该工具可逐个浏览各层路段/连接器
仿真运行控制工具		连续仿真	连续仿真
		单步仿真	单步仿真
		停止仿真	停止仿真

3. 左侧工具栏

在 VISSIM 车辆仿真路网模型中，可以通过左侧工具栏对路网元素进行编辑。该工具栏中的工具按钮及其主要功能如表 3-3 所示。

表3-3　左侧工具栏中的工具按钮及其主要功能

工具按钮	名称	主要功能	工具按钮	名称	主要功能
	显示整个路网	显示整个路网(按照合适窗口比例显示全部路网)		优先原则	优先规则设定
	缩放	动态缩放(单击),前一视图(右击)		冲突区域集	冲突区设置
	按比例缩放	按照指定比例缩放		停车标志	停车标志
	面板	移动路网(3D模式下)		信号灯	信号控制机的添加、删除和编辑
	旋转	旋转路网(3D模式下)		检测器	信号检测器
	飞行模式	从路网上空飞过(3D模式下)		公交站点	公交站点
	路段&连接器	路段/连接器编辑		公交线路	公交线路
	车道方向标志	车道方向标志(只用于显示)		数据检测点	数据检测点
	流量输入	流量输入		行程时间	行程时间和延误测量
	路径	路径决策与流量分配		排队计数器	排队计数器
	期望车速决策点	限速点(车辆过该点后永久改变车速)		停车场	停车场
	减速区	限速区(区域内临时改变车速)		节点	节点

4. 状态栏

状态栏由3部分组成:左侧显示光标当前坐标;中间显示在路段和连接器处于激活状态下创建的路段/连接器长度;右侧显示在编辑模式下当前路网元素的操作指引,在仿真模式下显示仿真时间。

5. 视图区

视图区是图形用户界面,用于编辑仿真路网模型和加载交通生成点、统计设备及进行仿真演示等。

3.1.2 基本操作

1. 更改语言环境(可选)

打开 VISSIM，如果界面是英文版，则可以将软件的应用语言改为中文，具体操作如下。

(1)在菜单栏中选择"View"→"Options"命令。

(2)在弹出的"Display Options"对话框中选择"Language & Units"标签，在"Language"下拉列表框中选择"Chinese"，单击"OK"按钮，完成语言切换，如图3-2所示。

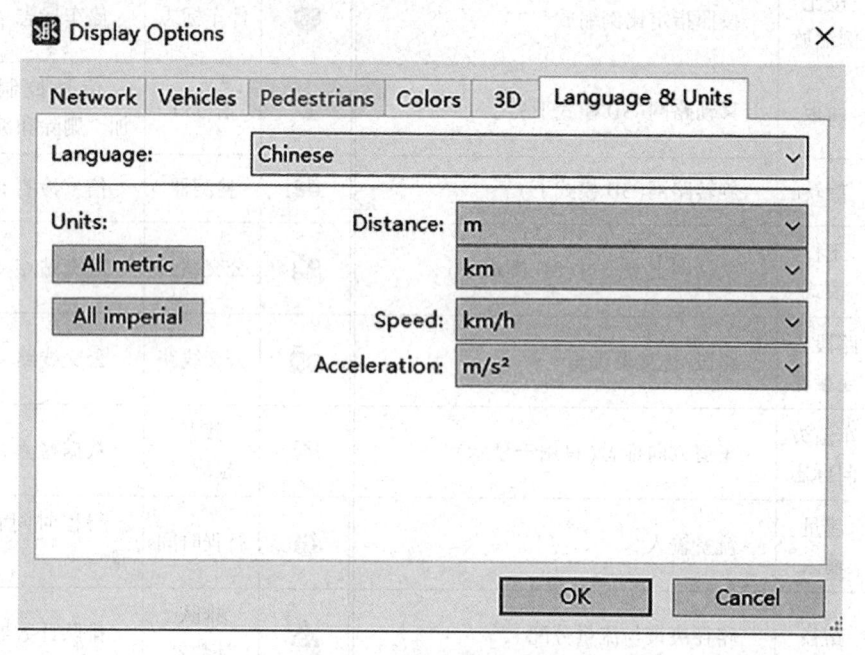

图3-2 语言切换界面

2. 鼠标操作

1)鼠标左键

单击鼠标左键(简称单击)：选择相应路网元素，如让行规则、停车线、公交站点、路段和连接器。

双击鼠标左键(简称双击)：打开被选中路网元素的属性窗口。

2)鼠标右键

拖动或在路段与连接器上单击鼠标右键(简称右击)，可添加新的道路元素。

在路网空白处右击，可显示在路网编辑模式下所有已设置元素的列表。

3)鼠标滚轮/中键

按住鼠标滚轮或中键进行拖动，可平移路网。上、下滚动鼠标滚轮或中键，可缩放路网。

3. 键盘操作

如表3-4所示，VISSIM中设置了一系列默认快捷键，同时用户可以根据需要创建或更改快捷键。

表 3-4　常用的默认快捷键

路网显示		仿真控制	
快捷键	功能	快捷键	功能
Ctrl + A	道路显示：道路/道路中线	F5	开始/继续连续仿真
Ctrl + B	显示/不显示背景图	F6	单步仿真，运行至下一个仿真步长
Ctrl + D	2D 与 3D 切换	Esc	终止仿真
Page Up	放大	+	加速仿真
Page Down	缩小	-	减速仿真
Home	全局显示	*	以最大速度仿真
Backspace	返回前一显示画面	/	返回上一仿真运行速度（当最大速度被激活时）
Tab	选择下一个路段或连接器（单击位置有至少 2 个路段/连接器重叠）	1	仿真运行速度对应的实际时间（1.0 s）
		Delete	删除已选路网元素

4. 选择模式操作

1）标准（单选）模式

标准模式是 VISSIM 路网元素搭建的标准配置模式，用于路网元素的新建，单个元素的选择、修改及属性编辑等。

2）多选模式

多选模式主要用于对多个路段及连接器的属性进行统一编辑。在打开的路网文件中，单击顶部工具栏中的"多选模式"按钮激活多选模式。

(1) 选择/取消多个相邻路段、连接器或节点：按住鼠标左键并拖动鼠标，则落在矩形框内的路段、连接器和节点被选中或取消。按住〈Shift〉键，继续拖动矩形框，可新增多个相邻的路段/连接器选择。按住〈Ctrl〉键，继续拖动矩形框，可取消多个相邻路段/连接器的选中状态。

(2) 选择/取消多个不相邻路段、连接器或节点：使用鼠标左键逐个单击目标路段、连接器和节点。

提示 1：当多个路段、连接器或节点的一个或几个属性参数一致时，使用多选模式进行编辑，将大幅提高工作效率。可采用第一种选择方式框选出部分区域内的路段、连接器或节点，然后采用第二种方式剔除属性不一致的路段、连接器或节点。

提示 2：在多选模式下，可修改的路段属性数据包括：路段类型、坡度、区段评价、区段长度、费用、车道限制、连接器。可修改的连接器属性数据包括：紧急停车位置、车道变换位置、针对某一车辆等级关闭车道（动态出行分配时使用）、行驶方向。

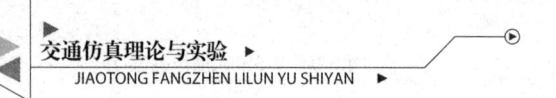

(3)按住〈Ctrl〉键,在选择范围之外单击,取消已选择的全部内容。

(4)在选择范围内按住鼠标左键并拖动,移动选定的所有路段/连接器。

提示:该操作下移动的路段/连接器将改变其在 VISSIM 中的坐标位置。

3.2 基本路段仿真

3.2.1 基本路段的创建

基本路段的创建步骤如下。

(1)在菜单栏中选择"文件"→"新建"命令,生成一个新的文件。

(2)单击左侧工具栏中的"路段 & 连接器"按钮,切换到路段编辑状态。

(3)将光标移至视图区,在视图区内左侧区域的任意位置按住鼠标右键,确定道路起点,不要放开,平行向右移动鼠标,同时观察界面下方状态栏中的路段长度数据(默认单位为 m),在适当距离处放开鼠标右键。

提示:VISSIM 所画的路段是有方向的,绘制方向即道路方向,所以路段的起点、终点不能混淆,按车流方向,最右侧车道为车道1,以此类推。

(4)此时弹出"路段属性"窗口,如图 3-3 所示,将"车道数"改为 4,其他保持默认设置,单击"确定"按钮完成基本路段道路设置。单击左侧工具栏中的"显示整个路网"按钮,可以将所画的路网满布在整个视图区内,如图 3-4 所示。

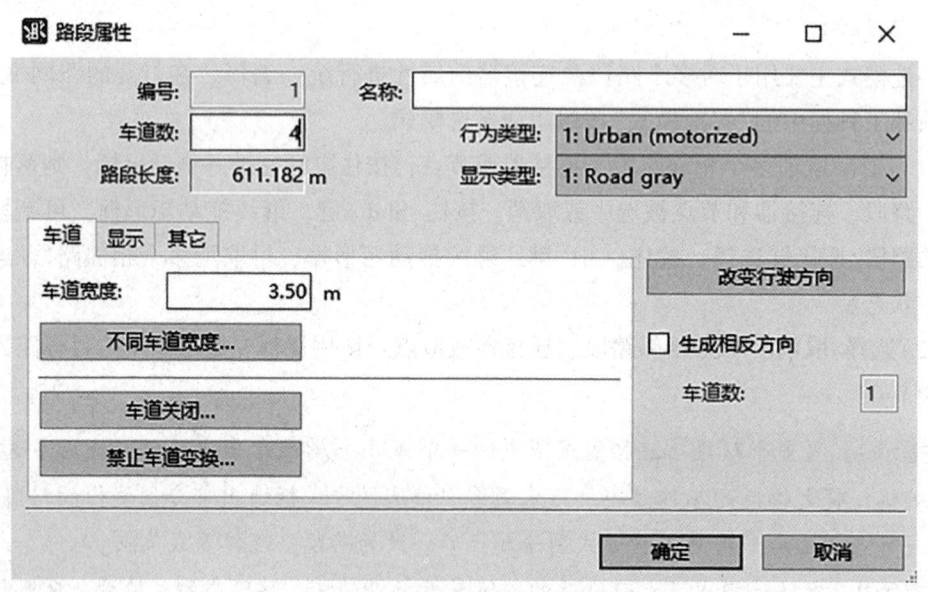

图 3-3 "路段属性"窗口

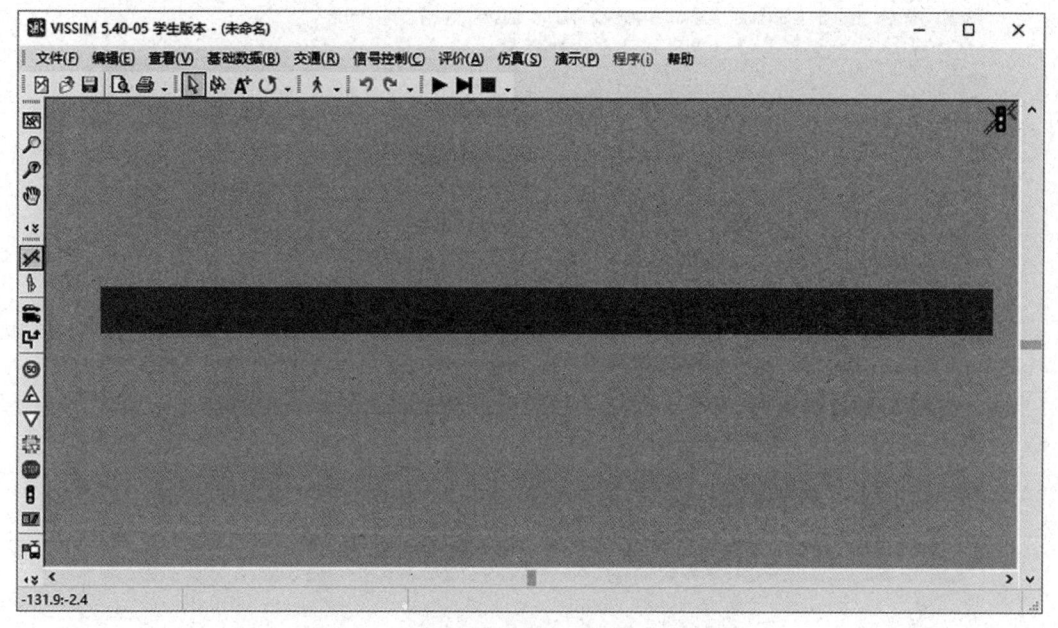

图 3-4 将所画的路网满布在整个视图区内

（5）添加路面标线。单击左侧工具栏中的"车道方向标志"按钮，切换到车道方向标志编辑状态下，单击选中要添加的路段，在适当位置右击，弹出"创建车道方向标志"对话框，如图 3-5 所示。"类型"选择"箭头标志"，"方向"选择"直行"，单击"确定"按钮，完成一条车道的车道方向标志的创建，如图 3-6 所示。其他车道采用同样方法进行设置。

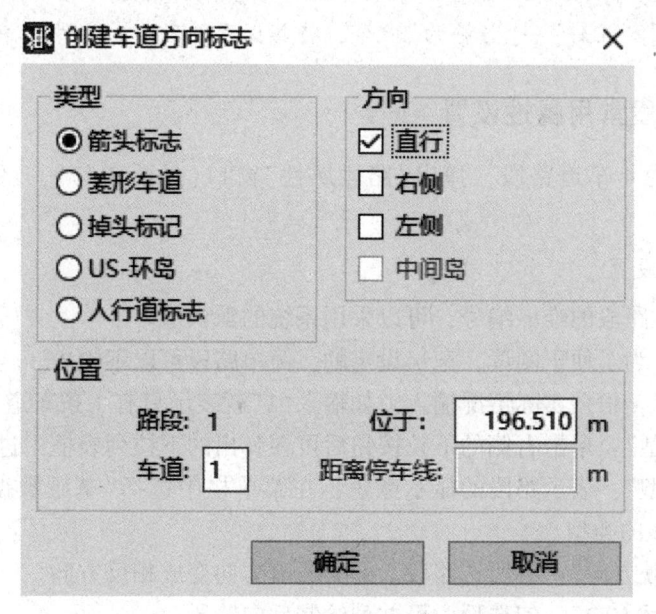

图 3-5 "创建车道方向标志"对话框

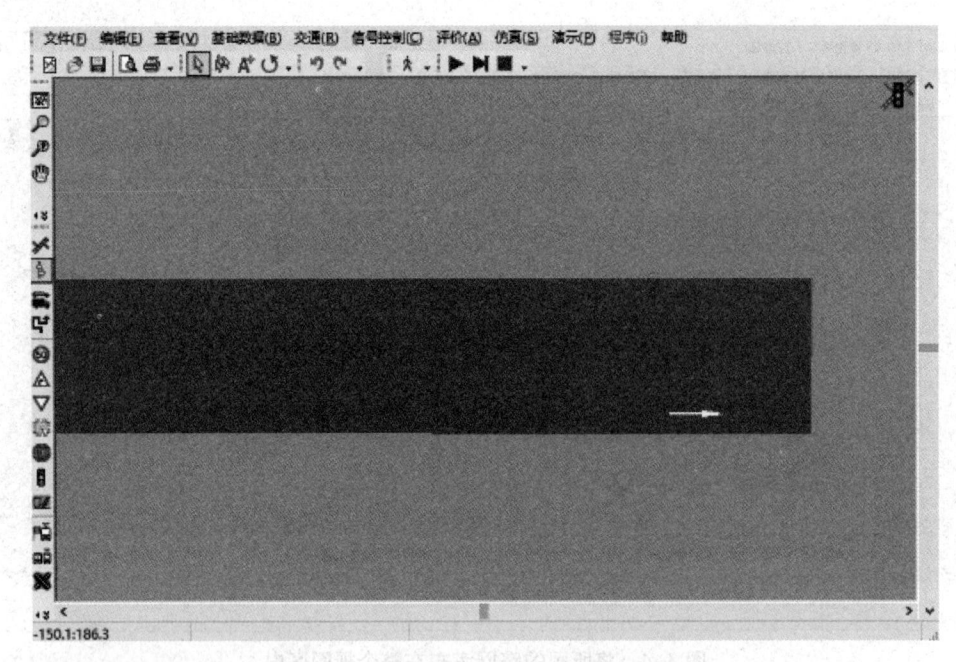

图 3-6　一条车道的车道方向标志的创建

（6）在菜单栏中选择"文件"→"保存"命令，在弹出的"保存"对话框的右上方单击"创建新文件夹"按钮，将文件保存在新建文件夹中。

> **提示**：由于 VISSIM 中的部分功能不支持中文，所以文件命名和存储路径都应尽量避免中文，且不要保存在桌面上。如果由于操作习惯等因素已将文件保存在桌面上，则可在菜单栏中选择"文件"→"另存为"命令，将其保存到新建的文件夹中。

3.2.2　路段常用属性设置

双击已创建的 4 车道路段，弹出"路段属性"窗口（见图 3-3），路段常用属性设置如下。

1. 基本属性设置

（1）"编号"：路段的唯一编号，可以采用系统的默认值。

（2）"名称"：为了便于阅读、记忆设定的，简单路段可以不输入。

（3）"车道数"：根据实际情况输入，如输入"1"就表示只有 1 条车道。

（4）"行为类型"：单击右侧的下拉按钮后可在弹出的下拉列表框中进行选择。

（5）"显示类型"：表示路段的显示颜色，在菜单栏中选择"基础数据"→"显示类型"命令可以添加更多的类型。

（6）"改变行驶方向"：将所选路段上的交通流方向变成相反方向。

（7）"生成相反方向"：勾选后，可并列绘制反向路段。

2. "车道"属性设置

（1）"车道宽度"：定义车道的宽度，可根据实际情况输入。

（2）"不同车道宽度"：分别对各条车道的宽度进行定义，如图 3-7 所示。

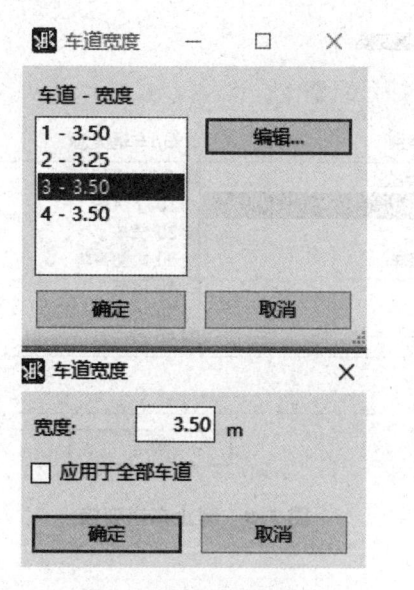

图 3-7 不同车道宽度

(3)"车道关闭"：将选定的车辆类别限制在该路段的一个或多个车道上行驶。按住〈Ctrl〉键可选择多种车辆类别，如图 3-8 所示，车道 1 只对大型客车开放。

提示：如果关闭的车辆(车道可针对某一种车辆类别进行关闭，关闭的车辆即指被车道禁止通行的某种车辆类别)驶入该车道上游连接器，那么该车辆仍会驶入该车道。如果路段的所有车道都对某类别车辆关闭，那么这种类型的车辆仍可以在该路段行驶，但不会变换车道。

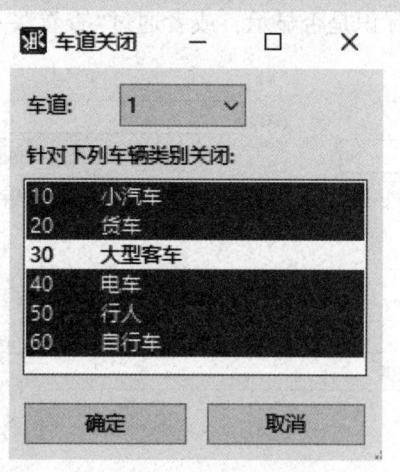

图 3-8 车道关闭

(4)"禁止车道变换"：用来定义 4 条车道上不同类别的车辆能否向左侧或右侧相邻车道换道，如图 3-9 所示，车道 1 上的小汽车不能向左侧相邻车道换道。

提示：被禁止的车道变换可以限制任何情况下的变道行为，包括由于设置路径所产生的变道。因此，基于路径的车道变化的设置最好在禁止车道变换区域之前或之后完成。

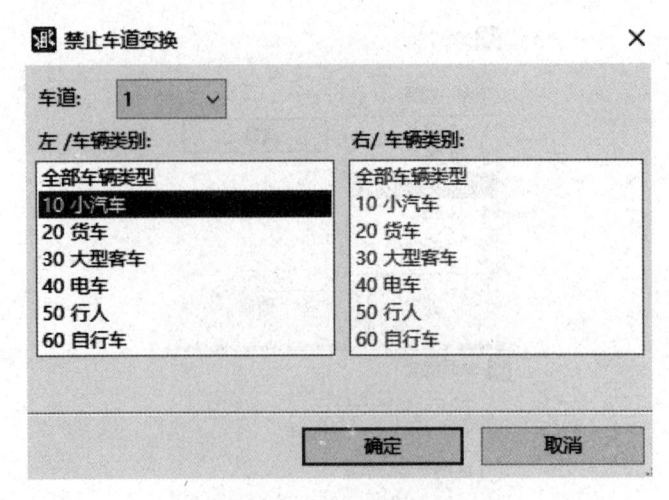

图 3-9　禁止车道变换

3."显示"属性设置

"显示"属性设置用于改变路段外观的参数，如图 3-10 所示。

(1)"高度(3D)"：3D 模式下路段起点和终点的高程。

(2)"厚度(3D)"：3D 模式下车道的厚度。

(3)"重新计算划分点的高度"：对于添加的路段中间点，根据起、终点的高程，利用差值法重新计算并赋予相应中间点的高程。

(4)"可视化"：设置仿真过程中该路段上的车辆是否可见，可用于模拟 2D 模式下隧道和高架桥下方的道路交通情况。

(5)"标识"：设置路段标识是否显示，或者通过"查看"→"路网元素"命令进行设置。

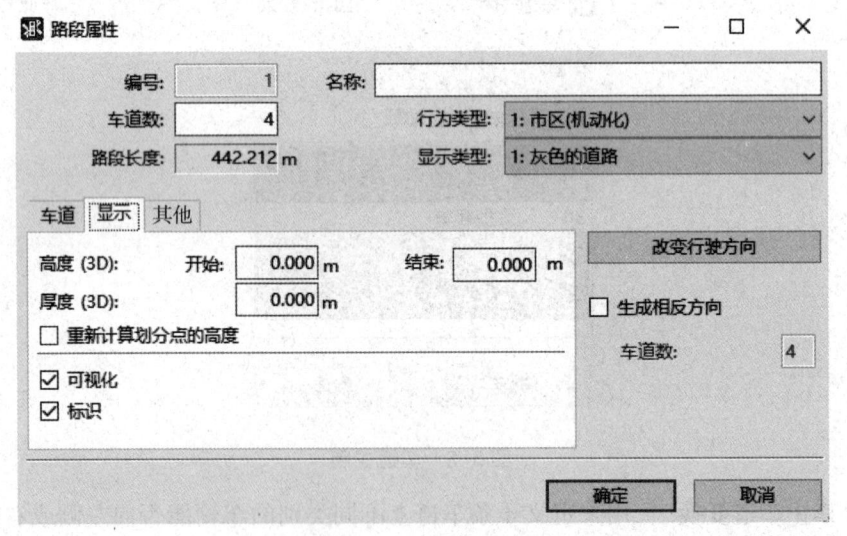

图 3-10　"显示"属性设置

4."其它"属性设置

"其它"属性(其中"其它"的正确用法为"其他")设置如图 3-11 所示。

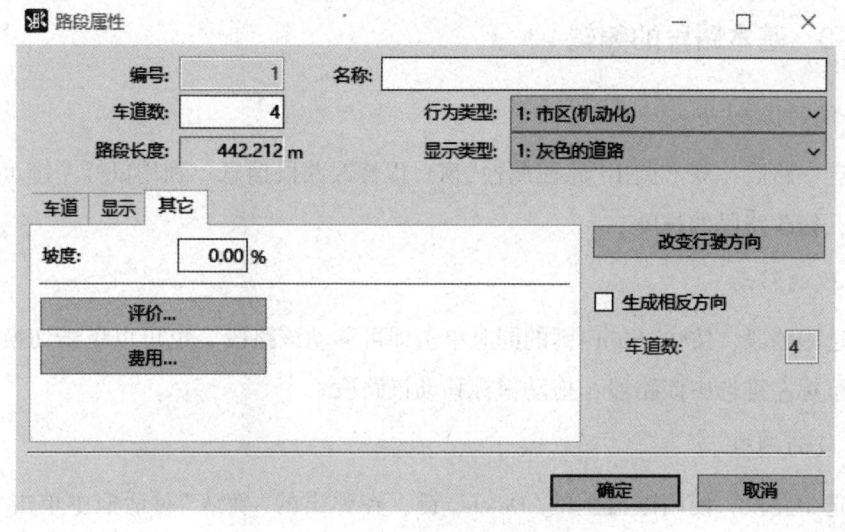

图 3-11 "其它"属性设置

(1)"坡度":能够改变车辆的加/减速能力,+1%的坡度值相当于加速度降低 0.1 m/s²,-1%的坡度值相当于加速度增加 0.1 m/s²。

提示:如果 3D 模式下无法体现道路坡度的视觉效果,则可以使用"显示"属性中的"高度(3D)"设置道路的高程。

(2)"评价":与交通流显示、统计数据选项、路段评价等功能有关。单击该按钮可弹出"路段评价"对话框,勾选"路段评价"复选框并定义"区段长度",如图 3-12 所示。可在多选模式下,对多个路段或连接器同时进行设置。

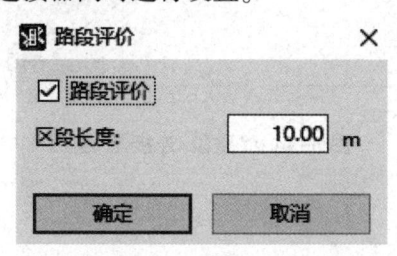

图 3-12 "路段评价"对话框

(3)"费用":设置路段的费用和附加费用,以及在动态出行分配中评价路段的总费用,如图 3-13 所示。

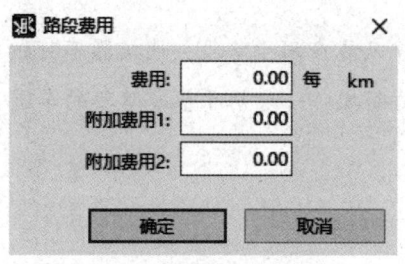

图 3-13 "路段费用"对话框

3.2.3 基本路段的编辑

1. 路段的修改

单击选中路段，双击调出"路段属性"窗口以修改路段信息。利用鼠标左键可以拖动路段的端点，修改路段的长度。

2. 路段的移动

单击选中路段，按住〈Shift〉键的同时单击即可移动该路段。也可以单击切换到多选模式，按住鼠标左键选中该路段，拖动鼠标移动该路段。

3. 路段的删除

单击选中路段，使用键盘上的〈Delete〉键，在弹出的"确认"对话框中单击"删除"按钮。也可以在视图区的空白处右击，弹出"路段/连接器：1"窗口，如图3-14所示。在列表框中选中某一个路段或连接器，单击"缩放"按钮，可在视图区中显示该路段或连接器的全貌，单击"删除"按钮，可删除选中的路段或连接器。

图3-14 "路段/连接器"窗口

4. 路段的拆分/打断

单击选中路段，在菜单栏中选择"编辑"→"打断路段"命令，在拆分位置处单击，在弹出的"打断路段"对话框中勾选"自动生成"复选框，如图3-15所示，也可按快捷键〈Alt+E+S〉或〈F8〉，完成路段的拆分/打断，如图3-16所示。

> 提示1：拆分/打断操作只能应用于路段，连接器不可被拆分/打断。
>
> 提示2：路段的拆分/打断操作一般用于基本路段的车道数变化位置处，或者对已创建的路网进行修改时使用。

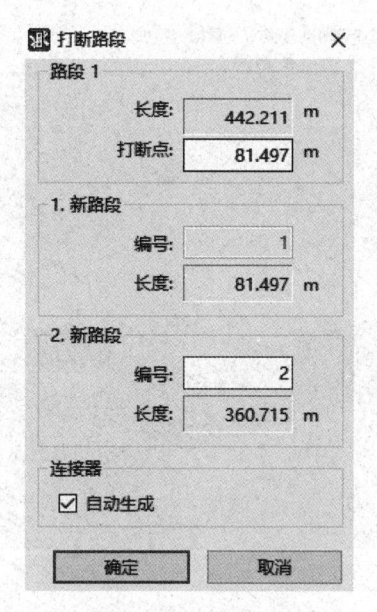

图 3-15 "打断路段"对话框

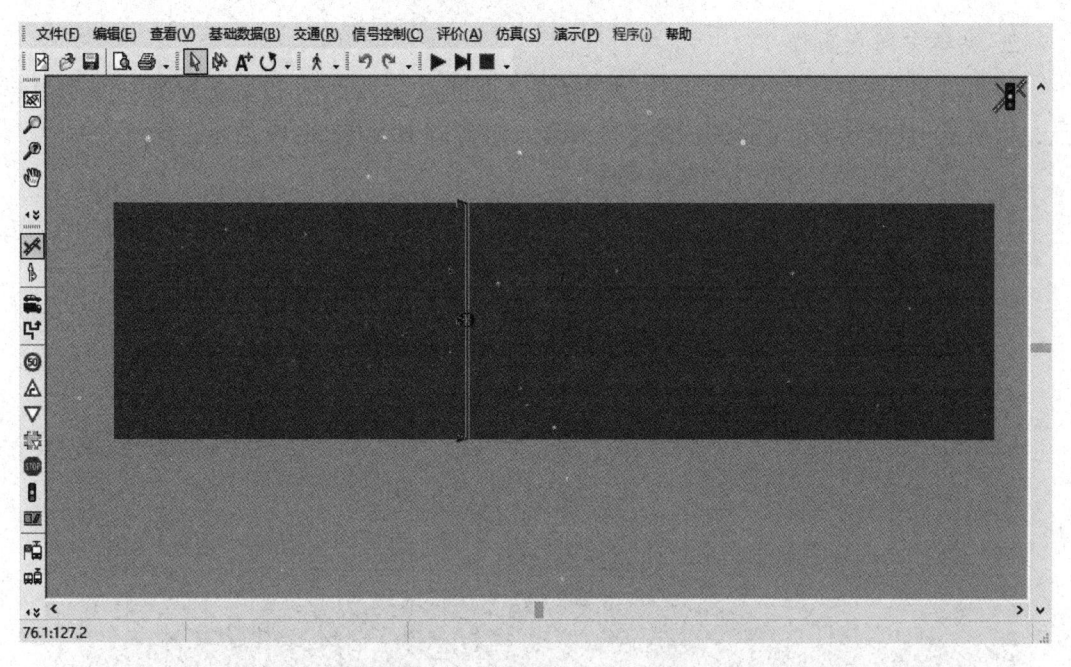

图 3-16 路段的拆分/打断

▶▶▶ 3.2.4 中间点的编辑 ▶▶▶

1. 增加中间点

单击选中已创建的路段，在该路段上某处右击，则路段上会增加一个中间点，单击拖动该点可以改变路段的线形，如图 3-17 所示。

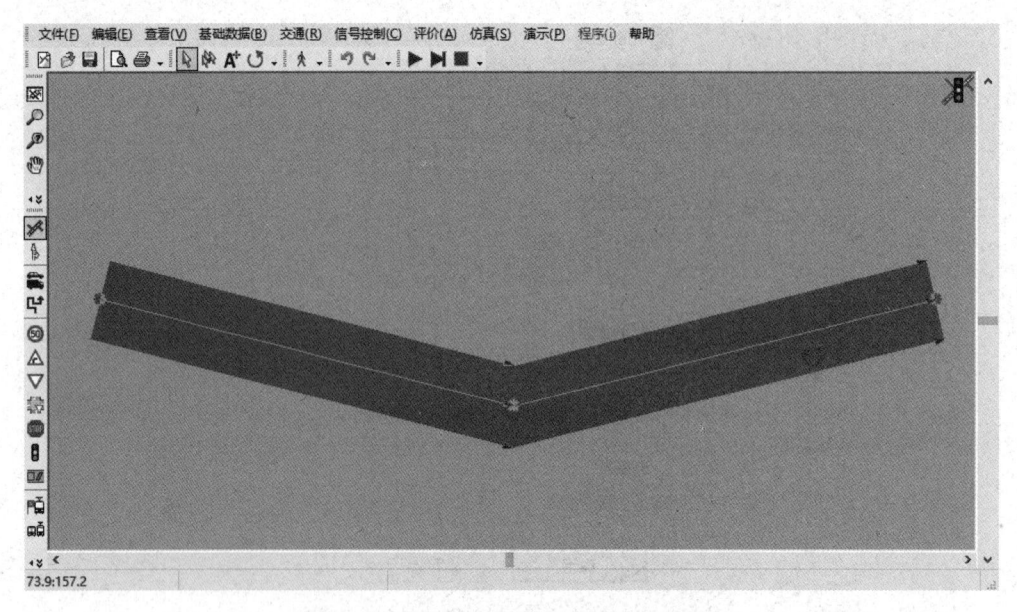

图 3-17 添加中间点并改变路段的线形

2. 编辑中间点高程

按住〈Alt〉键的同时双击中间点,弹出"样条曲线点"对话框,设置高程为 5 m 的中间点,切换至 3D 模式下查看该路段的三维线形,如图 3-18 和图 3-19 所示。

图 3-18 "样条曲线点"对话框

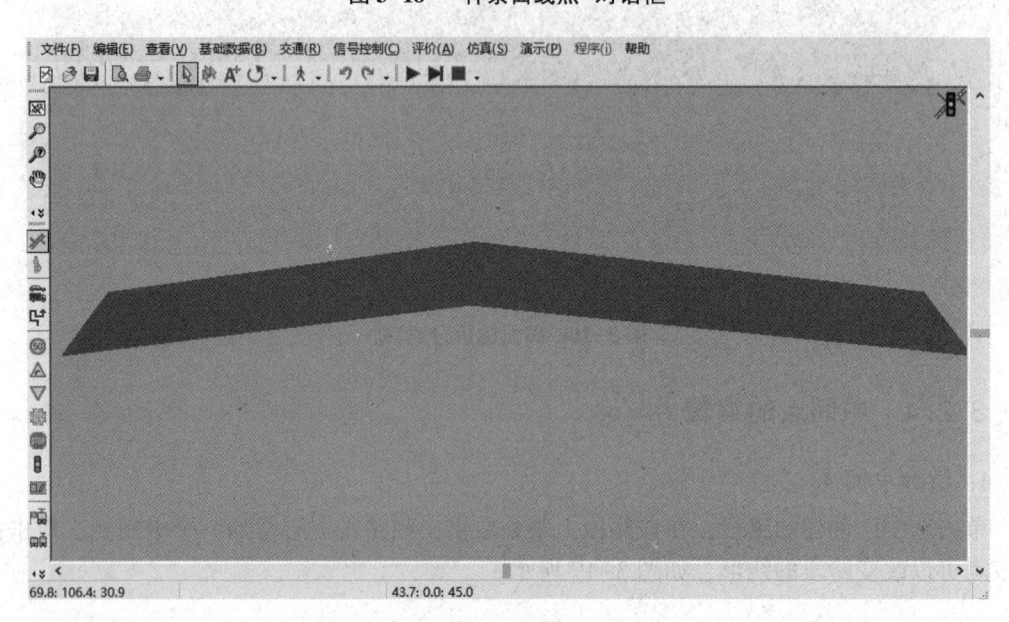

图 3-19 3D 模式下路段的三维线形(1)

提示：为使3D模式下的高程显示得更清晰，可以将"厚度(3D)"属性值由默认值"0"修改为一定值。

此外，也可以根据路段起、终点的高程设置中间点的高程，使路段的线形连续变化。例如，在4车道路段使用鼠标右键添加3个中间点，双击该路段打开"路段属性"窗口，单击"显示"标签，在"高度(3D)"中设置开始高程为0 m，结束高程为10 m，勾选"重新计算划分点的高度"复选框，单击"确定"按钮，切换至3D模式下查看该路段的三维线形，如图3-20和图3-21所示。

图3-20 重新计算划分点高度的设置

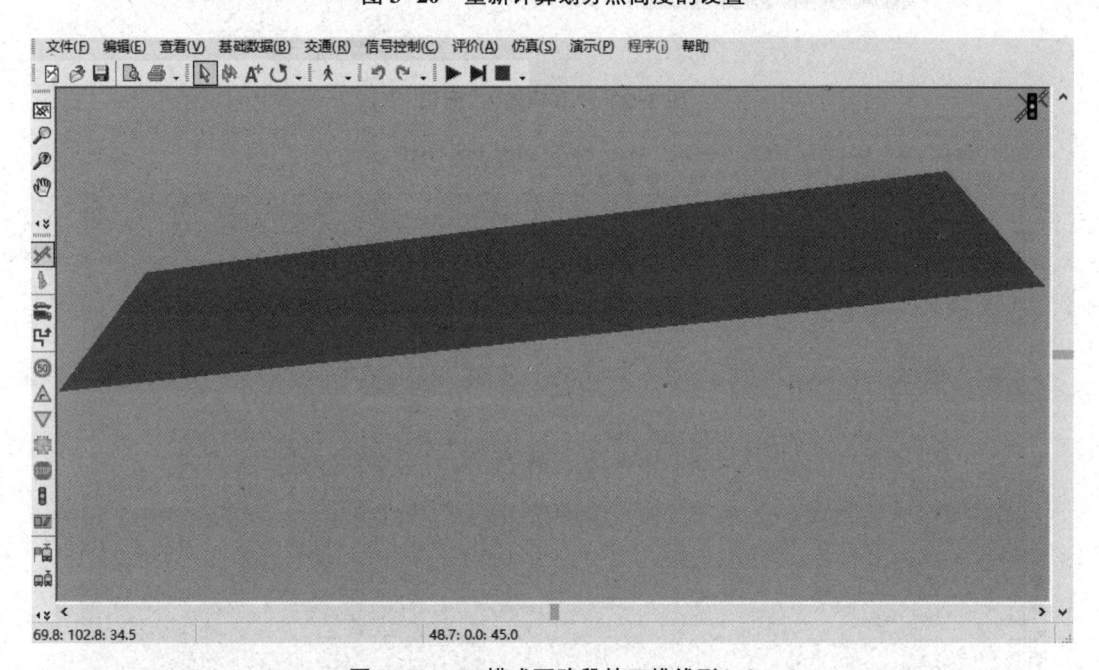

图3-21 3D模式下路段的三维线形(2)

3. 删除中间点

按住鼠标左键选中中间点，将其拖动到起点/终点位置或其他中间点上，则可删除该中间点。

3.2.5 交通流量的加载

1. 交通流量的添加

（1）单击左侧工具栏中的"流量输入"按钮，切换到路段流量编辑状态。

（2）双击路段或在视图区的空白处右击，可弹出图 3-22 所示的"车辆输入"窗口，将"0-3600"栏中的流量改为"1500"，"车辆构成"下拉列表框选择"1：默认"，其他选项保持不变，单击"确定"按钮，完成对交通流量的输入。此时，路段起点将出现黑色线段，如图 3-23 所示，表示路段已完成交通流量设置。

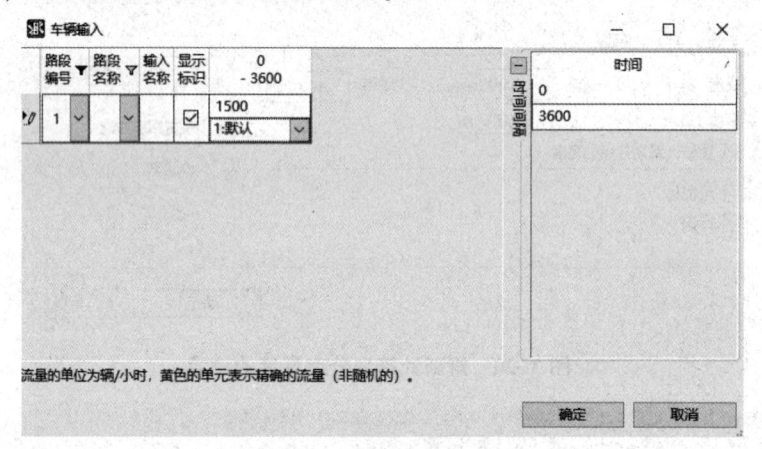

图 3-22 "车辆输入"窗口

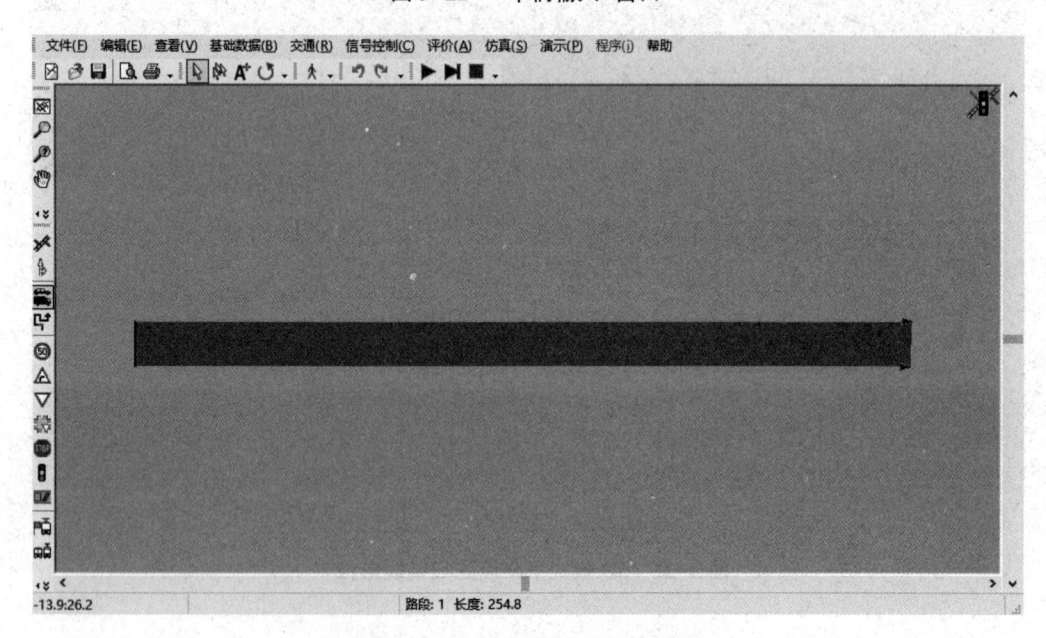

图 3-23 路段已完成交通流量设置

提示：系统默认的交通组成是 98%的小汽车和 2%的大车。交通组成可根据需要修改，本书后续章节会详细介绍。

2. 交通流量的更改与删除

在车辆输入编辑状态下，双击路段或在视图区空白处右击，弹出图 3-22 所示的"车辆输入"窗口，重新设置流量和车辆构成。若需删除交通流量，则将光标移至车流量信息前的小三角上右击，弹出图 3-24 所示的快捷菜单，选择"删除"命令，删除交通流量，最后单击"确定"按钮，并在弹出的对话框中单击"OK"按钮，完成路段交通流量的删除。

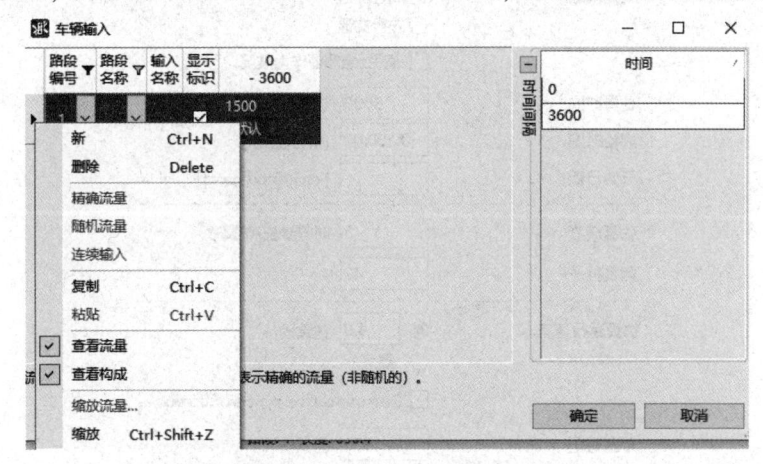

图 3-24 路段交通流量的删除

3.2.6 路段运行仿真

1. 开始仿真

单击顶部工具栏中的"连续仿真"按钮，在弹出的"确认"对话框中单击"是"按钮，随后开始仿真，仿真效果如图 3-25 所示。

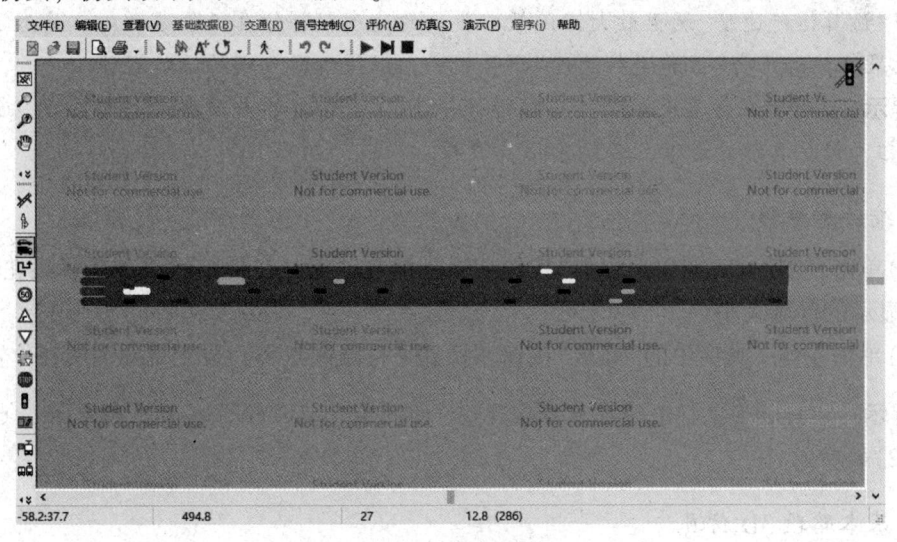

图 3-25 仿真效果

2. 修改仿真速度

在菜单栏中选择"仿真"→"参数"命令，在弹出的"仿真参数"窗口中将"仿真运行速度"修改为"4.0"，如图3-26所示，在菜单栏中选择"仿真"→"连续"命令，再次运行仿真软件。

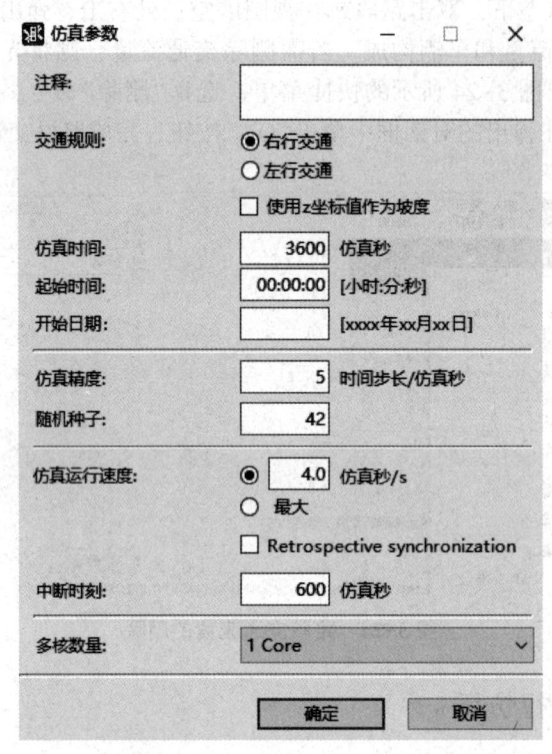

图3-26 "仿真参数"窗口

> **提示1**：运行仿真软件主要有两个目的：一是获得仿真生成的各种交通参数，此时可以将"仿真运行速度"调至最大，以便以最快的速度获得仿真评价参数；二是为了观察仿真效果，此时可将"仿真运行速度"调至较小，以便观察车辆的运行规律。
>
> **提示2**：有时在仿真至最后1 s时停顿不前，可再次单击顶部工具栏中的"连续仿真"按钮，使仿真继续进行，以结束仿真过程。

3. 缩放和平移

(1) 单击左侧工具栏中的"缩放"按钮切换到缩放状态，在视图区滚动鼠标滚轮改变视图区所显示的区域大小。

(2) 单击左侧工具栏中的"面板"按钮切换到平移路网状态，改变视图区所在位置。

> **提示**：直接滚动鼠标滚轮也可以实现(1)的功能；直接按住鼠标滚轮拖动，也可以实现(2)的功能。

4. 基本路段3D仿真

(1) 在菜单栏中选择"查看"→"3D模式"命令，仿真界面进入立体视图，开始仿真后可看到 3D 的仿真动画，如图 3-27 所示。

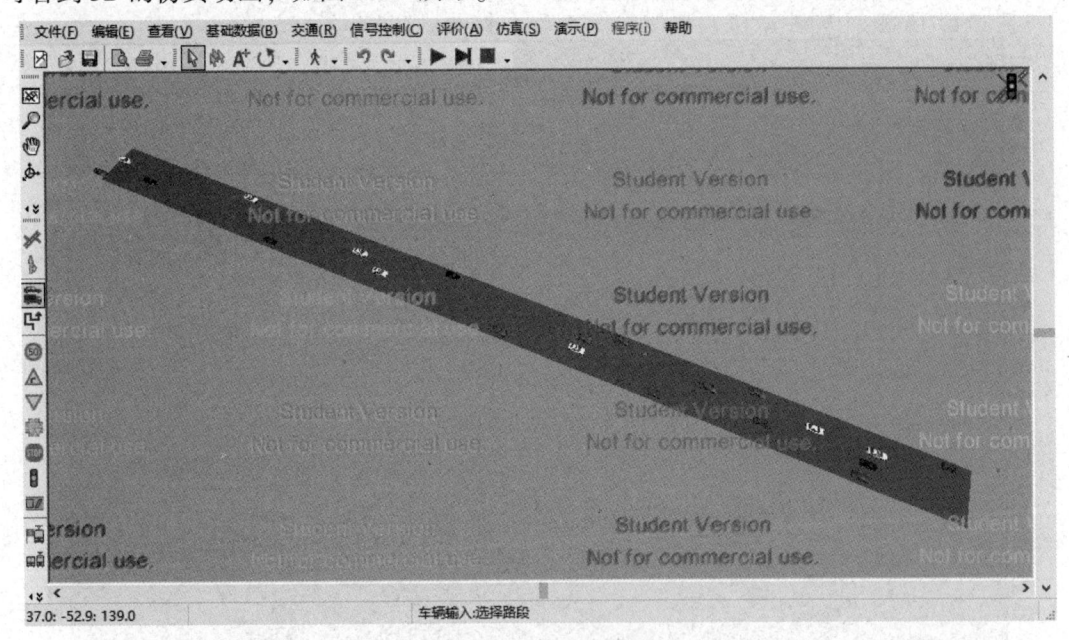

图 3-27　3D 模式效果

（2）单击左侧工具栏中的"旋转"按钮，即可查看不同角度视野下的运行效果。在视图区中按住鼠标左键左、右拖动，可使视野旋转，利用鼠标滚轮可实现画面的缩放。

（3）在菜单栏中选择"查看"→"3D 模式"命令，取消勾选"3D 模式"复选框，界面回到平面仿真模式。

（4）单击顶部工具栏中的"停止仿真"按钮，停止仿真。

3.3　道路连接仿真

3.3.1　分岔路段的创建

道路连接是将两个车道连接起来，本书以道路分岔为例来介绍连接器的使用。在已有的 4 车道路段上分出单车道路段，用连接器将有关车道连接起来。

（1）单击左侧工具栏中的"路段 & 连接器"按钮，切换到路段编辑状态。

（2）将光标移至视图区，在已有路段右下方按住鼠标右键，确定分岔路段的起点，向右下方移动光标，同时观察主界面下方状态栏中的路段长度数据，在适当距离处放开鼠标右键。

（3）对弹出的"路段属性"窗口不进行任何修改，单击"确定"按钮，完成分岔路段的创建，如图 3-28 所示。

提示：特别需要注意分岔路段的方向。

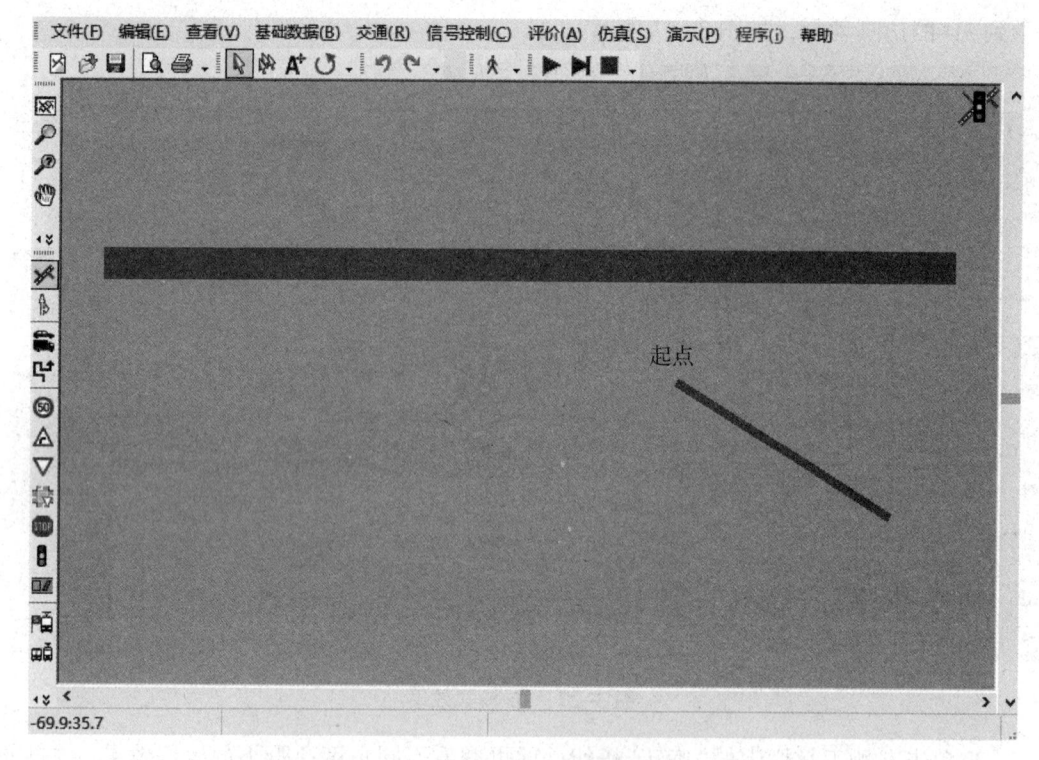

图 3-28 分岔路段的创建

3.3.2 连接器的编辑

1. 连接器的添加

(1)将光标移至 4 车道路段中部,按住鼠标右键,向右下方拖曳到分岔路段上,此时出现一条由鼠标操作处到分岔路段的连接线,放开鼠标右键。

(2)弹出图 3-29 所示的"连接器"窗口,在"从路段"选项组中选择"车道 1",在"到路段"选项组中选择"车道 1",勾选"样条曲线"复选框,在"点数"文本框中输入"5",其他不进行修改,单击"确定"按钮,完成两个路段间连接器的设置。

> 提示 1:车道编号为沿车流方向从右到左依次递增,分别为 1、2、3、4。
>
> 提示 2:当"样条曲线"复选框被勾选后,可以通过改变点数的大小将连接器设置成曲线,点数越多曲线越平滑,一般设置范围为 5~15。
>
> 提示 3:连接器连接的起始路段与终点路段所对应的车道数量必须一致;如果两个路段的车道数不同,则需使用多个连接器将所有车道进行连接,不能出现断头车道,否则交通流会从起始路段断头车道流失,或者使终点路段断头车道闲置。

(3)连接器设置完成后的效果如图 3-30 所示,此时连接器为选中状态,两个黑点表示连接器的起、终点,箭头指向连接器方向。

> 提示:连接器的起、终点必须分别落在两个路段上,如果画完后弹出的不是"连接器"窗口,而是"路段属性"窗口,则说明连接器的起点或终点没有落在路段上,单击对话框中的"取消"按钮,重新绘制。

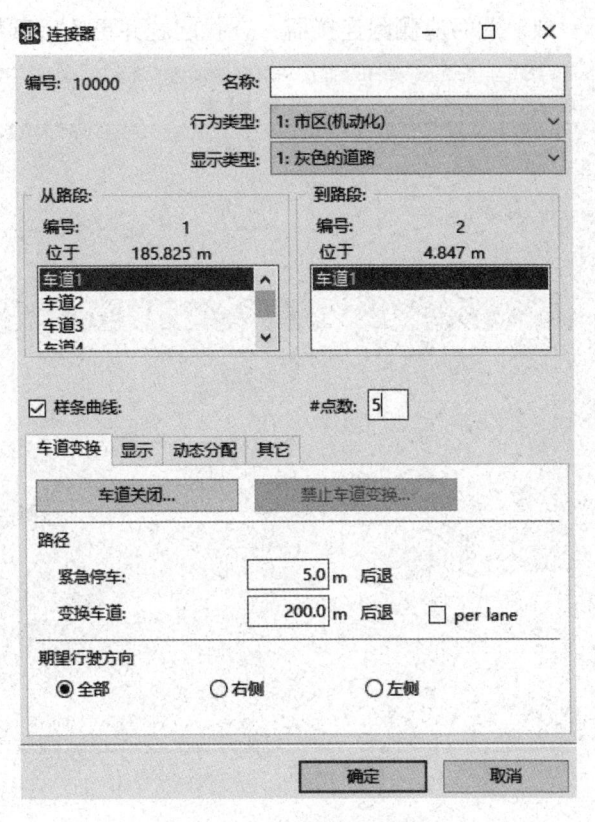

图 3-29 "连接器"窗口

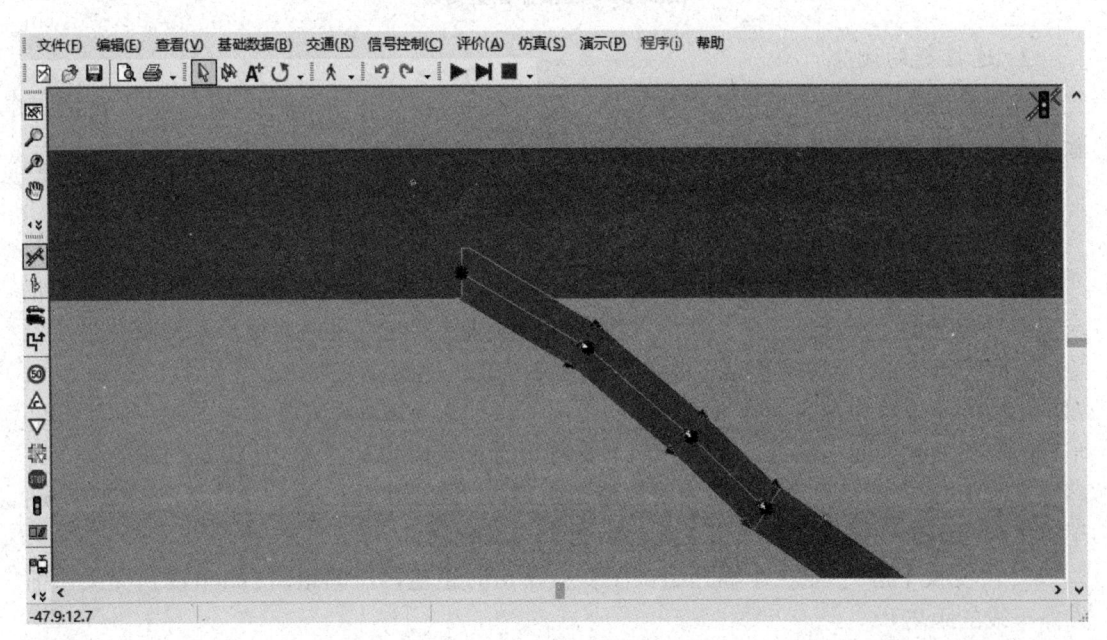

图 3-30 连接器设置完成后的效果

(4) 如果创建的连接器出现图 3-31 所示的不规则形状,则说明连接器有错误。可能原因有两个:一是连接器的方向和所要连接的两个路段的方向不一致;二是连接器所连接的两个路段的方向不一致。此时应删除连接器，查找问题并更改后重新连接。

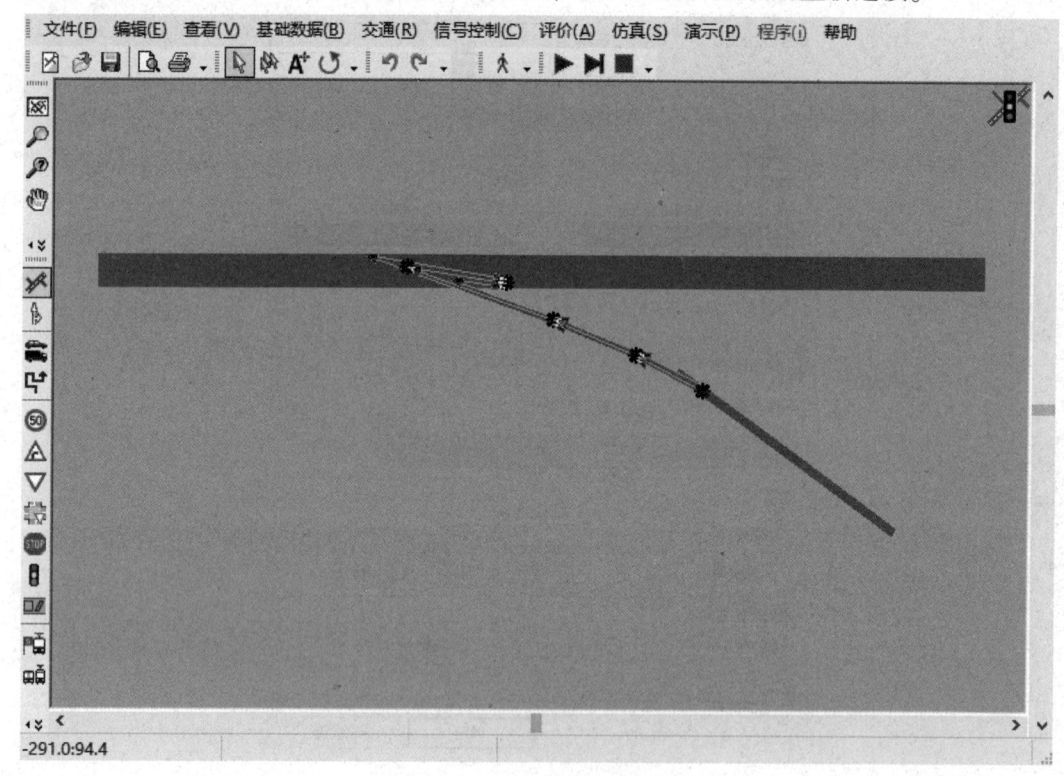

图 3-31　连接器设置错误

2. 连接器的删除

在路段编辑状态下，单击选中连接器，按〈Delete〉键，弹出"确认"对话框，单击"删除"按钮，即完成删除操作。

3. 连接器的其他属性设置

1) "车道变换"属性设置

(1) "紧急停车"：定义车辆可以进行车道变换的最后位置，如果车辆到达该位置后仍未换至目标车道，则紧急停车，其位置经计算后从连接器起点反向测量得到。默认最小紧急停车距离为 5 m，如果车辆需变换的车道多于 1 条，则每多变换 1 条车道就需多加 5 m，如果当前的车道数为奇数，则紧急停车的距离需再加 2.5 m。这主要是为了避免两个相邻车道的车辆变换到同一位置。如果一辆车要从车道 1 变换到车道 4，连接器的紧急停车距离定义为 10 m，那么各车道相应的紧急停车距离为：车道 1 为 (10+5+5+2.5) m=22.5 m；车道 2 为 (10+5) m=15 m；车道 3 为 (10+2.5) m=12.5 m。

(2) "变换车道"：定义车辆开始试图变换车道时距连接器的距离 (如车辆到交叉口前方停车线的距离)。

2) "动态分配"属性设置

(1) "针对车辆类别关闭"：可以模拟多模式的路网，当进行路径选择时，设置哪些车辆类别无法使用该连接器。

(2) "费用"：可以设置路段的费用和附加费用。

3.3.3 路径决策

路径决策功能用于将一个路段上的交通流量按照预定的比例分配到下游的两个或两个以上的路段上去，前提是下游的各个路段和本路段必须是连通的。例如，本章实验的主路路段上有一个分岔路段，按照主路路段流量80%，分岔路段流量20%的比例分配，具体操作如下。

（1）单击左侧工具栏中的"路径"按钮，切换到路径决策编辑状态。

（2）单击选中路网中的4车道主路路段后，在此路段上靠近起点处右击，设置车流的路径决策点，弹出"创建路径决策点"对话框，不进行任何修改，单击"确定"按钮，完成路径决策点的设置，此时的路径决策点的位置出现红色线段，如图3-32所示。

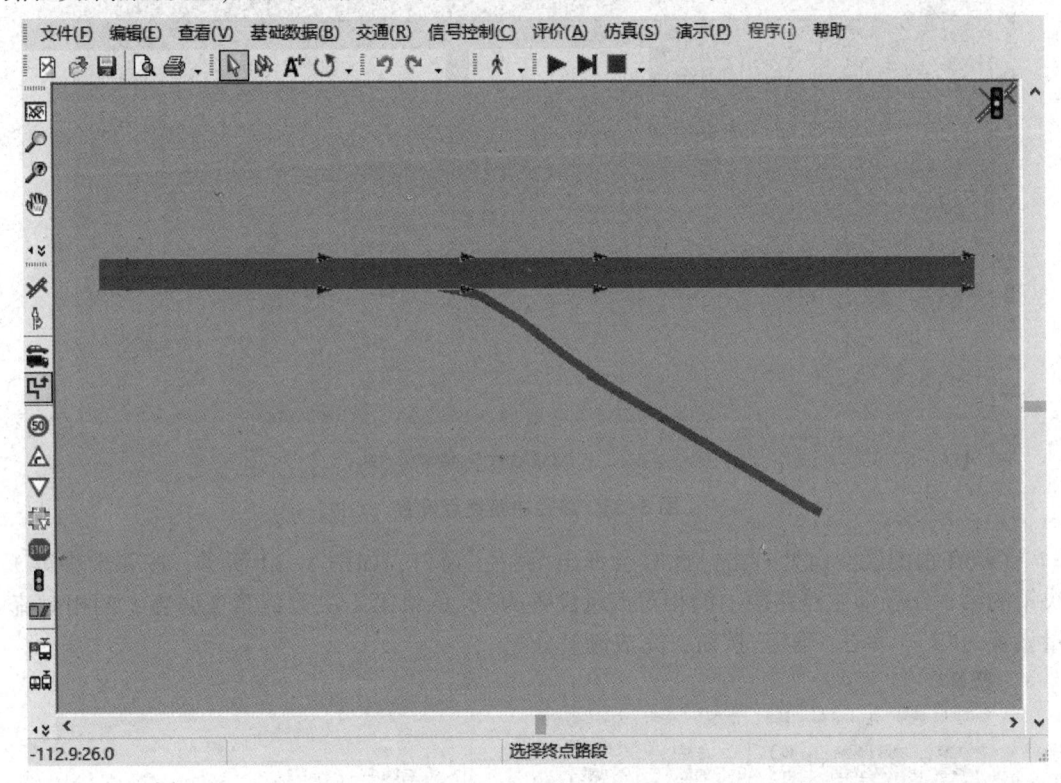

图 3-32　路径决策点

提示1：路径决策点的位置最好离分岔口尽可能远一些，否则车辆到达决策点接收到路径决策信息后，可能因为没有足够距离调整行驶状态而发生不按照路径决策信息行驶的情况。

提示2：如需删除路径决策点，可直接将红色线段拖出路段，在弹出的"确认"对话框中单击"删除"按钮，如果无法拖动，请将视图放大后再操作。如需改变路径决策点的位置，可直接将红色线段拖动至目标位置。

提示3：完成路径决策点设置后，到完成路径决策终点设置前，不可以随意单击，否则会导致路径决策点失效，如因操作失误导致路径决策设置过程终止，单击激活"决策点"，使其变成亮红色，方可继续进行路径决策终点设置。

(3)设置完路径决策点后,单击选择决策目的地路段,在路径决策终点上右击,这时路径决策终点处出现绿色线段,表示终点设置成功,同时路径决策点和路径决策终点间出现黄色路段,继续单击选择其他决策目的地路段,采用同样方法设置路径决策终点,如图3-33所示。全部设置完成后,在空白区域双击,结束本次路径决策设置。

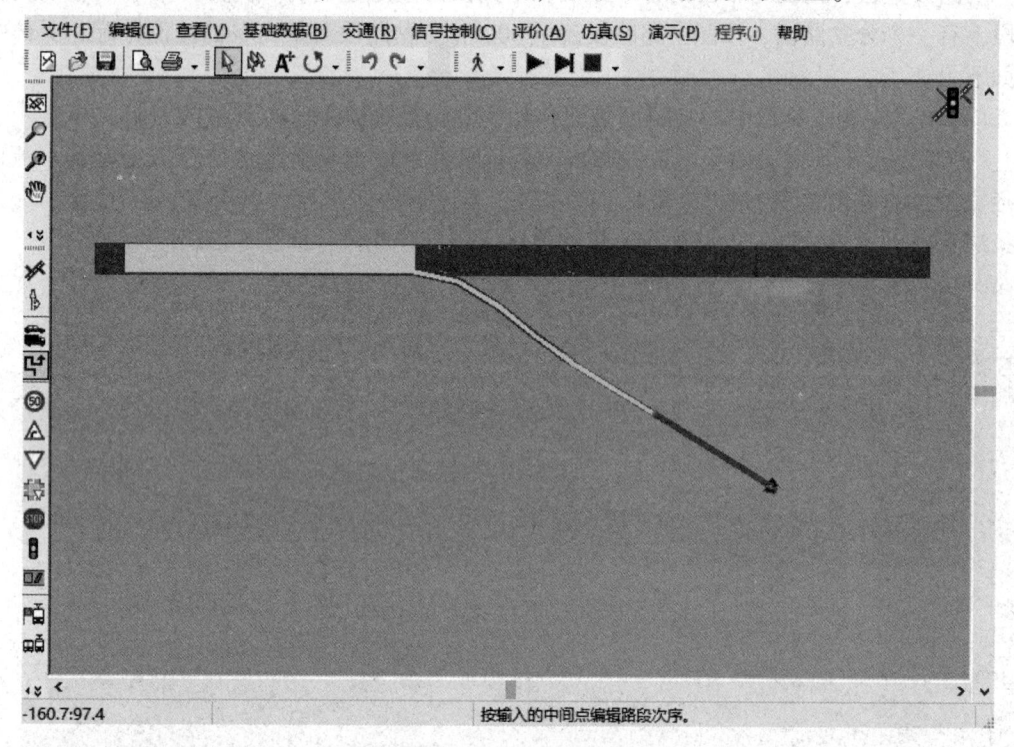

图 3-33　路径决策终点设置

(4)在视图区空白处右击,此时会弹出"路径"窗口,如图3-34所示,按要求将第1决策的第1路径即主路路段上的相对流量设置为"8",将第1决策的第2路径上的相对流量设置为"2",单击"确定"按钮,完成流量分配。

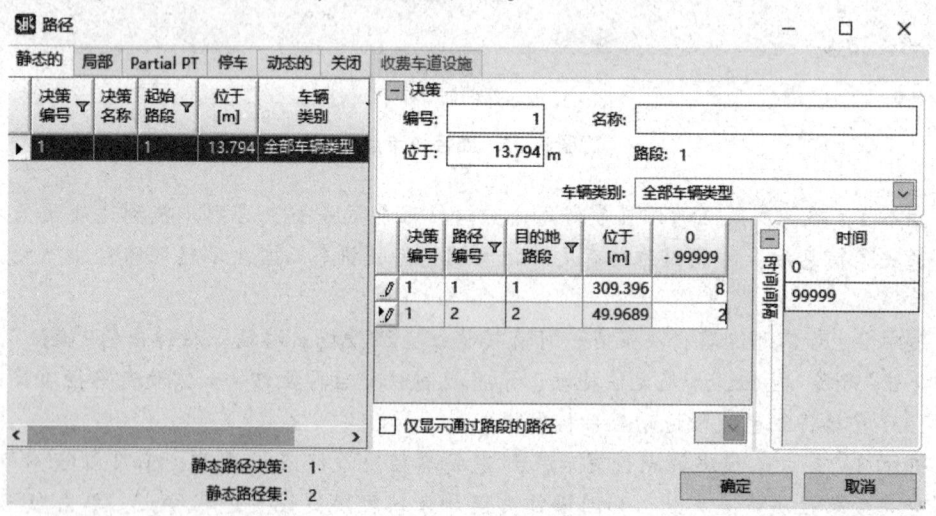

图 3-34　"路径"窗口

(5) 运行仿真软件。单击顶部工具栏中的"连续仿真"按钮进行仿真。

3.4 冲突区仿真

3.4.1 冲突区的创建

1. 删除分岔路段

(1) 单击左侧工具栏中的"路段 & 连接器"按钮，切换到路段编辑状态。

(2) 单击选中分岔路段，按〈Delete〉键删除分岔路段，在弹出的"确认"对话框中单击"删除"按钮，此时连接主路路段与分岔路段的连接器也被删除掉了，如图 3-35 所示。

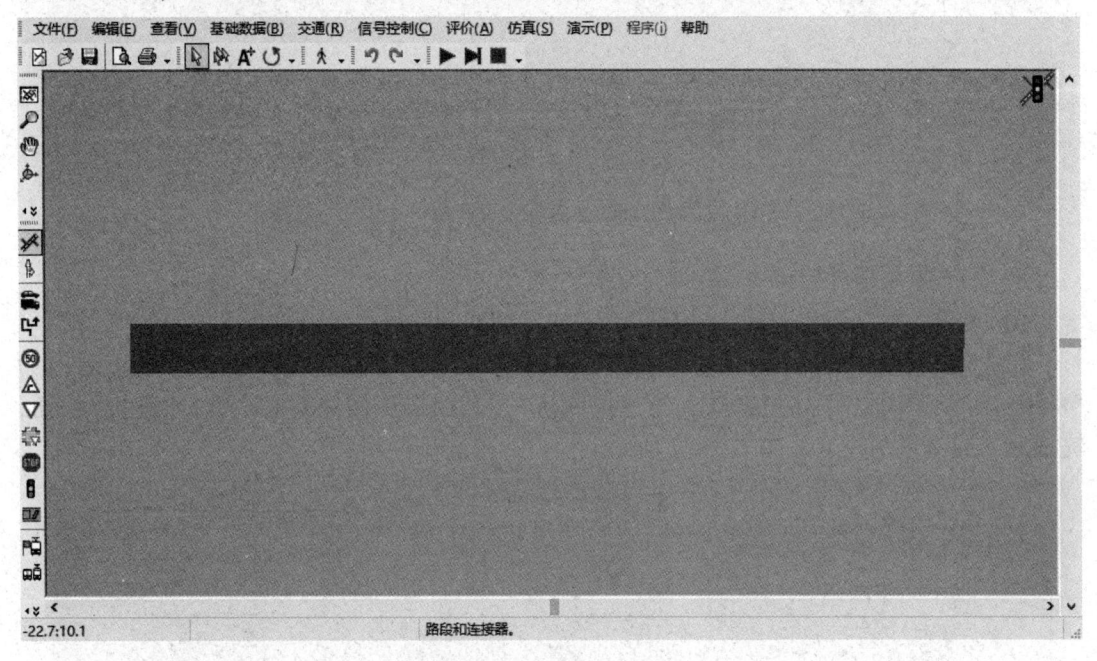

图 3-35　删除分岔路段

2. 添加相交路段

在路段编辑状态下，将光标移动到视图区左下方，右击确定路段起点，添加一条 2 车道路段合流进入主路路段方向，如图 3-36 所示。

> 提示：此时两个路段形成一个交会点，本次实验将用设置冲突区的方法仿真这个交会点。

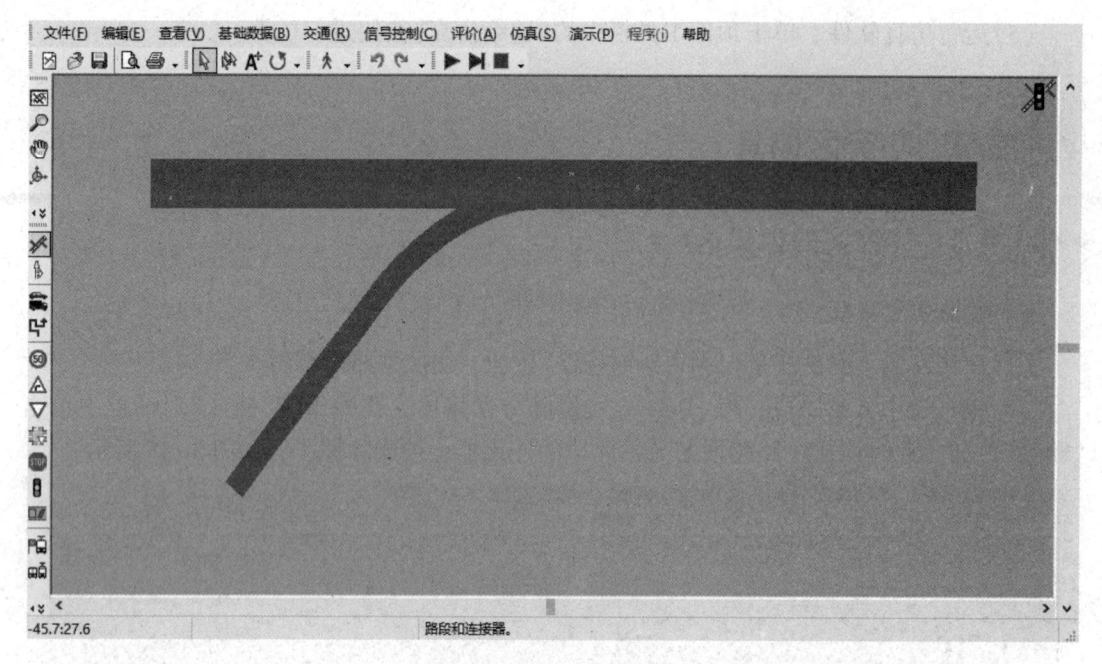

图 3-36 添加相交路段

3. 添加相交路段的流量

(1)单击左侧工具栏中的"流量输入"按钮,切换到路段流量编辑状态。

(2)双击新添加的路段,在弹出的"车辆输入"窗口中,将"0-3600"栏中的流量改为"800","车辆构成"下拉列表框选择"1:默认",其他选项保持不变,单击"确定"按钮,完成对交通流量的输入,如图 3-37 所示。

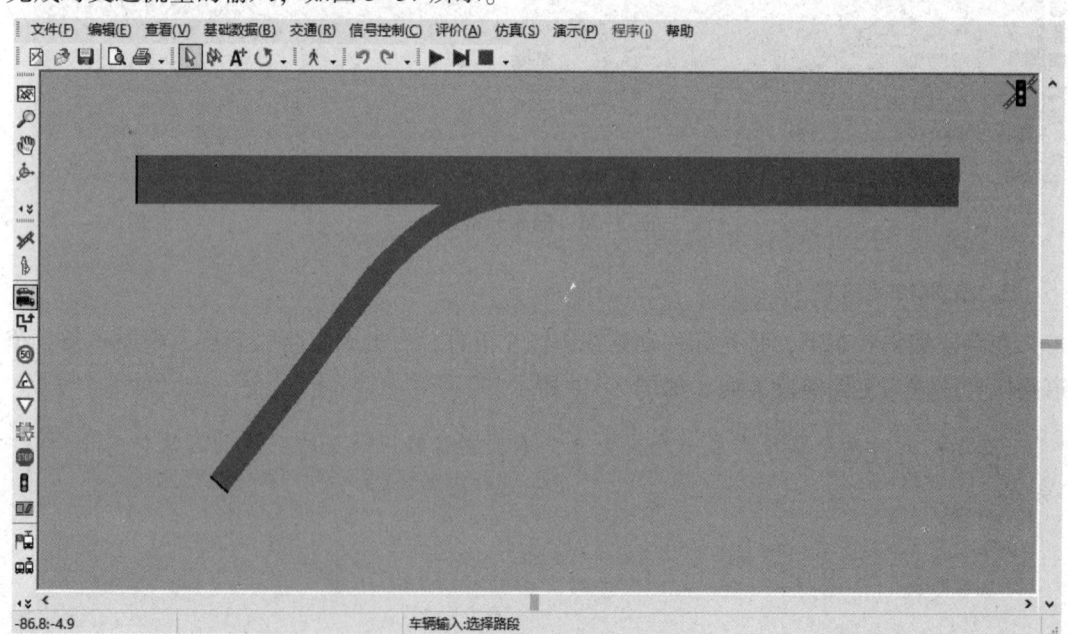

图 3-37 添加相交路段的流量

3.4.2 优先权分配

在 VISSIM 中可以通过 3 种方式进行优先权分配：优先原则设置、冲突区域集设置、停让设置。

由于冲突区域集可以替代优先原则，且在交叉口中定义优先权时较容易，所以本书主要介绍冲突区域集的操作方法。

1. 优先原则设置

略。

2. 冲突区域集设置

(1) 单击左侧工具栏中的"冲突区域集"按钮，切换到冲突区编辑状态。

(2) 单击选中两个路段交会处，此时冲突区路段会显示为黄色，表示冲突区处于非激活状态，在黄色区块上右击，设置冲突区域让行规则，选择主路路段优先通行（水平主路路段为绿色，合流路段为红色），如图 3-38 所示。

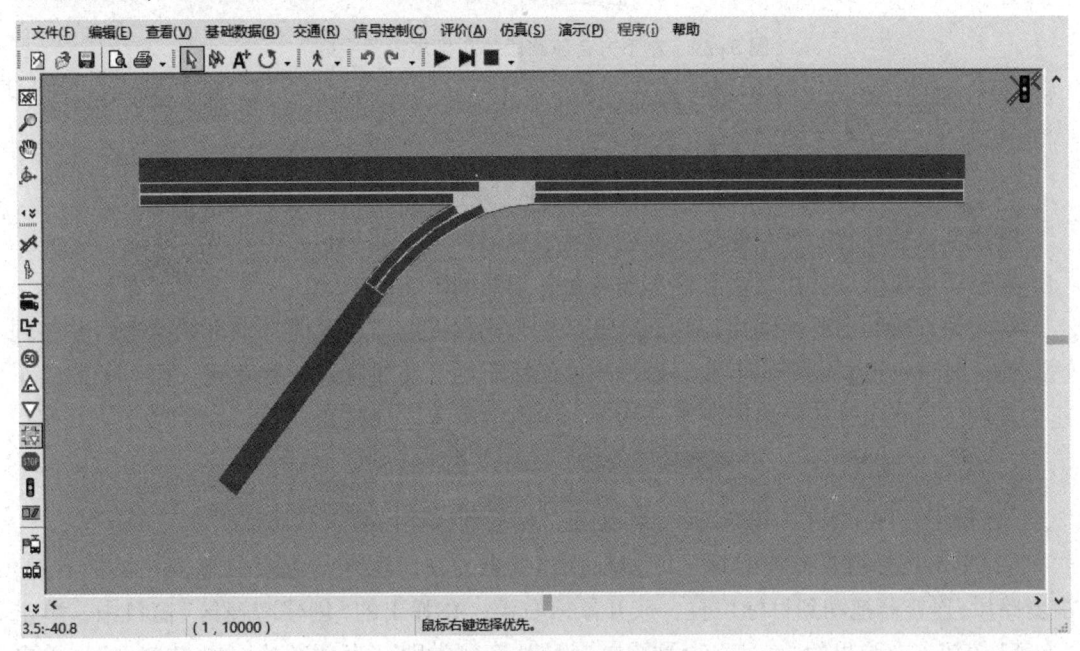

图 3-38 冲突区域集设置

> 提示：双红色表示双向让行，每个方向的车辆都需要"观察"对向车辆情况。

3. 停让设置

(1) 单击左侧工具栏中的"停车标志"按钮，切换到停车标志编辑状态。

(2) 单击选中图 3-38 中的左下方合流路段，在汇入主路路段前的断面处右击，弹出"创建停车标志"对话框，单击"确定"按钮，设置完成后出现一条红色线段（停车标志），如图 3-39 所示。

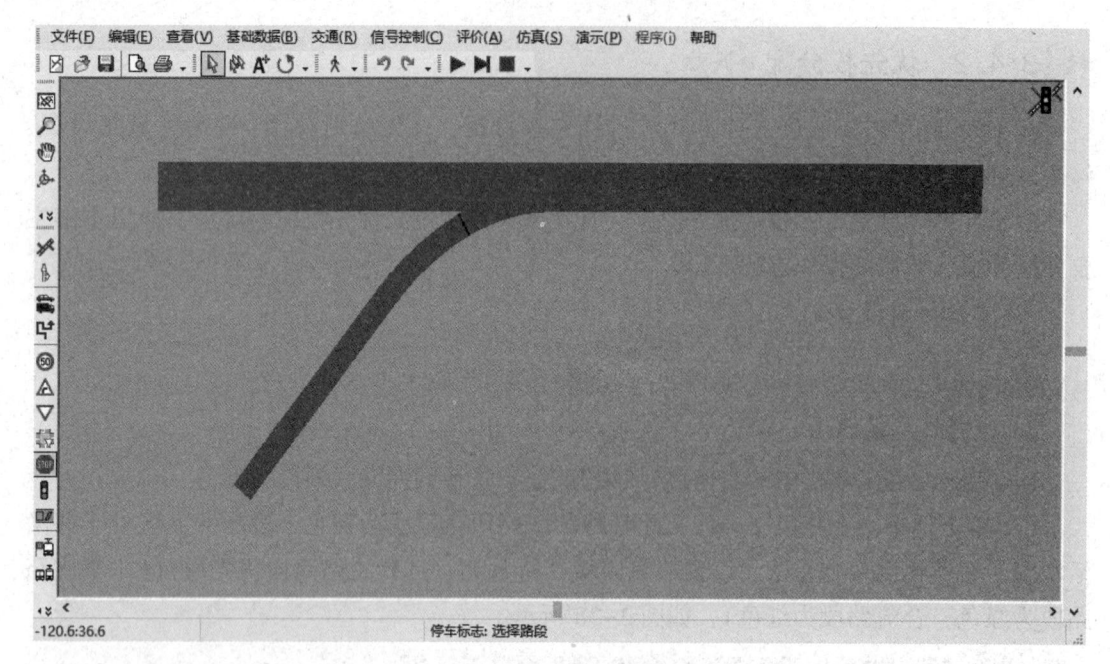

图 3-39　左下方合流路段停车标志设置完成

3.4.3　车速控制

VISSIM 中提供的车速控制方法主要有两种：减速区设置和期望车速决策点设置。

减速区：控制暂时性车速变化，如转弯、换道。

期望车速决策点：控制永久性车速变化，如路网限速。

这两种方法的主要区别为，对于减速区，车辆在接近减速区前自动开始减速，并在到达减速区时正好达到设定的车速，通过减速区后车辆自动加速到原有车速；而对于期望车速决策点，只有通过期望车速决策断面后，车辆的车速才会改变。

1. 减速区设置

（1）单击左侧工具栏中的"减速区"按钮，切换到减速区编辑状态。

（2）单击选择需要设置减速区的路段或连接器，在减速区的起点位置按住鼠标右键，沿着路段/连接器拖动到目标位置，放开鼠标右键，在弹出的"创建减速区"窗口中，单击"新建"按钮，在弹出的"减速"对话框中，设置"车辆类别""期望车速"和"减速度"，单击"确定"按钮，如图 3-40 所示。

提示 1：对于多车道路段，需要为每一条车道分别定义减速区。

提示 2：减速区不能跨路段/连接器，不能与停车线(信号灯、优先原则或停车标志的停车线)重叠，应位于停车线后，否则一些车辆不能看到停车线。

提示 3：设置减速区时，可先对性质相同的减速区进行统一设置，再更改各类别车辆的期望车速与加/减速度的设置，创建新的减速区，期望车速决策点设置同样如此。

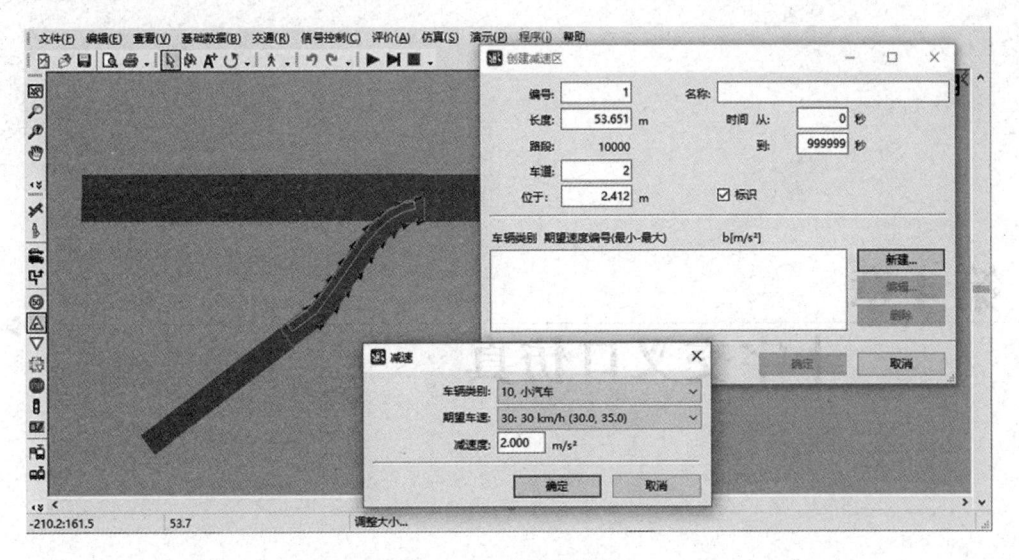

图 3-40　减速区设置

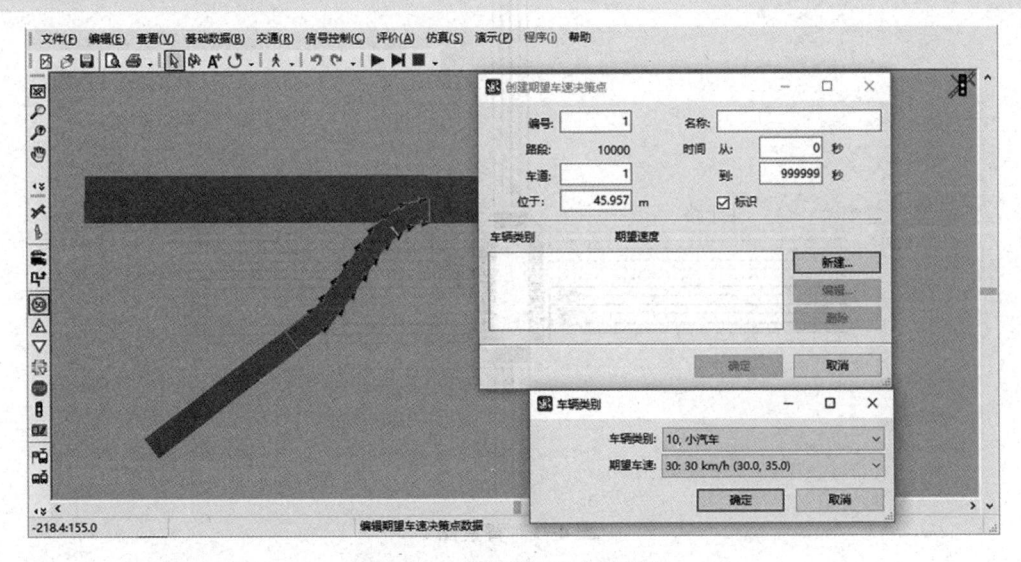

2. 期望车速决策点设置

期望车速决策点为车速发生变化的起点，车辆通过决策点后开始加速或减速，直至在下游的某一点处达到期望车速。

（1）单击左侧工具栏中的"期望车速决策点"按钮，切换到期望车速决策点编辑状态。

（2）单击选择需要设置期望车速决策点的路段或连接器，在要设置期望车速决策点位置处右击，弹出"创建期望车速决策点"窗口，单击"新建"按钮，在弹出的"车辆类别"窗口中，设置"车辆类别"和"期望车速"，单击"确定"按钮，如图3-41所示。

提示1：对于多车道路段，需要为每一条车道分别定义期望车速决策点。

提示2：期望车速决策点只对定义的车辆类别起作用，车辆通过期望车速决策点后，将在下游一直保持该期望车速，直至遇到下一个期望车速决策点。

图 3-41　期望车速决策点设置

第 4 章　十字交叉口仿真

4.1　实验目标

掌握十字交叉口处车道组设置、流量输入、交通流路径决策及交通信号控制等仿真操作的方法和技巧。

4.2　数据资料

本章应用 VISSIM 仿真一个十字交叉口,背景图如图 4-1 所示。本章选用主干路与支路相交的交叉口是为同时体现混行车道和专用车道(左转车道、直行车道和右转车道)不同的仿真方法。

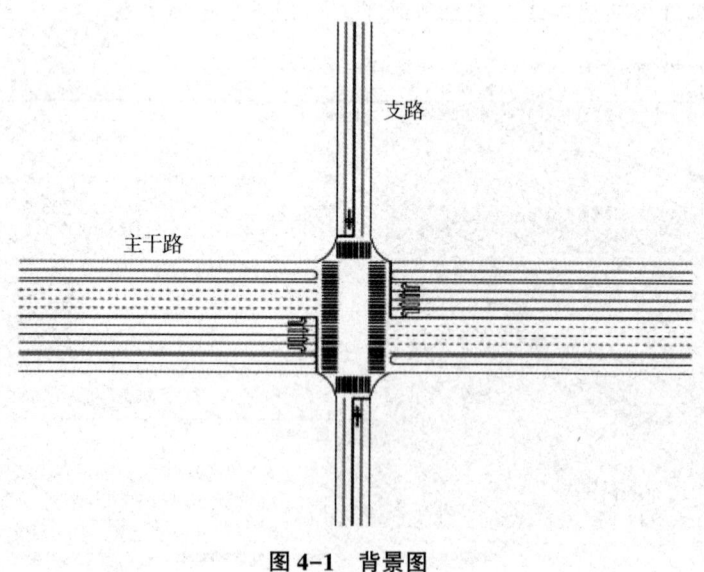

图 4-1　背景图

其中,南、北进口为混行车道,东、西进口车流量较大,在路口渠化为不同类型的专

用车道，即左转车道、直行车道和右转车道。车辆在东、西进口车道线为虚线时可以自由换道，所以可用一个车道组仿真，在实线时不可随意换道，用3个车道组仿真。对一个特定的交叉口而言，进入交叉口的车道为进口车道，离开交叉口的车道为出口车道。车辆以越过停车线为进入交叉口的标志。标识机动车车道的有边线、中线和车道线。交叉口内有供行人安全过街的人行横道。

道路交通基础数据如表4-1所示，交叉口信号配时方案如表4-2所示，道路和连接器的命名分别如表4-3和表4-4所示。

提示：由于交叉口内容复杂，所以在车道组设置和交通流路径决策时应注意规范命名，以便修改和查询。

表4-1 道路交通基础数据

方向			车道数/条	单车道宽度/m	交通流量/(v·h^{-1})	交通流量合计/(v·h^{-1})
东	进口	左转	1	3.5	130	1 440
		直行	2	3.5	1 200	
		右转	1	3.5	110	
	出口		4	3.5	—	—
南	进口	左转		3.5	60	420
		直行	1	3.5	220	
		右转		3.5	140	
	出口		1	3.5	—	—
西	进口	左转	1	3.5	110	1 260
		直行	2	3.5	1 000	
		右转	1	3.5	150	
	出口		4	3.5	—	—
北	进口	左转		3.5	70	440
		直行	1	3.5	210	
		右转		3.5	160	
	出口		1	3.5	—	—

表4-2 交叉口信号配时方案　　　　　　　　　　　　　　　　　　　　　　单位：s

编号	项目	信号相位1 主干路直行+右转	信号相位2 主干路左转	信号相位3 支路通行
1	周期	154	154	154
2	相位时长	33	83	38
3	绿灯时长	30	80	35
4	黄灯时长	3	3	3
5	红灯时长	121	71	116

表 4-3　进、出口车道的命名

车道类型	路段	名称
进口车道	东进口左转车道	东进左
	东进口直行车道	东进直
	东进口右转车道	东进右
	南进口混行车道	南进混
	西进口左转车道	西进左
	西进口直行车道	西进直
	西进口右转车道	西进右
	北进口混行车道	北进混
出口车道	东出口车道	东出口
	南出口车道	南出口
	西出口车道	西出口
	北出口车道	北出口

表 4-4　进、出口车道连接器的命名

进口车道	出口车道			
	东出口车道	西出口车道	南出口车道	北出口车道
东进口左转车道	—	—	东左连	—
东进口直行车道	—	东直连	—	—
东进口右转车道	—	—	—	东右连
西进口左转车道	—	—	—	西左连
西进口直行车道	西直连	—	—	—
西进口右转车道	—	—	西右连	—
南进口混行车道	南右连	南左连	—	南直连
北进口混行车道	北左连	北右连	北直连	—

注："—"表示该进、出口没有路段连接。

4.3　背景图的加载与设置

为了较精准地对一个交叉口进行仿真，需要加载一张背景图，再依照该背景图进行车道、人行横道等的设置，VISSIM 能识别的图片格式包括位图和矢量图，具体如表 4-5 所示。

表 4-5　VISSIM 能识别的图片格式

能识别的位图格式		能识别的矢量图格式	
.TIF	.bmp	.dwg	.dxf
.png	.tga	.emf	.wmf
.tif（未压缩）		.shp（Shape 文件）	

1. 背景图的导入

(1)在菜单栏中选择"查看"→"背景"→"编辑"→"读取"命令，选择需要导入的目标图片文件，如图 4-2 所示。

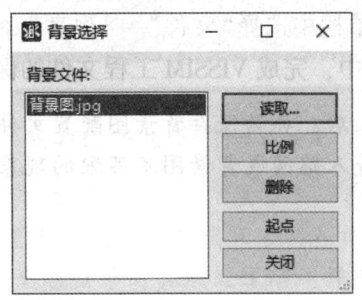

图 4-2 "背景选择"窗口

(2)单击左侧工具栏中的"显示整个路网"按钮，显示整张背景图。

提示：建议将背景图保存在一个文件夹中，之后生成的所有 VISSIM 工程文件都保存在同一文件夹内，避免工程文件移动至其他位置后背景图无法加载。

2. 确定背景图的比例尺

在菜单栏中选择"查看"→"背景"→"编辑"→"比例"命令，此时，光标变为尺形，尺的左上角的黑点称为"热点"，按住鼠标左键将"热点"由起点拖至终点后释放鼠标左键，在弹出的对话框中，输入两点间的实际距离，本背景图的实际距离为 4 车道，每条车道的宽度为 3.5 m，故输入"14"，如图 4-3 所示，单击"确定"按钮。

提示：背景图量取的起点和终点应尽量精确，可以使用鼠标滚轮放大选取。如果背景图显示过大或过小，则可以单击左侧工具栏中的"显示整个路网"按钮，将背景图满布于视图区，或者使用鼠标滚轮将背景图放大或缩小，并可按住鼠标滚轮不放，使光标变为小手，移动鼠标调整背景图位置。

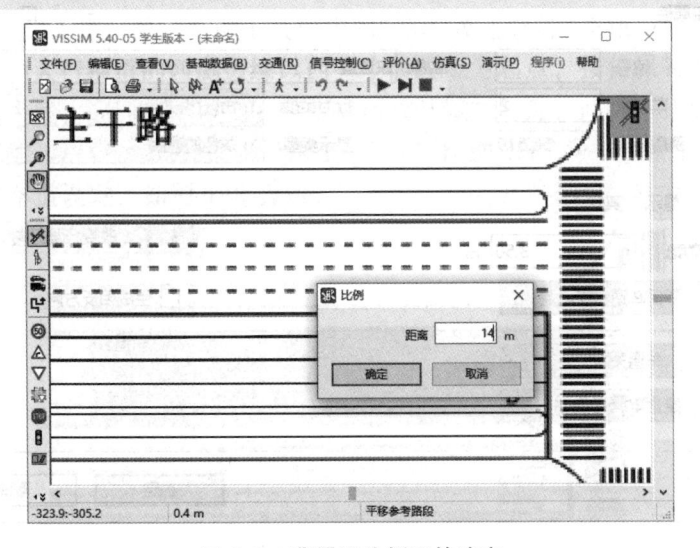

图 4-3 背景图比例尺的确定

提示：出口路段长度没有要求，但起点不能侵入人行横道（不建议按图4-9设置），这也是为了减少冲突区的设置，这样在进行行人仿真时只需设置人行横道与连接器的冲突区，而无须设置人行横道与出口车道的冲突区。本章中所有出口车道均遵循此原则。

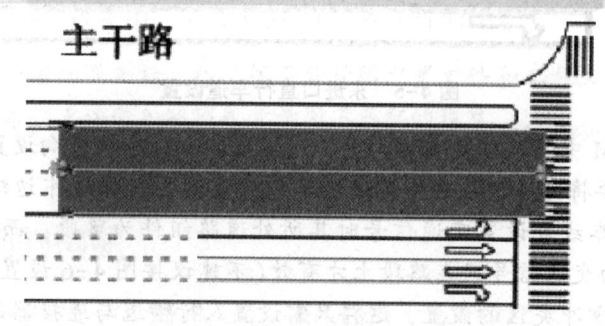

图4-9　西出口车道不建议画法

（3）连接路段。单击选中车道"东进直"终点处，按住鼠标右键不放向左拖曳至路段"西出口"起点处，放开鼠标右键，弹出"连接器"窗口，如图4-10所示，连接器"名称"改为"东直连"，在"从路段"选项组中选择"车道1"和"车道2"，在"到路段"选项组中选择"车道2"和"车道3"（按〈Ctrl〉键可进行多选操作），单击"确定"按钮，完成东直连连接器设置，如图4-11所示。

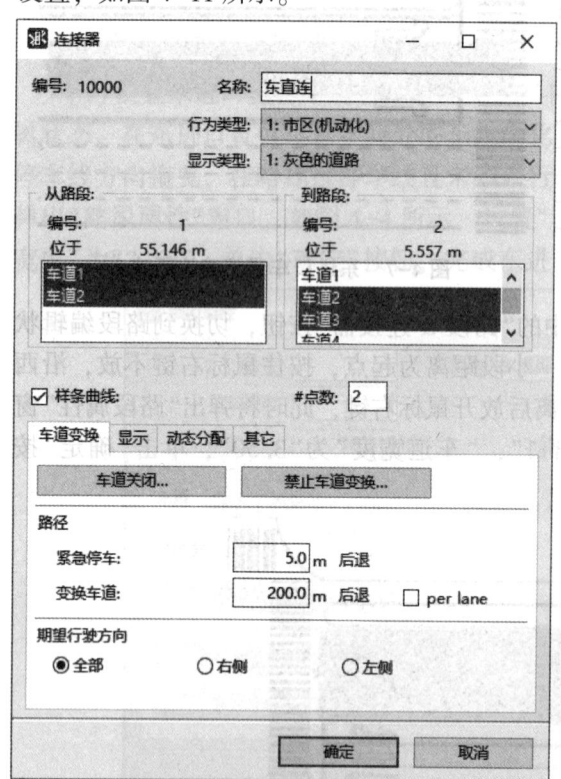

图4-10　"连接器"窗口

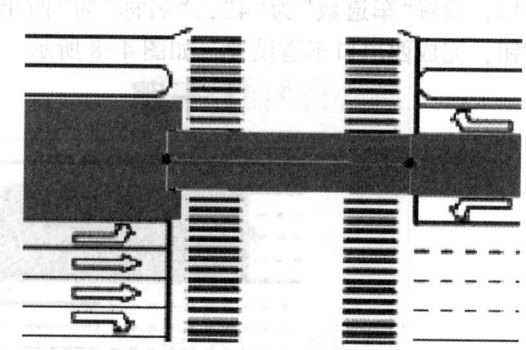

图4-11　东直连连接器设置

> 提示1：连接器的起点应在东进口停车线西侧和人行横道东侧。
> 提示2：如果画完连接器后没有弹出"连接器"窗口，而是弹出"路段属性"窗口，则说明连接器的起点或终点没有在相应路段上。

2. 东进口右转车道仿真

（1）设置东进口右转车道。单击左侧工具栏中的"路段 & 连接器"按钮，切换到路段编辑状态，在东进口右转车道中间处的车道渠化实线开始处按住鼠标右键不放，沿车道线向停车线方向拖曳，在略超过停车线且未到达人行横道边缘处停止，放开鼠标右键，此时将弹出"路段属性"窗口，设置"车道数"为"1"，"名称"为"东进右"，"车道宽度"为"3.50"，单击"确定"按钮，完成东进口右转车道设置。

（2）设置北出口车道。单击左侧工具栏中的"路段 & 连接器"按钮，切换到路段编辑状态，以交叉口北侧人行横道的北侧边缘一小段距离为起点，按住鼠标右键不放，向北拖曳一定距离后放开鼠标右键，此时将弹出"路段属性"窗口，设置"车道数"为"1"，"名称"为"北出口"，"车道宽度"为"3.50"，单击"确定"按钮，完成北出口车道设置。

（3）连接路段。单击选中车道"东进右"终点处，按住鼠标右键不放拖曳至路段"北出口"起点处，放开鼠标右键，弹出"连接器"窗口，如图4-12所示，连接器"名称"改为"东右连"，在"从路段"选项组中选择"车道1"，在"到路段"选项组中选择"车道1"，勾选"样条曲线"复选框并设置其"点数"为"8"，单击"确定"按钮，完成东右连连接器设置，如图4-13所示。

> 提示：勾选"样条曲线"复选框后，则根据所连接的两个路段的走向自行将连接器设置成曲线，其曲线的平滑程度与"点数"有关，"点数"越大，曲线越平滑。

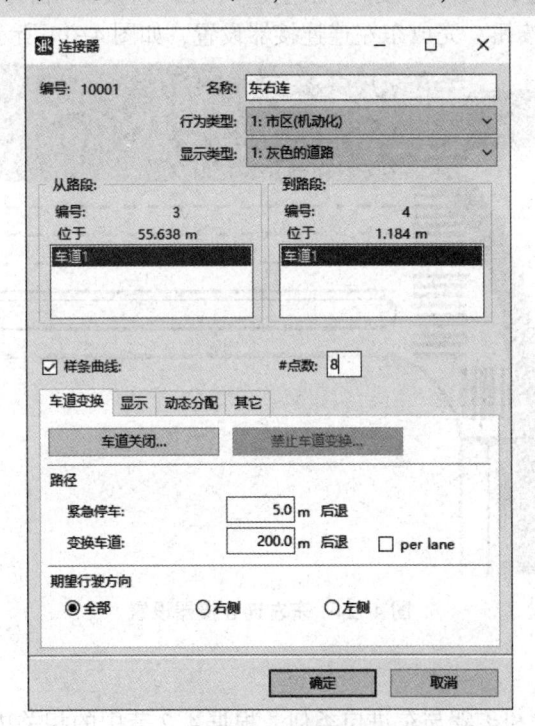

图4-12 "连接器"窗口

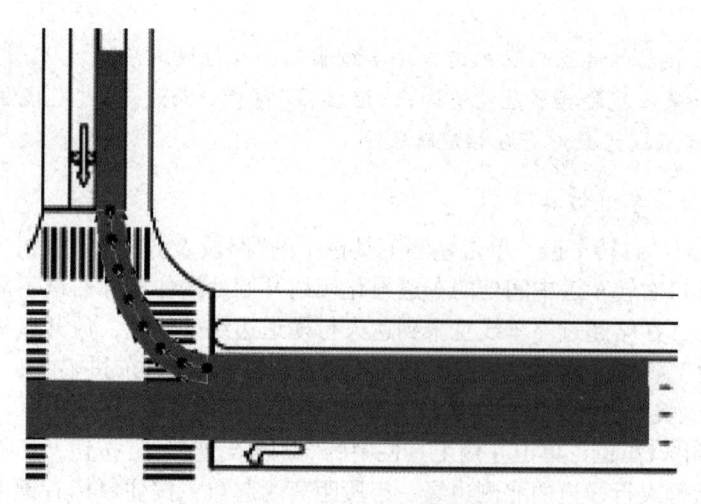

图 4-13　东右连连接器设置

3. 东进口左转车道仿真

（1）设置东进口左转车道。与东进口右转车道相似，在背景图的东进口左转车道上绘制一条左转车道，在"路段属性"窗口中设置"车道数"为"1"，"名称"为"东进左"，"车道宽度"为"3.50"，单击"确定"按钮，完成东进口左转车道设置。

（2）设置南出口车道。与北出口车道的设置方法相似，在背景图南出口车道上绘制一条南出口车道，"名称"改为"南出口"。

（3）参照东右连连接器的设置方法和注意事项，进行东进口左转车道与南出口车道两个路段间连接器的设置，"名称"改为"东左连"，在"连接器"窗口中设置"样条曲线"和"点数"，单击"确定"按钮，完成东左连连接器设置，如图 4-14 所示。

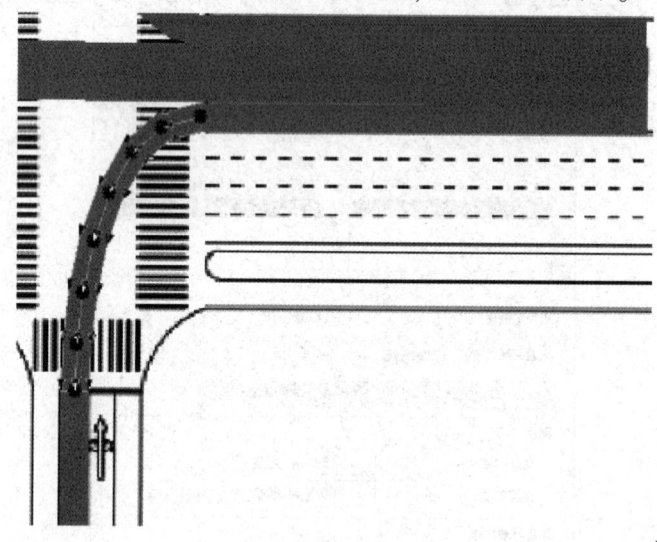

图 4-14　东左连连接器设置

4. 西进口仿真

西进口的仿真方法和步骤与东进口类似。根据 4.2 节中的相关内容，完成后的效果如图 4-15 所示。

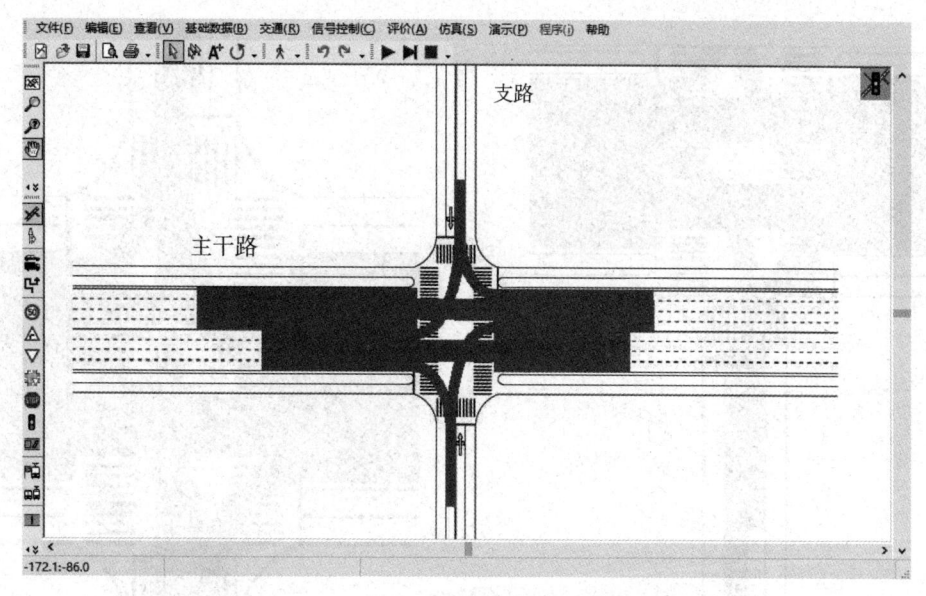

图 4-15 东、西进口专用车道设置完成后的效果

4.4.2 混行车道交通仿真

南、北进口车道的终点同东、西进口车道一样，也要略超过停车线但不侵入人行横道。并且南、北进口混行车道应该有足够长度，如果路段过短，则可能产生两个问题：一是会导致路径决策失效，车辆在通过路径决策点时得到路径分配信息后由于没有足够的时间进行转向准备而无法执行路径决策设置；二是交通信号失效，车辆产生后，由于距离停车线过短而无法安全停车，便直接越过停车线驶入交叉口。

1. 南进口仿真

（1）设置南进口混行车道。单击左侧工具栏中的"路段 & 连接器"按钮，切换到路段编辑状态，在背景图上南进口人行横道以南一定距离处（约 100 m），按住鼠标右键不放，沿车道向停车线方向拖曳，在略超过停车线处停止，放开鼠标右键。此时将弹出"路段属性"窗口，设置"车道数"为"1"，"名称"为"南进混"，"车道宽度"为"3.50"，单击"确定"按钮，完成南进口混行车道设置，如图 4-16 所示。

提示 1：在移动鼠标时，左下角状态栏会显示光标的坐标，可据此估算路段"南进混"起点的大致方位。

提示 2：可以先画一条路段，再根据需要用拖曳路段起、终点的方法调整路段的长度。

（2）南进口直行连接。单击左侧工具栏中的"路段 & 连接器"按钮，切换到路段编辑状态。以南进口车道终点处为连接器起点，以北出口车道起点处为连接器终点，弹出"连接器"窗口，连接器"名称"改为"南直连"，在"从路段"选项组中选择"车道 1"，在"到路段"选项组中选择"车道 1"，单击"确定"按钮，完成南直连连接器设置，如图 4-17 所示。

提示：由于两条车道的方向一致，没有转弯，故在编辑连接器时不需要设置"样条曲线"。

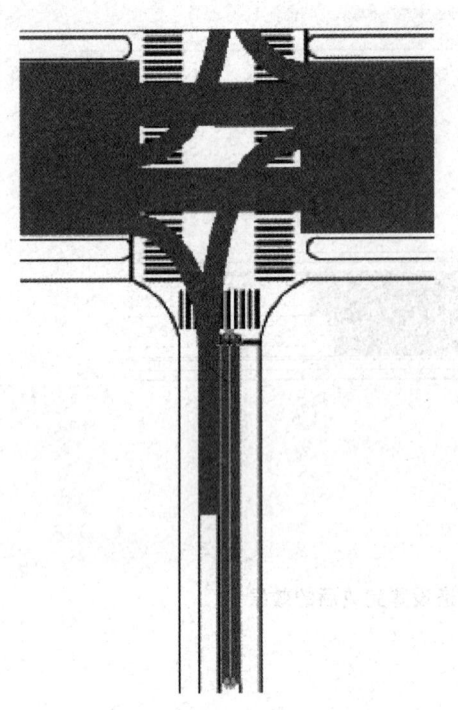

图 4-16 南进口混行车道设置　　　　图 4-17 南直连连接器设置

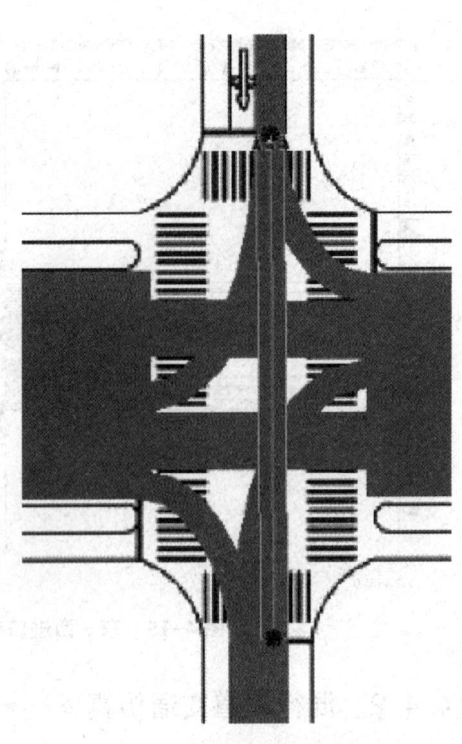

（3）南进口右转连接。以南进口车道终点处为连接器起点，以东出口车道起点处为连接器终点，为南进口右转添加连接器。连接器"名称"改为"南右连"，在"从路段"选项组中选择"车道 1"，在"到路段"选项组中选择"车道 1"，勾选"样条曲线"复选框并设置其"点数"为"8"，单击"确定"按钮，完成南右连连接器设置，如图 4-18 所示。

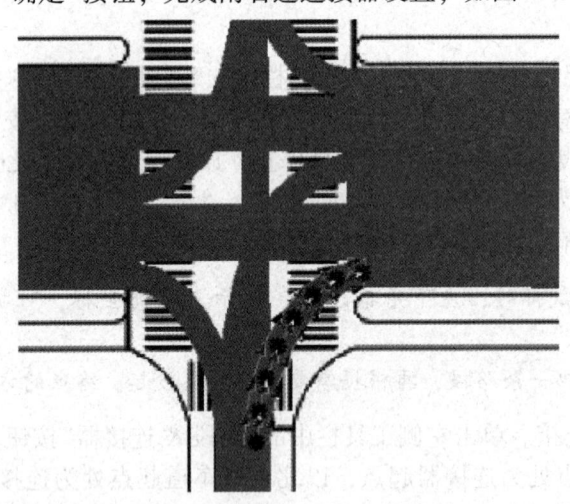

图 4-18 南右连连接器设置

> 提示：由于南进口车道为混行车道，而混行车道上的右转车辆不受信号灯控制，为此将南右连连接器的起点设置在停车线以南，此问题在 4.6.2 小节将进行进一步说明。北右连连接器设置与南右连连接器类似。

（4）南进口左转连接。以南进口车道终点处为连接器起点，以西出口车道起点处为连接器终点，为南进口左转添加连接器。连接器"名称"改为"南左连"，在"从路段"选项组中选择"车道1"，在"到路段"选项组中选择"车道4"，勾选"样条曲线"复选框并设置其"点数"为"8"，单击"确定"按钮，完成南左连连接器设置，如图4-19所示。

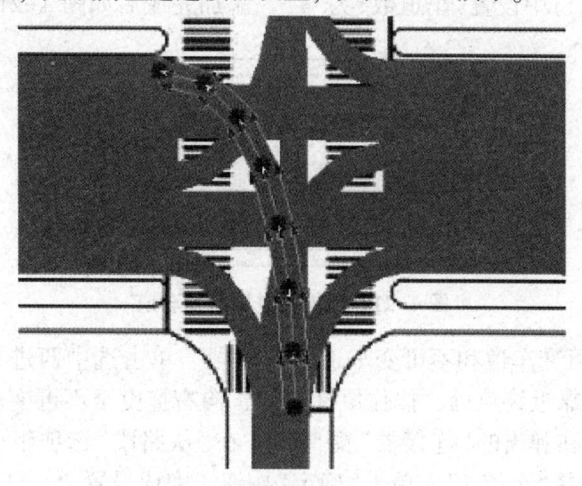

图4-19　南左连连接器设置

2. 北进口仿真

北进口的仿真方法和步骤与南进口类似。根据4.2节中的相关内容，完成后的效果如图4-20所示。

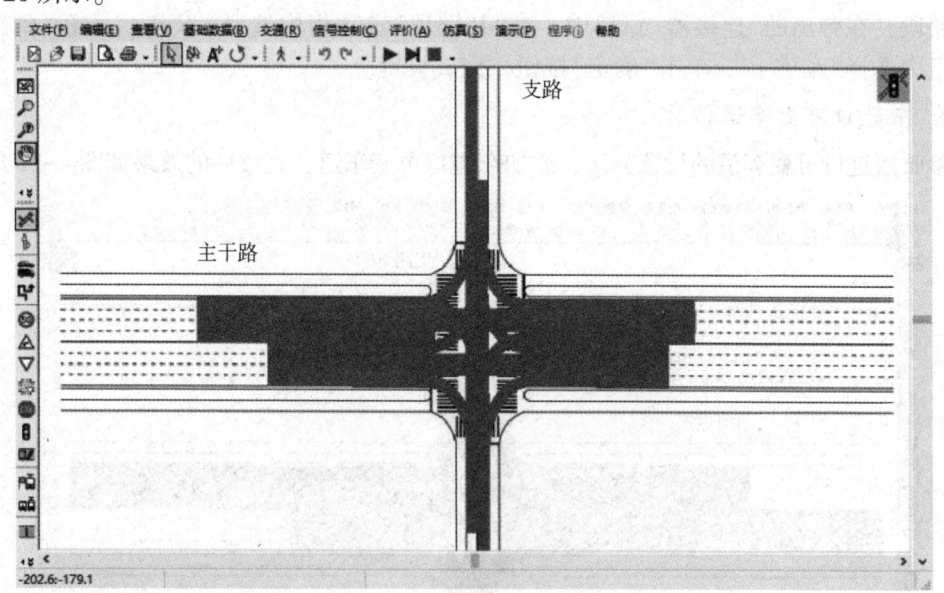

图4-20　南、北进口混合车道设置完成后的效果

▶▶▶ 4.4.3　可变车道交通仿真 ▶▶▶

主干路上的车辆要先经过可变车道再进入专用车道，本小节将以西进口为例介绍可变车道的设置步骤。

1. 西进口可变车道仿真

(1) 添加西进口可变车道。单击左侧工具栏中的"路段&连接器"按钮，切换到路段编辑状态。按住鼠标右键由西进口可变车道起点拖拽至可变车道终点处，松开鼠标右键。在弹出的"路段属性"窗口中设置"车道数"为"4"，添加完成后如图4-21所示。

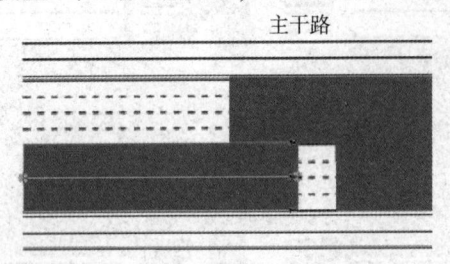

图 4-21　添加西进口可变车道

(2) 连接西进口可变车道和不可变车道右转路段。单击选中西进口可变车道，将光标移至西进口可变车道靠近终点处，按住鼠标右键，向右拖曳至不可变车道路段的右转车道上，放开鼠标右键。在弹出的"连接器"窗口中，在"从路段"选项组中选择"车道1"，在"到路段"选项组中选择"车道1"，单击"确定"按钮，完成设置。

(3) 连接西进口可变车道和不可变车道直行路段。连接西进口可变车道与不可变车道直行路段，在弹出的"连接器"窗口中，在"从路段"选项组中选择"车道2"和"车道3"，在"到路段"选项组中选择"车道1"和"车道2"，单击"确定"按钮，完成设置。

(4) 连接西进口可变车道和不可变车道左转路段。连接西进口可变车道与不可变车道左转路段，在弹出的"连接器"窗口中，在"从路段"选项组中选择"车道4"，在"到路段"选项组中选择"车道1"，单击"确定"按钮，完成设置。

2. 东进口可变车道仿真

参照西进口可变车道的设置方法，添加东进口可变车道，完成后的效果如图4-22所示。

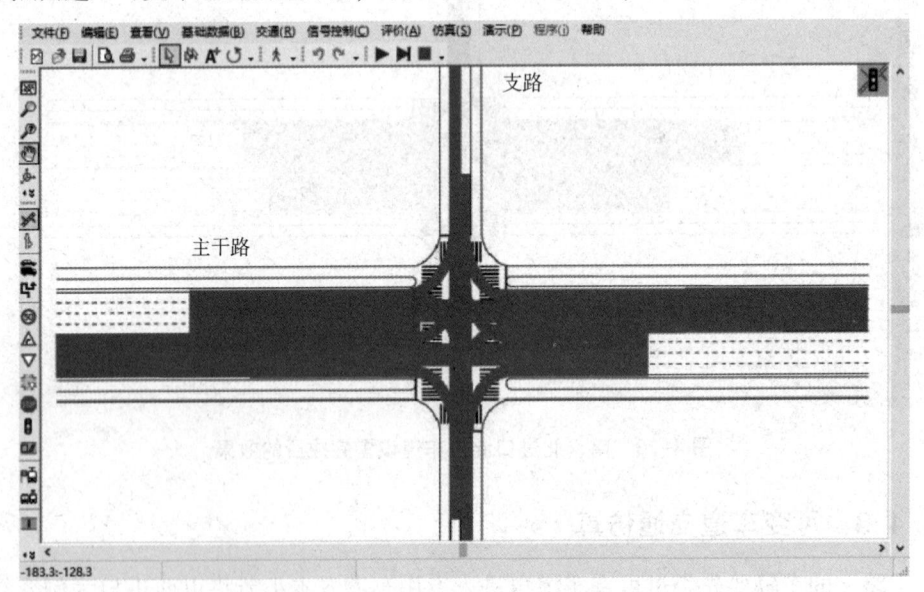

图 4-22　东、西进口可变车道设置完成后的效果

4.5 车辆设置与路径分配

4.5.1 车辆设置

由于道路交通出行方式多样,交通构成中的车辆尺寸、颜色、车辆性能及驾驶行为存在差异,因此需要对交通构成中的不同类型车辆进行定义。车辆构成是对进入路网的每一股车流中车辆组成比例的定义。车辆构成包括一种或多种车辆类型及其在输入流量中所占的相对比例和车速分布。

1. 新建期望车速分布

根据调查,主干路上的小汽车的最大速度和最小速度分别为 60 km·h^{-1} 和 40 km·h^{-1},实际分布如表 4-6 所示。

表 4-6 主干路上小汽车的速度分布

速度/(km·h^{-1})	累计频率	速度/(km·h^{-1})	累计频率
40.0	0.00	55.0	0.85
45.0	0.15	60.0	1.00
50.0	0.50		

(1)在菜单栏中选择"基础数据"→"分布"→"期望速度"命令,弹出"期望车速分布"对话框,单击"新建"按钮,弹出"期望车速分布"设置对话框。

(2)在"期望车速分布"设置对话框上设置编号、名称及车速范围,新建车速分布的"编号"为"1","名称"为"主干路小汽车期望车速",速度范围为 40.0~60.0 km/h,如图 4-23 所示。

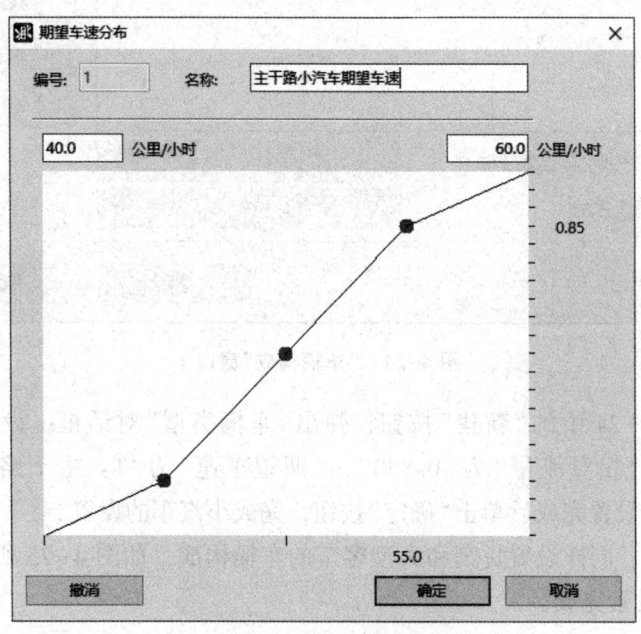

图 4-23 期望车速分布设置

(3)设置点(45.0,0.15)。在图 4-23 中直线上的某一点上右击将出现一个红色圆点。将光标移至红色圆点处,按住鼠标左键进行拖动,左、右移动至横坐标 45.0 处(车速,单位为 km·h^{-1},在横坐标上有显示),上、下移动至纵坐标 0.15 处(累计频率,在纵坐标上有显示),完成点(45.0,0.15)的设置。

(4)参照步骤(3)完成点(50.0,0.5)和点(55.0,0.85)的设置,设置完成后的效果如图 4-23 所示。单击"确定"按钮,新建"主干路小汽车期望车速"分布完成。

2. 新建车辆构成

VISSIM 中的车辆构成即交通组成,根据调查,主干路上的车辆构成如表 4-7 所示。

表 4-7 主干路上的车辆构成

车辆类型	相对流量	期望车速
小汽车	0.85	主干路小汽车期望车速
货车	0.05	30 km/h(30.0,35.0)
大型客车	0.10	40 km/h(40.0,45.0)

(1)在菜单栏中选择"交通"→"车辆构成"命令,弹出"车辆构成"窗口。

(2)单击"新建"按钮,弹出"车辆构成"窗口,如图 4-24 所示,在此窗口可以设置车辆构成的编号和名称。将"编号"设置为"2","名称"设置为"主干路"。

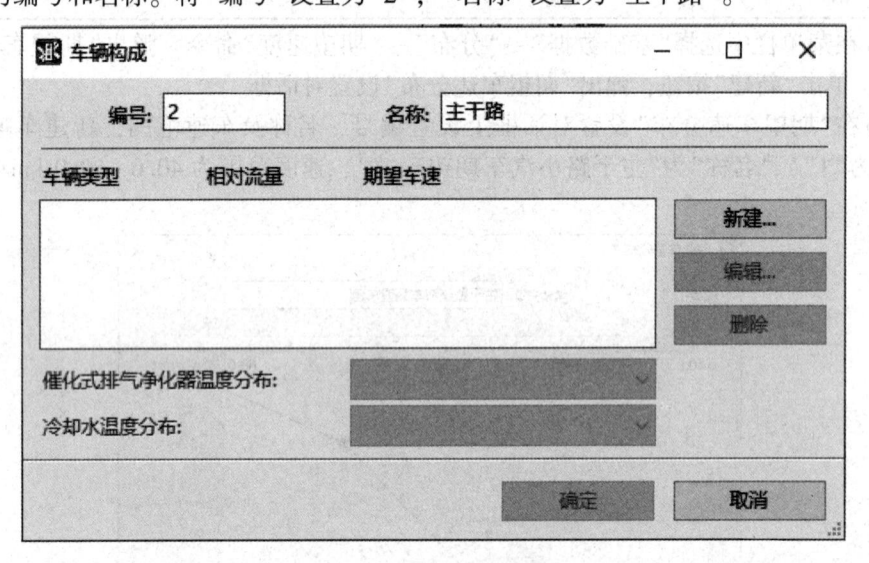

图 4-24 "车辆构成"窗口 1

(3)单击图 4-24 中的"新建"按钮,弹出"车辆类型"对话框,设置"车辆类型"为"100,小汽车","相对流量"为"0.850","期望车速"为"1:主干路小汽车期望车速(40.0,60.0)",设置完成后单击"确定"按钮,完成小汽车的设置。

(4)按此步骤,同样设置货车和大型客车的车辆构成,如图 4-25 所示。单击"确定"按钮,车辆构成设置完成。

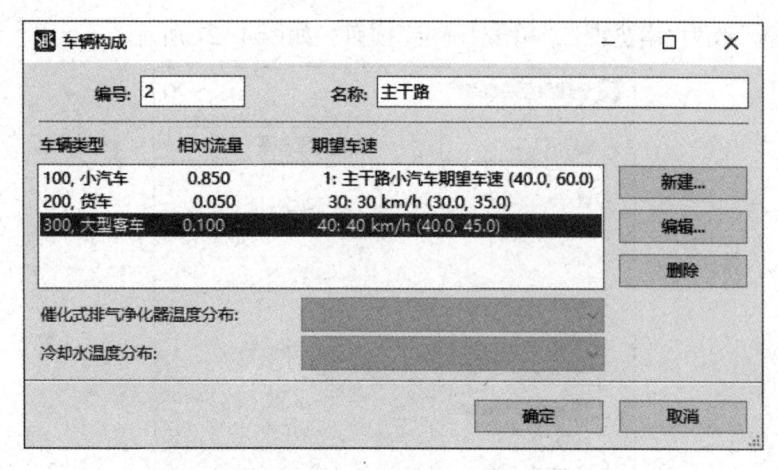

图 4-25 "车辆构成"窗口 2

3. 交通流量的加载

根据表 4-1 所示的道路交通基础数据进行道路交通流量的加载。

(1)东进口车道交通流量的输入。单击左侧工具栏中的"流量输入"按钮,切换到路段流量编辑状态。双击东进口可变车道路段,弹出"车辆输入"窗口,在"0-3600"栏中输入流量"1440","车辆构成"下拉列表框选择"2:主干路",其他选项保持不变,单击"确定"按钮,完成对路段交通流量的输入,如图 4-26 所示。

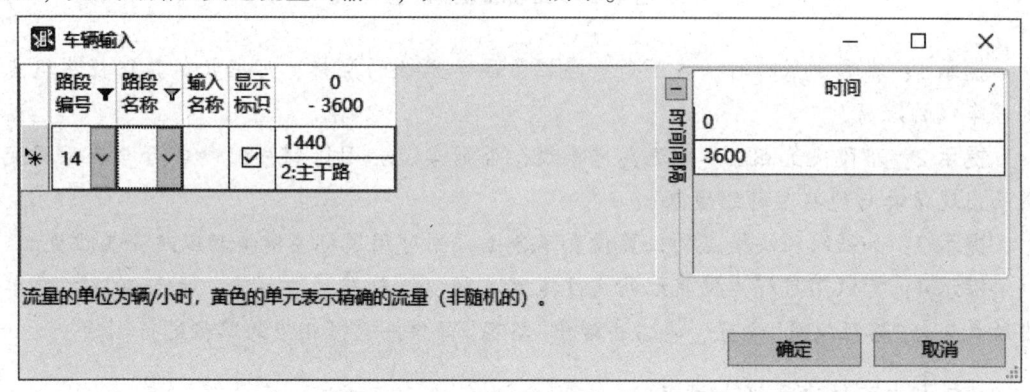

图 4-26 加载东进口交通流量

(2)仿真查看设置效果。单击顶部工具栏中的"连续仿真"按钮,查看运行效果。
(3)按照步骤(1)和(2),分别为西进口、南进口和北进口加载交通流量。

4.5.2 路径分配

路段上的交通流量在设置路径决策时,1 个路径决策点对应多个路径决策终点。例如,对南进混路段上的流量设置路径决策时,南进混路段上的路径决策点对应东出口路段、北出口路段和西出口路段上的 3 个路径决策终点。

1. 路径决策点设置

单击左侧工具栏中的"路径"按钮,切换到路径决策编辑状态。单击选中"南进混"路段,选中后在远离路段终点处右击,此时路段上出现红色线段,弹出"创建路径决策点"对话框，将"名称"改为"南进混"，单击"确定"按钮，如图 4-27 所示。

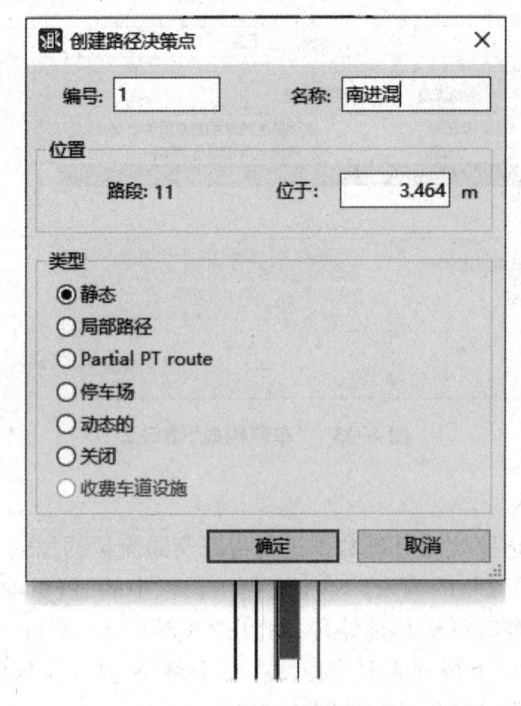

图 4-27 路径决策点设置

> 提示 1：在移动鼠标时，左下角状态栏会显示光标的坐标，可据此估算路径决策点到停车线的距离。
>
> 提示 2：路段决策点应尽量远离停车线，否则车流会因得到分配命令后没有时间变道而出现仿真与现实不符的现象。
>
> 提示 3：如果路径决策点的位置设置不合适，则可用鼠标左键拖动以改变其位置。
>
> 提示 4：可以用鼠标左键将红色线段拖离路段以删除路径决策点，也可在空白处单击结束全部"路径决策"设置，再右击弹出"路径"窗口，选择相应的路径进行删除。

2. 东出口路径决策终点设置

首先单击选中"东出口"路段，然后在"东出口"路段上右击，此时会在右击点处出现绿色线段，此为路径决策终点，同时路径决策起点和路径决策终点间出现黄色路段，如图 4-28 所示。

> 提示 1：路径决策终点在出口路段上的位置没有特殊要求，只要其在出口路段上即可。
>
> 提示 2：在路径决策设置过程中，在视图区空白处单击即可退出本次设置，故在路径决策设置过程中不能随意单击。退出后，在视图区右击则会弹出"路径"窗口，进入"路径"属性编辑过程。
>
> 提示 3：在进行路径决策设置时，如果由于鼠标误操作造成路径决策设置过程终止，则可单击激活"决策点"，使其变成亮红色，继续进行路径决策终点设置。

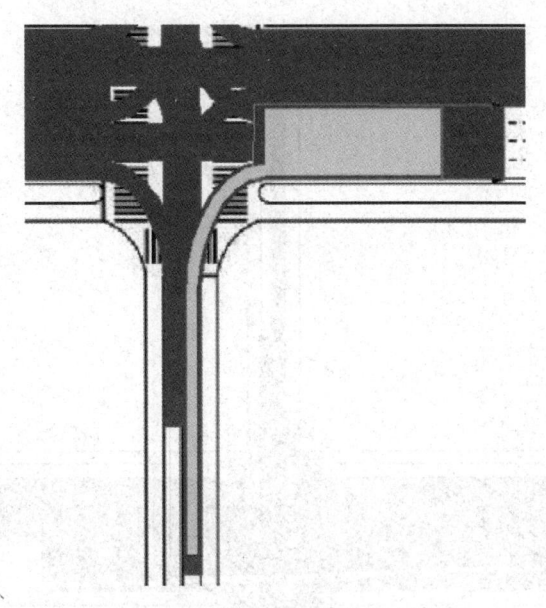

图 4-28 东出口路径决策终点设置

3. 北、西出口路径决策终点设置

参照东出口的操作过程分别设置北出口及西出口的路径决策终点。

4. 南进口路径决策设置

在视图区空白处右击，弹出"路径"窗口，根据表 4-1 中南进口车流左转、直行和右转的比例分别设置对应各方向出口车道的流量比例，如图 4-29 所示，单击"确定"按钮，完成路径决策设置。

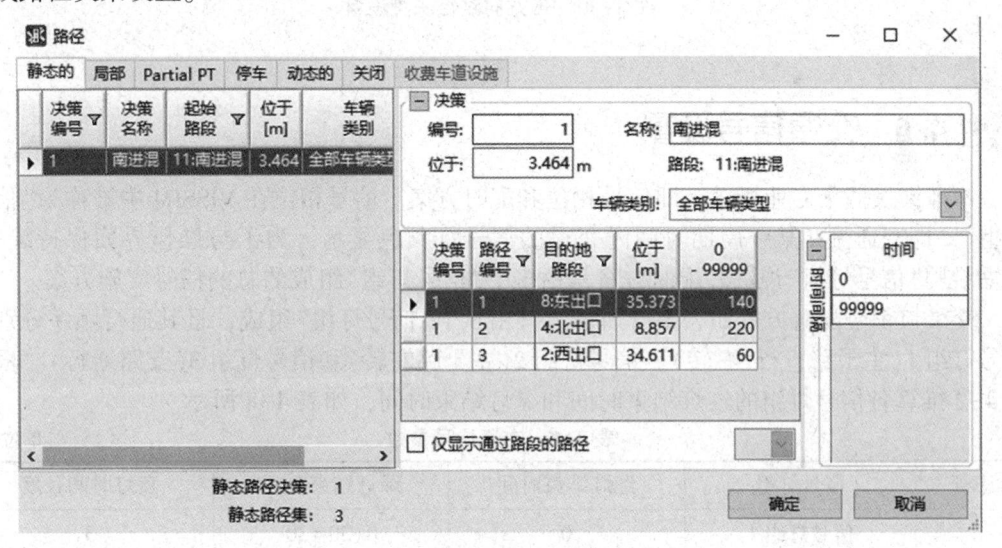

图 4-29 南进口路径决策设置

5. 东进口、西进口和北进口路径决策设置

按照前面出口的操作过程进行东进口、西进口和北进口的路径决策设置，如图 4-30 所示。

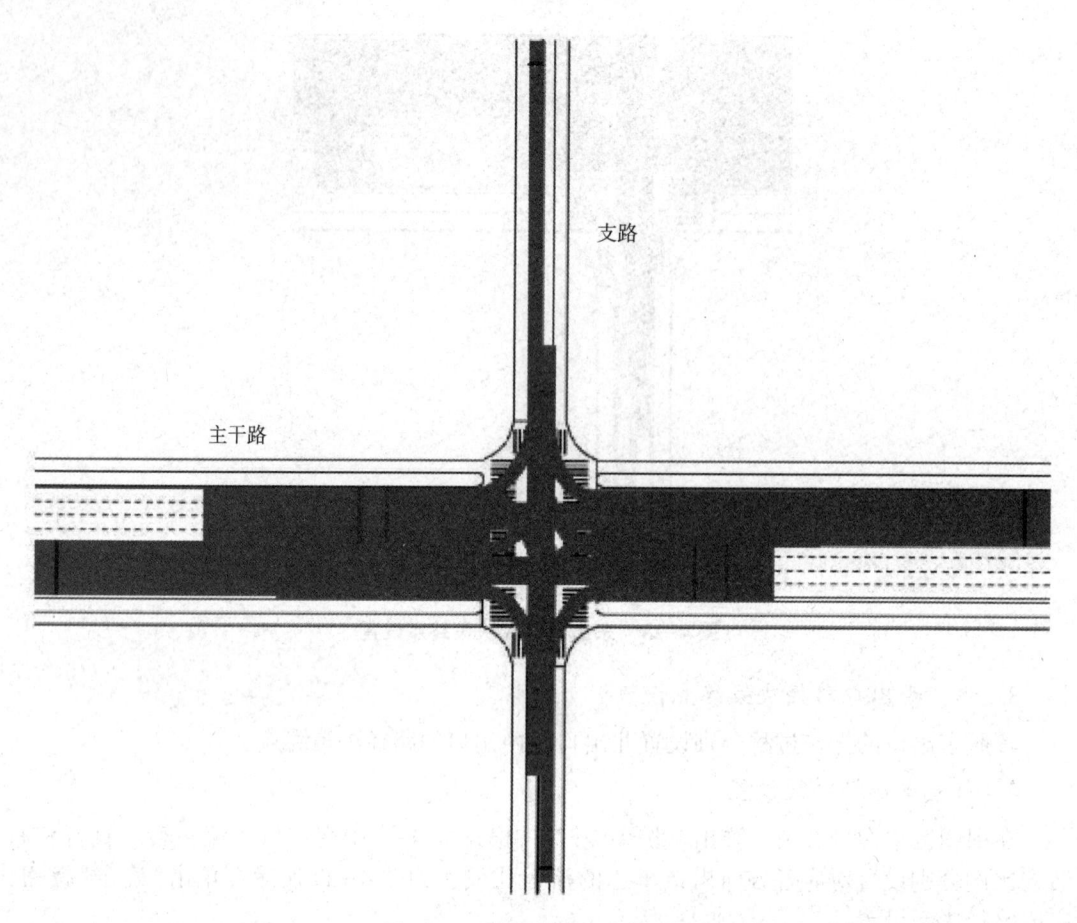

图 4-30　各方向路径决策设置

4.6　交通信号设置

本节涉及两个专业概念，即信号相位和配时方案。信号相位在 VISSIM 中被称为"信号灯组"，即交通流在某一周期时间内获得的信号灯颜色显示，为了与操作界面保持统一，本书沿用"信号灯组"说法。配时方案是由多个"信号灯组"组成的总的信号实施方案。

交叉口信号配时方案如表 4-2 所示，其由 3 个"信号灯组"组成，且其通行顺序分别为信号灯组 1（主干路直行+右转）、信号灯组 2（主干路左转）和信号灯组 3（支路通行）。根据表 4-2 推算各信号灯组的红灯结束时间和绿灯结束时间，如表 4-8 所示。

表 4-8　交通信号参数　　　　　　　　　　　　　　　　　　　　单位：s

序号	信号灯组	红灯结束时间	绿灯结束时间	黄灯时间长度
1	信号灯组 1	0	0+30=30	3
2	信号灯组 2	30+3=33	33+80=113	3
3	信号灯组 3	113+3=116	116+35=151	3

本章交通信号设置主要有两个部分：一是定义的红、绿和黄灯的起始/终止时间，VISSIM 中用红灯结束时间、绿灯结束时间和黄灯时间长度 3 个指标来表示；二是确定各

信号灯组控制的车流方向，即是东进口还是西进口，是直行还是左转，这部分在 VISSIM 主界面的视图区完成。这两个部分共同组成完整的交通信号仿真设置。

4.6.1 信号控制机设置

1. 创建信号控制机

（1）在菜单栏中选择"信号控制"→"编辑信号控制机"命令。

（2）在弹出的"信号控制"窗口的左侧列表框的空白处右击，在弹出的快捷菜单中，选择"新建"命令，创建 1 个新的信号控制机，如图 4-31 所示。

2. 设置固定配时类型的信号灯组

（1）在图 4-31 所示的"信号控制"窗口右侧区域，单击"固定配时"标签，如图 4-32 所示，并在打开的选项卡下单击"编辑信号控制"按钮，弹出信号控制编辑器窗口，如图 4-33 所示。

（2）切换语言（可选）。若系统是中文界面，则跳过此步；若系统是英文界面，则选择菜单栏中的"Edit"→"Options"命令，在弹出的"Options"对话框的"Language"下拉列表框中选择"Chinesisch"，将语言切换到中文界面，如图 4-33 所示。

（3）新建信号灯组。单击选择左侧的"信号灯组"选项，然后在上方工具栏中单击 3 次"新建"按钮，此时在右侧可看到添加的 3 个信号灯组，如图 4-34 所示。

> 提示：添加的 3 个信号灯组分别对应主干路直行+右转、主干路左转、支路通行。

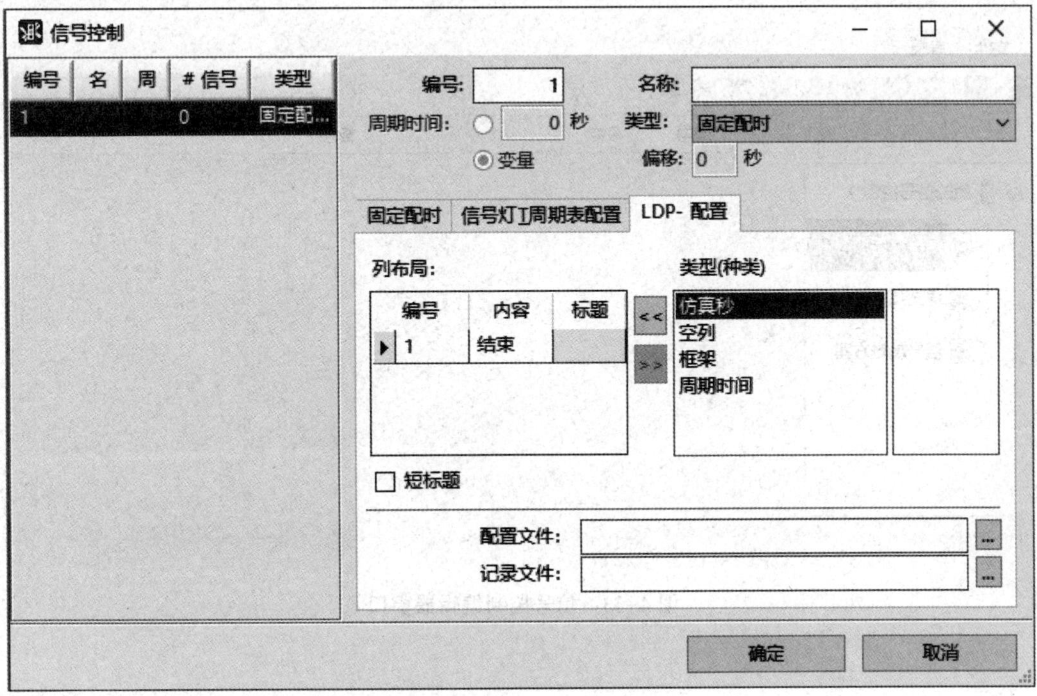

图 4-31 创建信号控制机

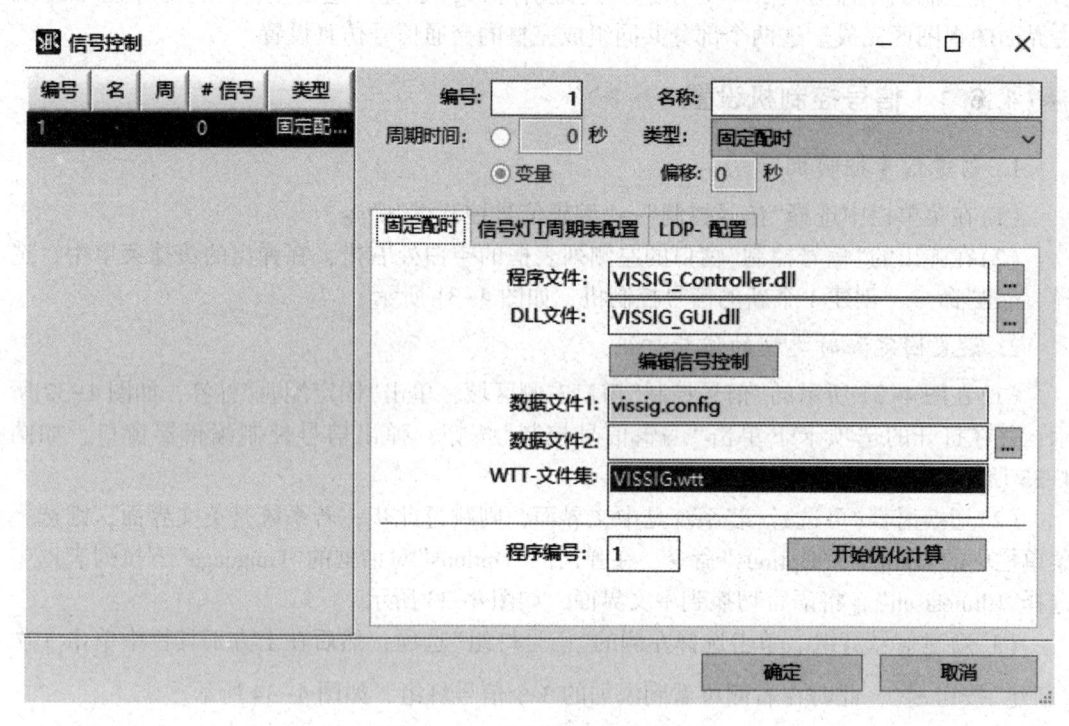

图 4-32 固定配时信号控制

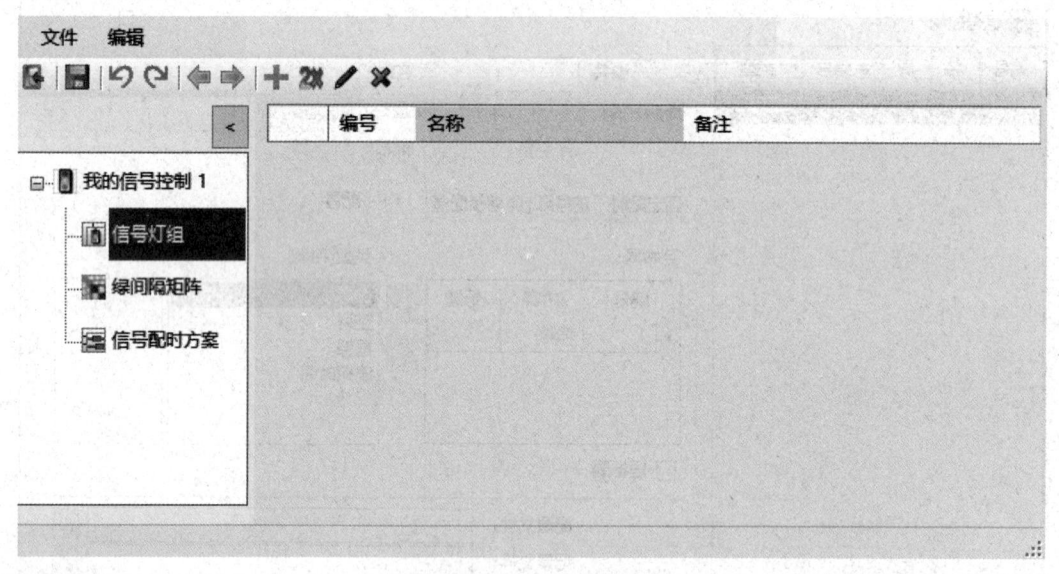

图 4-33 信号控制编辑器窗口

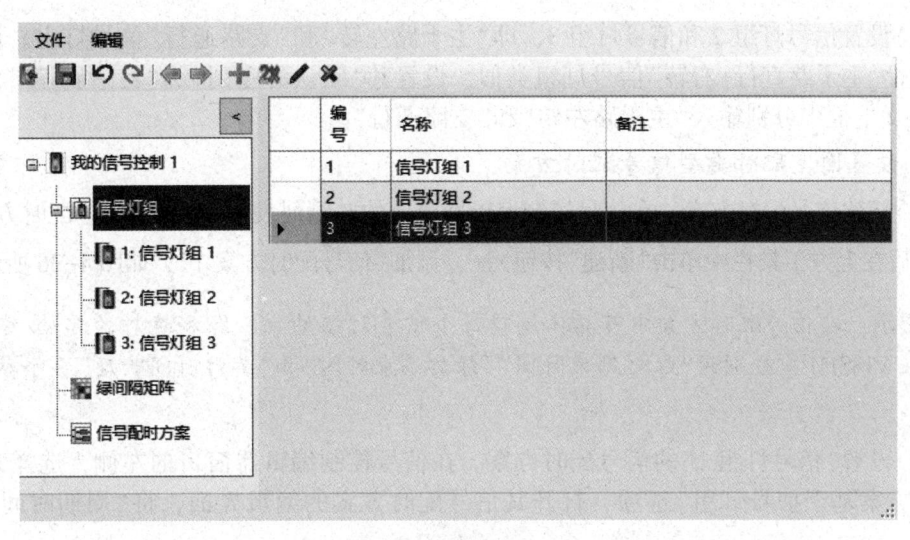

图 4-34　新建信号灯组

（4）设置信号灯组 1，即"主干路直行+右转"信号灯组。在左侧选择"1：信号灯组 1"选项，打开其灯组的编辑界面。在"默认的序列"下拉列表框中选择"红-绿-黄"选项。在"备注"文本框中输入"主干路直行+右转"，该操作用于对"信号灯组 1"进行描述。设置完成后如图 4-35 所示。

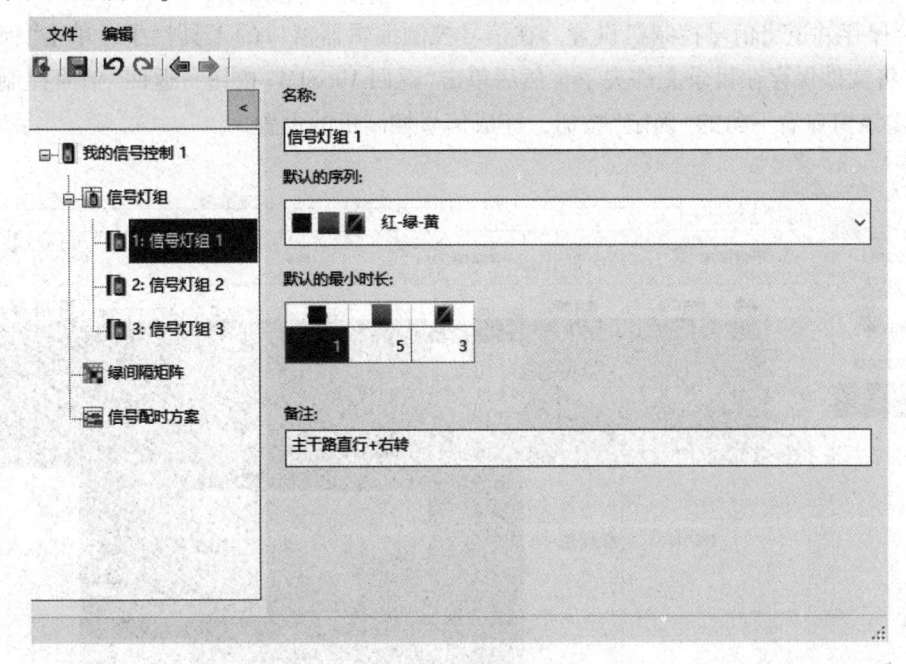

图 4-35　设置信号灯组 1

提示：在设置信号灯组时，主要改变两点。一是"默认的序列"，本章交叉口是红绿黄序列，是中国多数交通信号灯的显示序列。当然，目前还有绿闪、红/黄等的交通信号灯的显示序列，可根据实际现场调查结果选择。二是对其添加"备注"，以便信号灯组较多时进行区分。

(5)设置信号灯组2和信号灯组3,即"主干路左转"和"支路通行"信号灯组。设置方法与设置"主干路直行+右转"信号灯组类似,设置其"默认的序列"为"红-绿-黄",并在"备注"文本框中分别输入"主干路左转"和"支路通行"。

3. 设置固定配时类型信号配时方案

(1)新建信号配时方案。在信号控制编辑器窗口的左侧列表中,选择"信号配时方案"选项,然后在上方工具栏中单击"新建"按钮 ➕,添加"信号配时方案1",如图4-36所示。

> **提示**:在信号配时方案中可具体编辑每个信号灯组的红、绿和黄灯的起始/终止时间,在VISSIM中分别用"红灯结束时间""绿灯结束时间"和"黄灯时间长度"3个参数表示。

(2)设置"信号灯组1"的信号配时方案。在信号控制编辑器窗口的左侧,选择"1:信号配时方案基于信号灯组"选项,打开其信号配时方案的编辑界面,将"周期时间"改为"154"。

(3)在"信号灯组1"行中,在"红灯结束时间"栏输入"0","绿灯结束时间"栏输入"30",按〈Enter〉键,完成"信号灯组1"的设置。在"信号灯组2"行中,在"红灯结束时间"栏输入"33","绿灯结束时间"栏输入"113",按〈Enter〉键,完成"信号灯组2"的设置。在"信号灯组3"行中,在"红灯结束时间"栏输入"116","绿灯结束时间"栏输入"151",按〈Enter〉键,完成"信号灯组3"的设置。3个信号灯组设置完成后如图4-36所示。

(4)保存并退出信号控制机设置。在信号控制编辑器窗口的工具栏中,单击"保存"按钮 💾,将文件保存在目录文件夹下,然后单击"返回VISSIM"按钮,返回"信号控制"窗口后,单击该窗口右下角的"确定"按钮,完成信号控制机的设置。

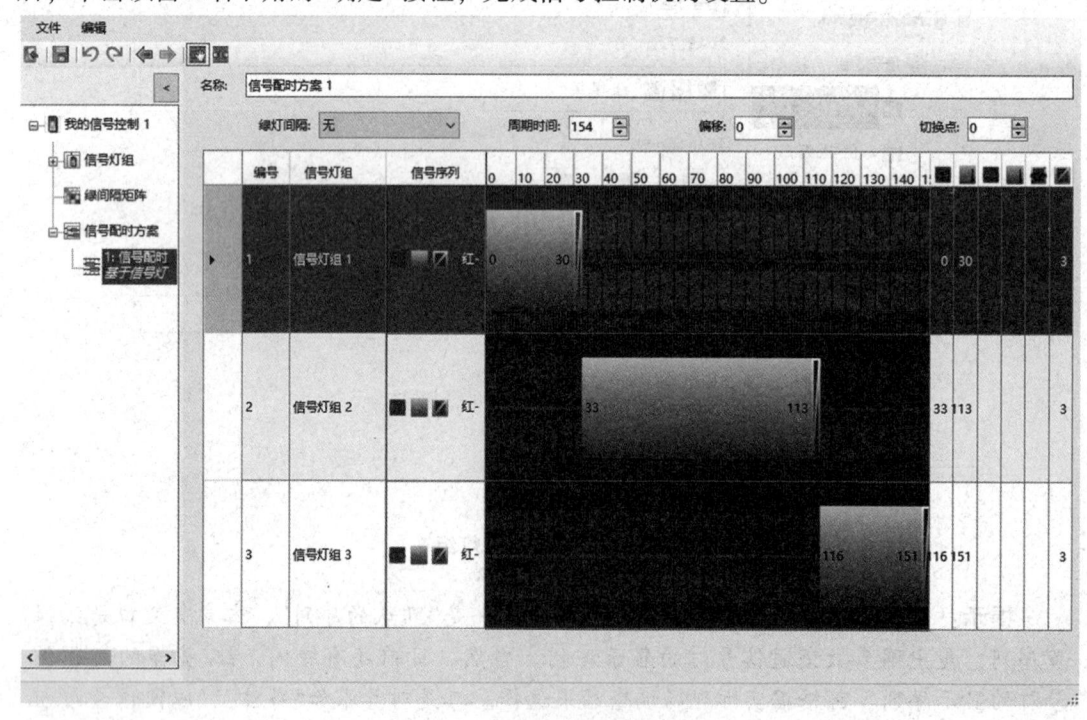

图4-36 信号配时方案设置

4.6.2 信号灯设置

1. 设置东、西进口车道信号灯

(1)添加并设置东进口右转信号灯。在 VISSIM 主界面中,单击左侧工具栏中的"信号灯"按钮,切换到信号灯编辑状态。单击东进口的右转路段,在东进口右转车道停车线处右击,此时该路段上出现一条红色线段表示该信号灯设置的位置,并弹出图 4-37 所示的"信号灯"窗口,设置"编号"为"1","名称"为"东进右",在"信号灯组"下拉列表框中选择"1"选项,其他设置保持不变。完成设置后,单击"确定"按钮,退出"信号灯"窗口,完成东进口右转信号灯的设置。

> 提示1:如果信号灯位置设置不合适,则可选中代表信号灯的红色线段,按住鼠标左键不放移动调整信号灯位置,也可用鼠标左键将信号灯拖出路段删除。
>
> 提示2:"编号"是指在主界面道路停车线上信号灯头的编号。"名称"是为了便于区分而填写,信号灯组与表 4-2 中的信号灯组一致。

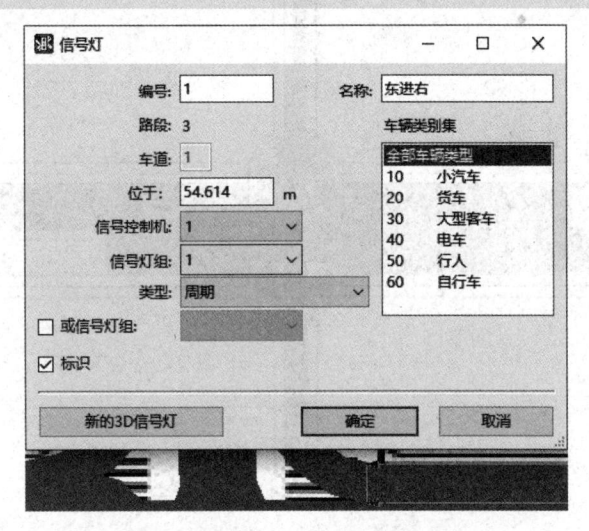

图 4-37 设置东进口右转信号灯

(2)运行仿真软件,查看设置效果。

> 提示1:当进行仿真时,如果车辆不受信号灯控制,有可能是信号灯设置在连接器而非路段上,可删除信号灯重新设置,使其信号灯设置在路段而非连接器上,此种方法较简单但仿真效果不准确。
>
> 提示2:除提示1中所述方法外,还可以通过调整路段和连接器位置使路段与连接器接点在停车线西侧,保证信号灯正常工作。

(3)添加并设置东进口直行、东进口左转信号灯。按照东进口右转信号灯设置步骤(1)和步骤(2),依据表 4-9,对东进口直行信号灯 1、东进口直行信号灯 2 和东进口左转信号灯分别进行设置。

(4)添加并设置西进口信号灯。按照东进口信号灯设置步骤(1)~(3),依据表 4-9,对西进口右转信号灯、西进口直行信号灯 1、西进口直行信号灯 2 和西进口左转信号灯分别进行设置。

表 4-9　各进口车道信号灯设置规则

编号	进口路段	名称	信号灯组	编号	进口路段	名称	信号灯组
1	东进口右转车道	东进右	1	6	西进口右转车道	西进右	1
2	东进口直行车道 1	东进直 1	1	7	西进口直行车道 1	西进直 1	1
3	东进口直行车道 2	东进直 2	1	8	西进口直行车道 2	西进直 2	1
4	东进口左转车道	东进左	2	9	西进口左转车道	西进左	2
5	南进口车道	南进口	3	10	北进口车道	北进口	3

2. 设置南、北进口车道信号灯

参照东、西进口车道信号灯的操作过程，添加并设置南、北进口车道信号灯。依据表 4-9，对南、北进口车道信号灯分别进行设置，设置完成后的效果如图 4-38 所示。

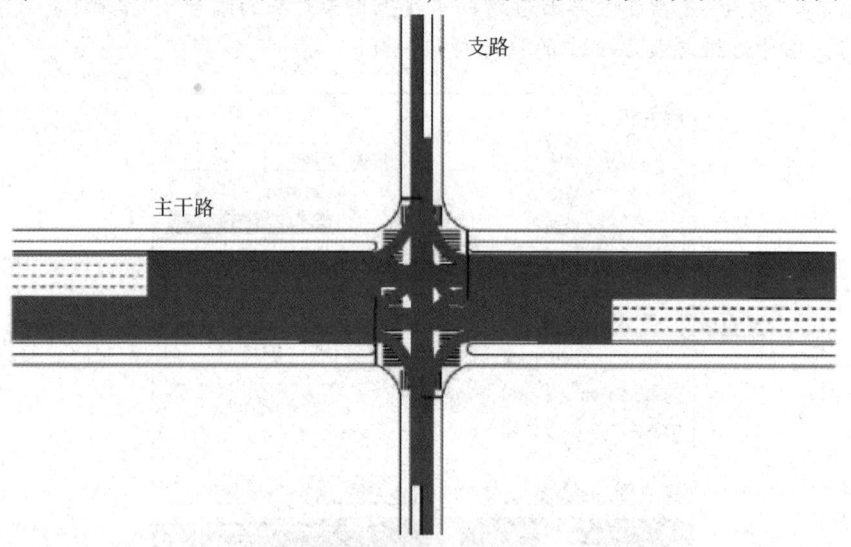

图 4-38　交叉口信号灯设置完成

提示 1：当进行仿真时，如果南、北方向车辆不受信号灯控制，原因有可能是信号灯没有设置在路段上，还可能是南、北进口车道路段过短造成车辆出现后无法在停车线前安全停车而不受信号灯控制直接通过交叉口，解决后一现象的办法是将南、北进口车道路段分别进行延长。

提示 2：本章 4.4.2 小节关于"南进口右转连接"这一操作的提示中已经提到南进口右转连接器的起点需在停车线南侧，为南、北进口车道信号灯设置提供了基础。以南进口为例，南进口信号灯位置在停车线上，南进口右转连接器的起点在停车线南侧，南进口直行连接器的起点和南进口左转连接器的起点都在停车线北侧，此时信号灯只对直行和左转车辆实施控制，对右转车辆无效，这样就实现了混行车道右转车辆不受信号灯控制的效果。北进口的信号灯设置与南进口相同。

3. 设置优先原则

在该信号交叉口，主要冲突已被交通信号从时间上隔离。还有两个交通冲突未处理，

即南进口左转与北进口直行冲突，北进口左转与南进口直行冲突，本章采用设置冲突区的方法进行处理。

(1)南进口左转与北进口直行冲突区设置。单击左侧工具栏中的"冲突区域集"按钮，切换到冲突区编辑状态。单击南进口左转路段与北进口直行路段交会处，选中后右击设置冲突区让行规则，选择南进口左转路段(路段显示红色)为北进口直行路段(路段显示绿色)让行，如图4-39所示。

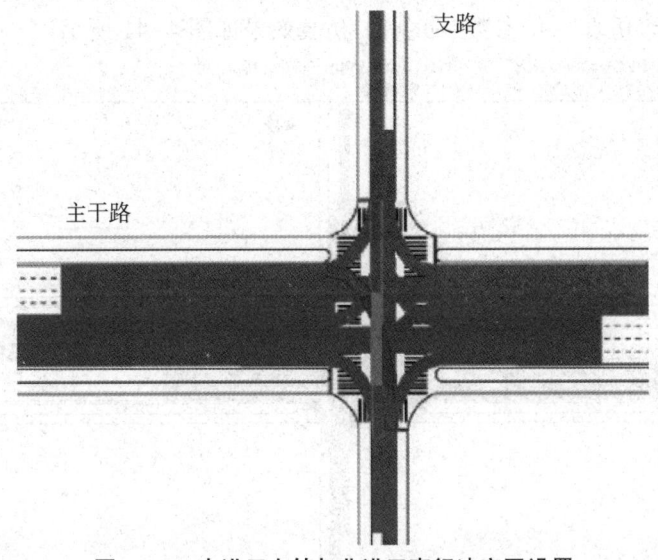

图4-39　南进口左转与北进口直行冲突区设置

(2)北进口左转与南进口直行冲突区设置。单击左侧工具栏中的"冲突区域集"按钮，切换到冲突区编辑状态。单击北进口左转路段与南进口直行路段交会处，选中后右击设置冲突区让行规则，选择北进口左转路段(路段显示红色)为南进口直行路段(路段显示绿色)让行，如图4-40所示。

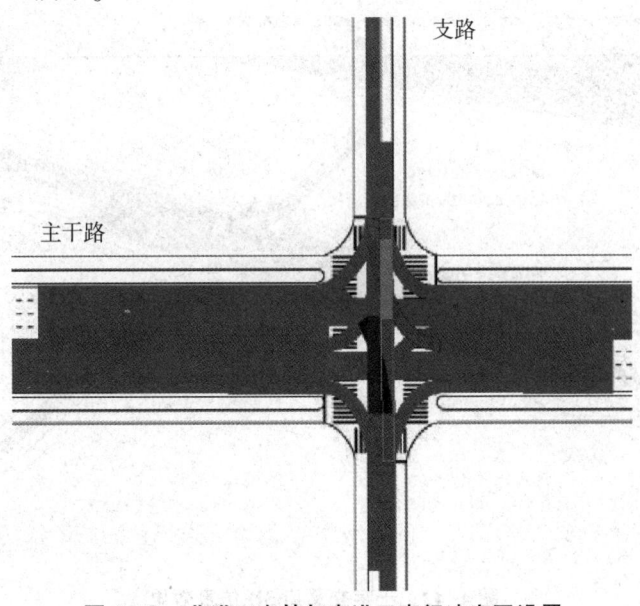

图4-40　北进口左转与南进口直行冲突区设置

(3) 删除冲突区（可选）。如果由于操作失误导致设置了多余的冲突区，则可在冲突区编辑状态下，先在空白处单击结束所有冲突区设置，再右击弹出"冲突区"对话框，按冲突道路名称删除多余的冲突区。

4. 十字交叉口仿真

(1) 十字交叉口平面仿真效果。在菜单栏中选择"仿真"→"参数"命令，在弹出的"仿真参数"窗口中将"仿真运行速度"改为"5"，单击顶部工具栏中的"连续仿真"按钮（也可以在菜单栏中选择"仿真"→"参数"命令），仿真效果如图 4-41 所示。

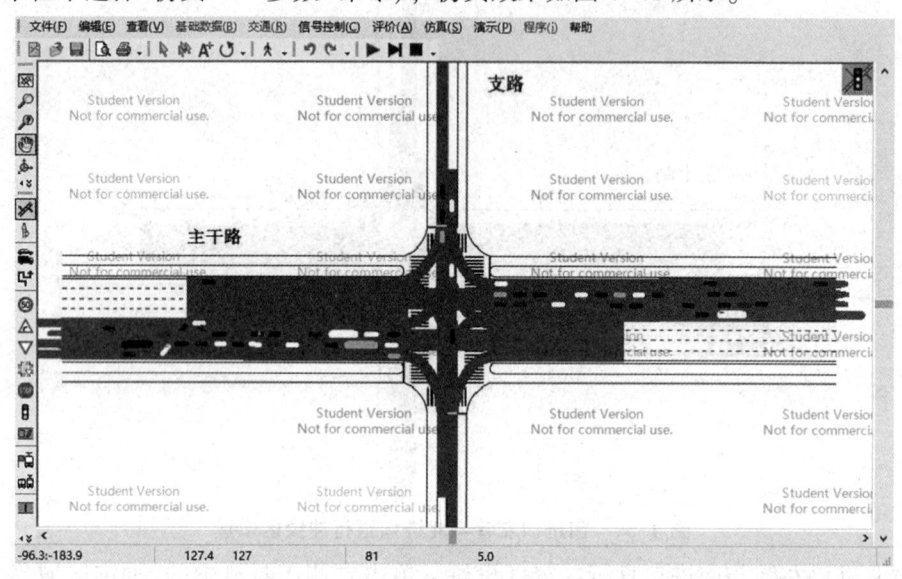

图 4-41　十字交叉口平面仿真效果

(2) 十字交叉口 3D 仿真效果。在菜单栏中选择"查看"→"3D 模式"命令，仿真界面进入立体视图，开始仿真后可看到三维(3D)的仿真动画，如图 4-42 所示。

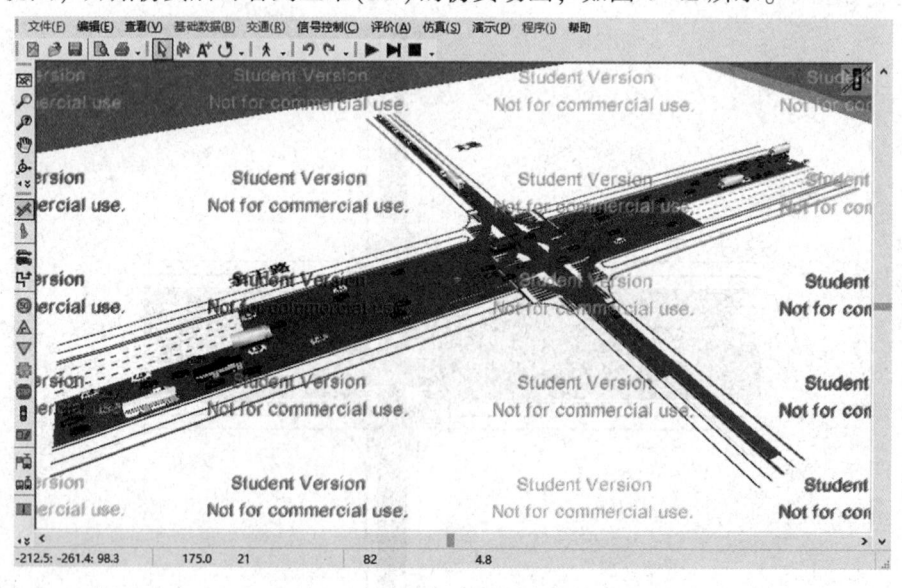

图 4-42　十字交叉口 3D 仿真效果

第 5 章 非机动车与行人仿真

5.1 实验目标

通过添加路口各方向上的过街行人和各路段上的非机动车，完善机非混合城市交叉口的相关仿真设置。掌握交叉口行人和非机动车的仿真方法。

5.2 数据资料

本章以第 4 章为基础，背景图、机动车数据和交叉口信号配时方案同第 4 章，新增表 5-1 所示的非机动车和行人数据，行人和非机动车路段名称如表 5-2 所示，行人和非机动车信号灯编号如表 5-3 所示，冲突区规则如表 5-4 所示。由于本章涉及的路段较多，因此为操作方便起见，较多步骤将在"中心线"模式下操作。

表 5-1 交通流量基本数据

进口	方向	非机动车/(b·h^{-1})	进口合计/(b·h^{-1})	非机动车道宽度/m	单向行人流量/(p·h^{-1})	人行横道宽度/m
东	左转	60	240	3.5	120	6
东	直行	150	240	3.5	120	6
东	右转	30	240	3.5	120	6
南	左转	15	140	3	330	6
南	直行	100	140	3	330	6
南	右转	25	140	3	330	6
西	左转	40	170	3.5	214	6
西	直行	100	170	3.5	214	6
西	右转	30	170	3.5	214	6

续表

进口	方向	非机动车 /(b·h^{-1})	进口合计 /(b·h^{-1})	非机动车道宽度 /m	单向行人流量 /(p·h^{-1})	人行横道宽度 /m
北	左转	30	150	3	326	6
	直行	100				
	右转	20				

注：表中"单向行人流量"是指人行横道上两个相对方向中某一方向每小时的行人流量。

表5-2 行人和非机动车路段名称

路段	名称	路段	名称
东进口由南向北人行横道	主东南北	南进口非机动车道	支南非
东进口由北向南人行横道	主东北南	南出口非机动车道	支南非出
西进口由南向北人行横道	主西南北	北进口非机动车道	支北非
西进口由北向南人行横道	主西北南	北出口非机动车道	支北非出
北进口由东向西人行横道	支北东西	交叉口内由南向北非机动车连接路段	非连南北
北进口由西向东人行横道	支北西东		
南进口由东向西人行横道	支南东西	交叉口内由北向南非机动车连接路段	非连北南
南进口由西向东人行横道	支南西东		
东进口非机动车道	主东非	交叉口内由东向西非机动车连接路段	非连东西
东出口非机动车道	主东非出		
西进口非机动车道	主西非	交叉口内由西向东非机动车连接路段	非连西东
西出口非机动车道	主西非出		

表5-3 行人和非机动车信号灯编号

项目	非机动车道信号灯信息							
所在路段名称	主东北南	主东南北	支北东西	支北西东	主西北南	主西南北	支南东西	支南西东
编号	11	12	13	14	15	16	17	18
信号控制机	1	1	1	1	1	1	1	1
信号灯组	3	3	1	1	3	3	1	1
类型	周期	周期	周期	周期	周期	周期	周期	周期
项目	非机动车道信号灯信息							
所在路段名称	主东非	主西非	支北非	支南非	非连南北	非连北南	非连东西	非连西东
编号	19	23	21	25	24	20	26	22
信号控制机	1	1	1	1	1	1	1	1

续表

项目	非机动车道信号灯信息							
信号灯组	1	1	3	3	3	3	1	1
类型	周期	周期	周期	周期	周期	周期	周期	周期

本章的冲突区设置是在第 4 章的基础上进行的，其规则如表 5-4 所示。

> 提示 1：冲突区的个数和位置会因各人操作的不同而略有不同。
> 提示 2：表 5-4 "Link 2" 中的 "10029" 等只有数字而无名称的为非机动车道连接器。
> 提示 3：为了简化问题，本章未考虑非机动车与行人之间的冲突。

表 5-4 冲突区规则

类型	编号	冲突路段 Link 1	冲突路段 Link 2	优先权	类型	编号	冲突路段 Link 1	冲突路段 Link 2	优先权
行人与机动车之间的冲突	1	主东南北	南右连	主东南北	非机动车与机动车之间的冲突	13	非连东西	东右连	非连东西
	2	主东南北	北左连	主东南北		14	非连西东	西右连	非连西东
	3	主东北南	南右连	主东北南		15	非连北南	南左连	非连北南
	4	主东北南	北左连	主东北南		16	非连南北	北左连	非连南北
	5	主西北南	南左连	主西北南		17	南右连	10029	10029
	6	主西北南	北右连	主西北南		18	南右连	10025	10025
	7	主西南北	南左连	主西南北		19	南右连	10026	10026
	8	主西南北	北右连	主西南北		20	北右连	10020	10020
	9	支北东西	东右连	支北东西		21	北右连	10021	10021
	10	支北西东	东右连	支北西东		22	北右连	10032	10032
	11	支南东西	西右连	支南东西	机动车之间的冲突	23	南直连	北左连	南直连
	12	支南西东	西右连	支南西东		24	南左连	北直连	北直连

5.3 行人仿真

为了较好地仿真过街人行横道，本章采用将两条相反方向人行横道部分重叠的方法仿真有交互作用的人行横道。以"主东南北"为例，其行人产生方向（即南方向）超出非机动车道一部分，是为了使行人在遇到红灯时有一定的等待区间。

5.3.1 创建行人车辆构成

VISSIM 中有许多自带的速度分布，但没有比较适合行人的，所以进行行人仿真需新建一种适合行人的速度分布。添加行人期望速度分布的步骤如下。

（1）在菜单栏中选择"基础数据"→"分布"→"期望速度"命令，弹出"期望车速分布"对话框，单击"新建"按钮，弹出"期望车速分布"设置对话框，如图 5-1 所示。

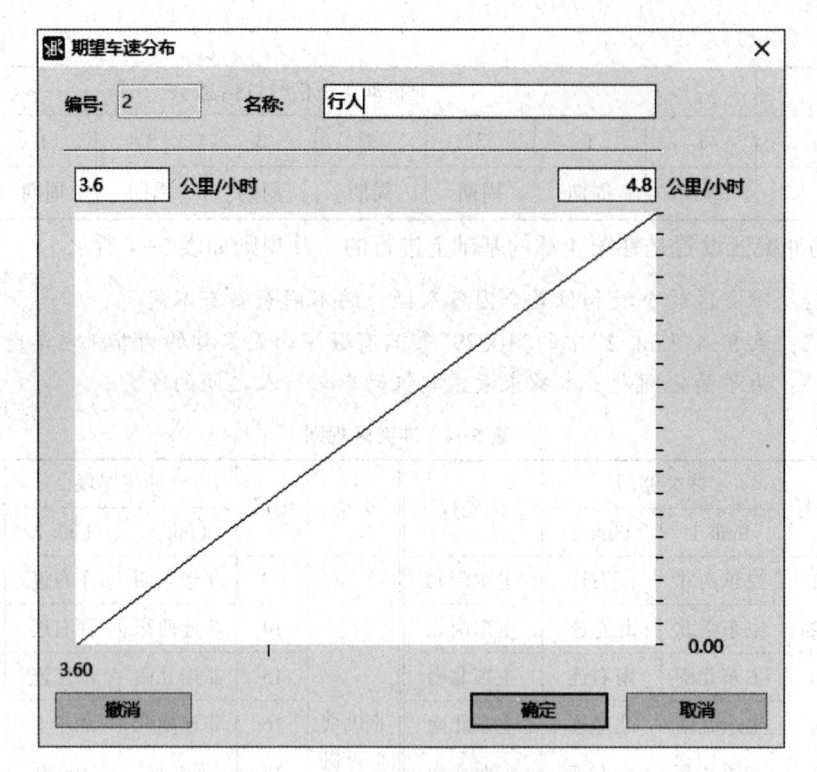

图 5-1 "期望车速分布"设置对话框

(2) 创建行人期望速度分布。将图 5-1 中的"名称"改为"行人",左侧文本框中的数字(最小速度)改为"3.6",右侧文本框中的数字(最大速度)改为"4.8",单击"确定"按钮,完成行人速度的最小、最大值的设定。

> **提示**:可以通过右击"分布线"得到速度分布特征点,并且通过拖动速度分布特征点的方法改变期望速度分布,具体操作见 4.5.1 小节。

VISSIM 中的"车辆构成"是指交通流的交通组成,即交通流中包含多少种类型的车辆及每种车辆的比例,每种类型的车辆又有其不同的速度分布。例如,该软件在初始状态下只有一种默认的"车辆构成",即 98%的小汽车和 2%的大货车。具体实验时,可根据实际交通调查结果创建不同的"车辆构成"。在 VISSIM 中,把非机动车和行人也看作一种车辆类型。本操作将创建一种新的"车辆构成"命令,其中只包含一种车辆类型,即行人。

(1) 在菜单栏中选择"交通"→"车辆构成"命令,此时会弹出"车辆构成"窗口。

(2) 单击"新建"按钮,弹出图 5-2 所示的"车辆构成"窗口,将"名称"改为"行人",单击"新建"按钮,弹出图 5-3 所示的"车辆类型"对话框。

(3) 在"车辆类型"下拉列表框中选择"500,行人"选项,将"相对流量"改为"1",在"期望车速"下拉列表框中选择"2:行人(3.6,4.8)"选项,单击"确定"按钮,完成车辆类型的编辑。

(4) 在"车辆构成"窗口中会出现刚刚编辑完毕的车辆类型"行人",单击"确定"按钮,然后在"车辆构成"窗口中单击"关闭"按钮,完成行人车辆构成的设置。

第5章 非机动车与行人仿真

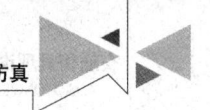

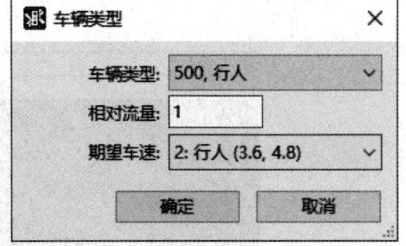

图 5-2 "车辆构成"窗口

图 5-3 "车辆类型"对话框

▶▶▶ 5.3.2 交叉口东进口方向过街行人仿真 ▶▶▶

1. 创建东进口人行横道

(1) 单击左侧工具栏中的"路段 & 连接器"按钮，切换到路段编辑状态，在东进口人行横道上画一个由南向北、"车道宽度"为"4"、"行为类型"为"4：人行道(无交互作用)"的路段，"名称"改为"主东南北"，并勾选"生成相反方向"复选框，如图 5-4 所示，单击"确定"按钮，这样就生成了方向相反的两条人行横道，双击由北向南的人行横道，弹出"路段属性"窗口，将其"名称"修改为"主东北南"。

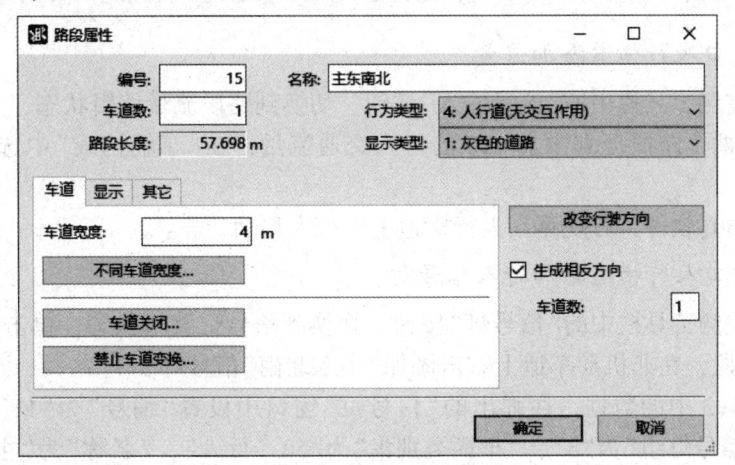

图 5-4 "路段属性"窗口

提示：在画路段时勾选"生成相反方向"复选框，则会自动生成与本路段属性完全相同的反方向路段。

(2) 拖动"主东南北"和"主东北南"两个路段，使其相互位置在宽度方向上有 2 m 左右的重叠，使"主东北南"路段西侧边缘与背景图人行横道西侧边缘吻合，南侧边缘超出东出口非机动车道边缘，北侧边缘超出东进口非机动车道边缘且有一定长度；"主东南北"路段东侧边缘与背景图东进口人行横道东侧边缘吻合，北侧边缘超出东进口非机动车道边缘，南侧边缘超出东出口非机动车道边缘且有一定长度，如图 5-5 所示。

81

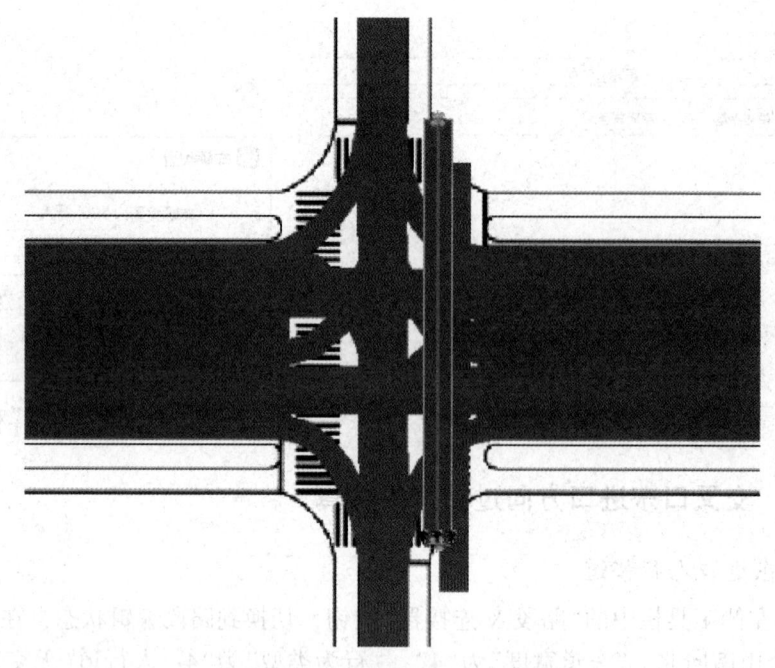

图 5-5　主干路东进口人行横道

> **提示**：最终形成过街人行横道的总宽度为 6 m，人行横道的长度要超出非机动车道外缘，同时在行人发生侧要有一定长度，是为了使行人在遇到红灯时有一定的等待区间。

2. 为东进口人行横道添加流量

（1）单击左侧工具栏中的"流量输入"按钮，切换到路段流量编辑状态，为"主东南北"和"主东北南"两个路段分别添加 120 的行人交通流量，在"车辆构成"中选择"3：行人"模式。

（2）运行仿真软件，可观测到人行横道上有行人移动。

3. 为东进口人行横道添加行人信号灯

（1）单击左侧工具栏中的"信号灯"按钮，切换到信号灯编辑状态，单击选中人行横道"主东北南"路段，在非机动车道上右击添加"主东北南"信号灯。

（2）按表 5-3 中的数据，在弹出的"信号灯"窗口中设置"编号"为"11"，"信号控制机"为"1"，"信号灯组"为"3"，"车辆类别集"为"50　行人"，"名称"为"主东北南"，如图 5-6 所示，单击"确定"按钮，完成"主东北南"信号灯设置。

> **提示 1**：信号灯的位置必须在图 5-6 所示的非机动车道外缘线处。
>
> **提示 2**：本步骤是为"主东北南"路段添加行人信号灯，该操作使"主东北南"路段上的行人与南北向机动车的信号灯组相同。

（3）按照上述方法设置"名称"为"主东南北"的信号灯，"编号"为"12"，其他参数同信号灯 11。

（4）运行仿真软件，查看仿真效果。

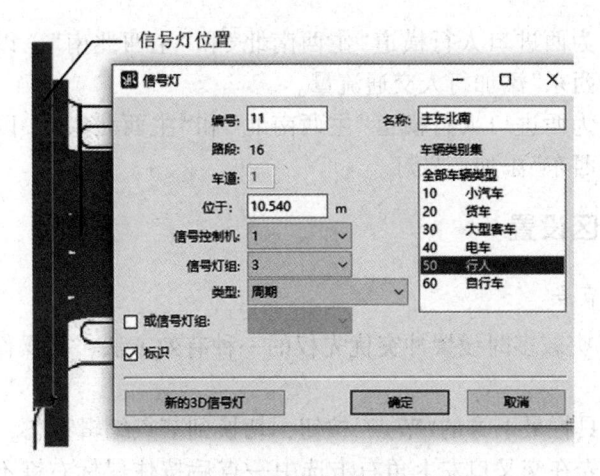

图 5-6 "主东北南"信号灯设置

5.3.3 交叉口其他方向过街行人仿真

1. 交叉口北进口方向过街行人仿真

(1) 参照 5.3.2 小节中创建东进口人行横道的操作过程，为北进口添加人行横道"支北东西"和"支北西东"。

(2) 参照 5.3.2 小节中为东进口人行横道添加流量的操作过程，为北进口人行横道"支北东西"和"支北西东"添加行人交通流量，流量大小参见表 5-1。

(3) 参照 5.3.2 小节中为东进口人行横道添加行人信号灯的操作过程，为北进口人行横道"支北东西"和"支北西东"添加"编号"为"13"和"14"的信号灯，分别将其命名为"支北东西"和"支北西东"，参数设置如表 5-3 所示，位置设在非机动车道外侧边缘处。

2. 交叉口西进口和南进口方向过街行人仿真

(1) 添加西进口人行横道"主西南北"和"主西北南"，以及南进口人行横道"支南东西"和"支南西东"，完成后如图 5-7 所示。

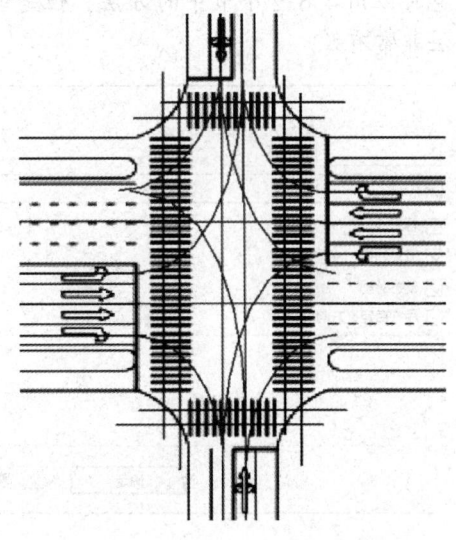

图 5-7 交叉口人行横道设置完成

(2)参照表 5-1 为西进口人行横道"主西南北"和"主西北南",以及南进口人行横道"支南东西"和"支南西东"添加行人交通流量。

(3)参照表 5-3 为西进口人行横道"主西南北"和"主西北南",以及南进口人行横道"支南东西"和"支南西东"添加信号灯。

▶▶▶ 5.3.4 冲突区设置 ▶▶▶

1. 编辑交叉口节点

使用节点是在冲突较多时设置冲突优先权的一种有效方法,本操作编辑节点是为冲突区设置提供基础。

(1)单击左侧工具栏最下方的"节点"按钮,切换到节点编辑状态。

(2)创建节点。先在交叉口左上角右击选中一点后按住鼠标右键不放,拖动至交叉口右上角某一点后放开鼠标右键,即出现一条黑色线段,再向下移动光标至交叉口右下角处单击,再单击左下角,最后单击起始点,完成节点的输入。

(3)在弹出的图 5-8 所示的"节点"对话框中,将"名称"改为"交叉口",单击"确定"按钮完成节点设置,如图 5-9 所示。

2. 为东进口行人和车流交会添加冲突区

设置人行横道冲突区时,为简化问题,本章假设在时间上由信号隔离的交通流将不再产生冲突,只考虑同一信号灯组中交通流间的冲突。由交叉口信号配时方案可知,会与东进口人行横道上行人交通流冲突的车流,为南进口右转机动车和北进口左转机动车,本操作将添加这两个冲突区。

(1)单击左侧工具栏中的"冲突区域集"按钮,切换到冲突区编辑状态。

(2)在视图区空白处右击,弹出"冲突区域集"对话框,勾选"显示节点内所有可能冲突区域"复选框,如图 5-10 所示,然后在下拉列表框中选择"1:交叉口"选项,如图 5-11 所示。

> **提示**:冲突区的设置也可以用 4.6.2 小节中的方法,但是当冲突区复杂,且相互叠加难以选中时,节点的方法非常有效。

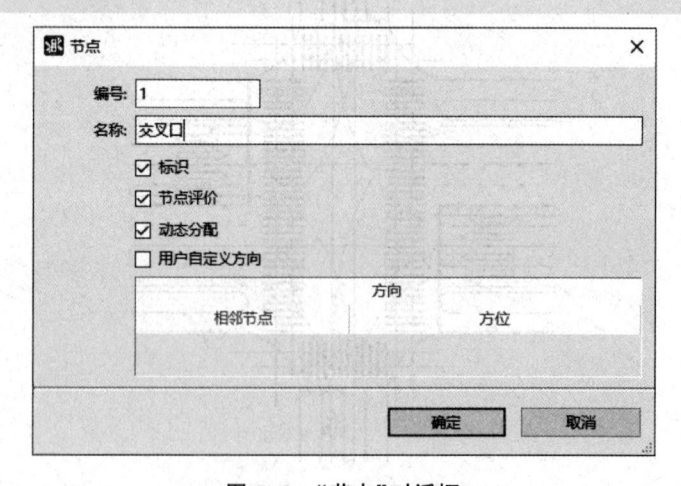

图 5-8 "节点"对话框

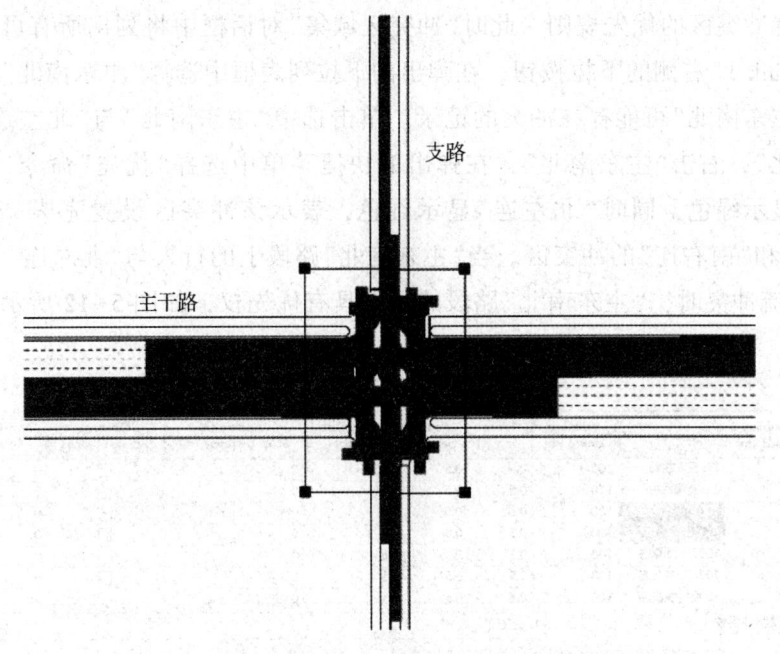

图 5-9 完成节点设置

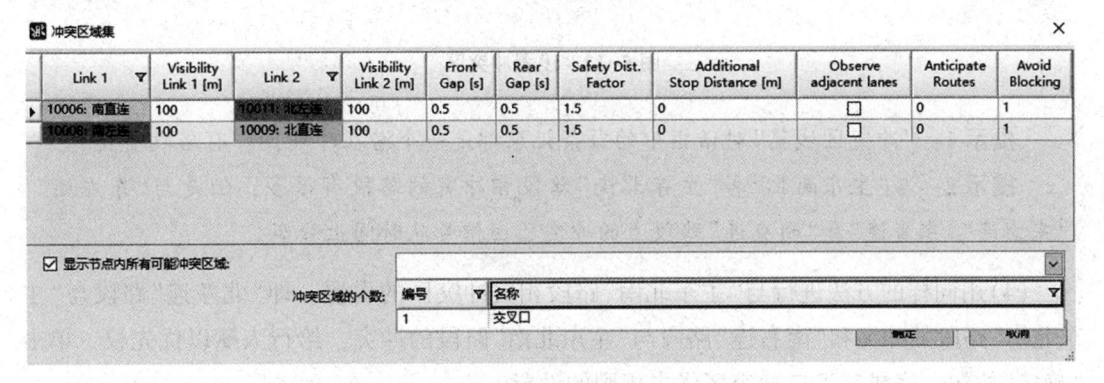

图 5-10 "冲突区域集"对话框

图 5-11 显示节点内所有可能的冲突区

(3)设置冲突区的优先规则。此时"冲突区域集"对话框中将列出所有可能存在的冲突,单击"Link 1"右侧的下拉按钮,在弹出的下拉列表框中选择"主东南北"选项,出现了所有与"主东南北"可能存在冲突的记录。单击选中"主东南北"与"北左连"冲突行中的"主东南北",右击"主东南北",在弹出的快捷菜单中选择"优先"命令,完成后"主东南北"会显示绿色,同时"北左连"显示红色,表示该冲突区设置完毕。同理,设置"主东南北"和"南右连"的冲突区。当"主东南北"路段上的行人与"北左连"和"南右连"路段上的车流冲突时,"主东南北"路段的行人具有优先权,如图5-12所示,其优先规则见表5-4。

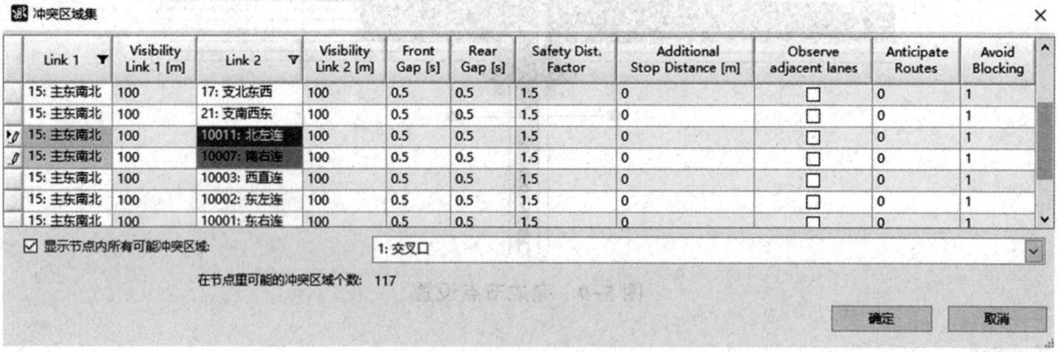

图 5-12 设置冲突区

> 提示1:"冲突区域集"对话框中的每条记录都是一个潜在冲突,即有路段重叠。
>
> 提示2:与"主东南北"和"主东北南"路段相冲突的路段有很多,但是与"东左连""东右连""东直连"和"西直连"路段上的冲突已由信号从时间上分离。

(4)用同样的方法进行与"主东北南"路段相关冲突区的设置,即"北左连"路段与"主东北南"路段的冲突和"南右连"路段与"主东北南"路段的冲突,给行人赋以优先权,单击"确定"按钮,完成交叉口冲突区优先规则的设置。

3. 为其他进口行人和车流交会添加冲突区

(1)参照东进口的操作过程,依据表5-4,用交叉口节点的方法,分别为与西进口、南进口和北进口人行横道上行人交通流有冲突的交通流设置冲突区的优先规则。

(2)在菜单栏中选择"查看"→"中心线"命令,将路网切换到中心线显示状态,此时每个路段将由本路段的中心线表示(单击选中某一路段时,该路段两侧边线也将显示),优先规则设置完成后的效果如图5-13所示。

> 提示:由于本章路网较为复杂,所以可采用中心线模式查看路网。

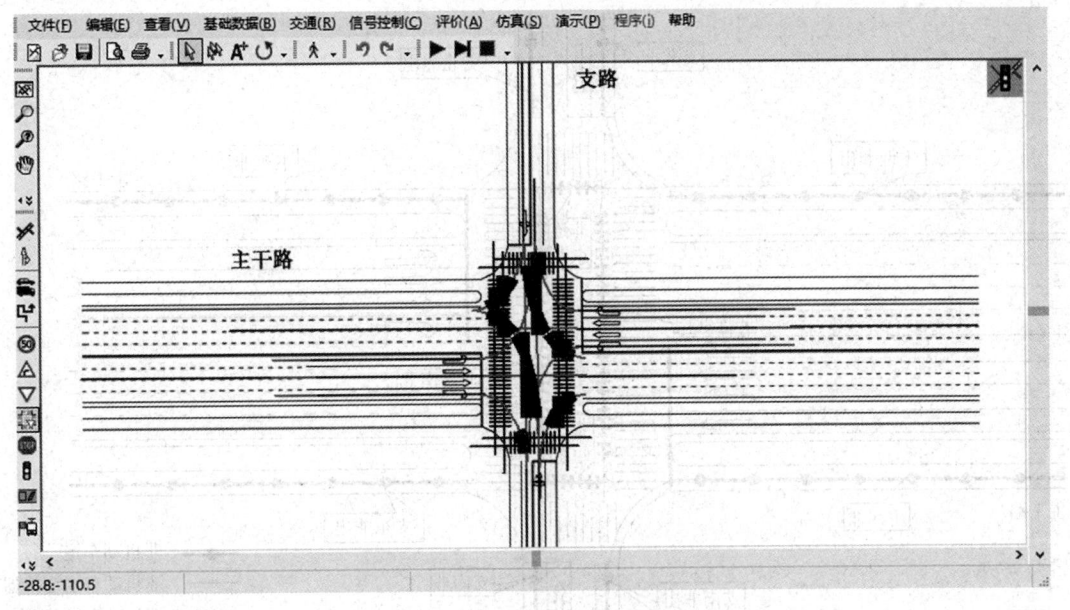

图 5-13　优先规则设置完成后的效果

5.4　非机动车仿真

以东进口非机动车为例，其右转、直行、左转车流分别经过不同的行车路线。右转非机动车的行车路线是"主东非"→"支北非出"；直行非机动车的行车路线是"主东非"→"非连东西"→"主西非出"；左转非机动车的行车路线是"主东非"→"非连东西"→"非连北南"→"支南非出"。

非机动车仿真处理的难点在于左转车辆的二次过街，以东进口非机动车为例，东进口左转非机动车的行驶过程是在信号灯组 1 随直行机动车由东向西沿"非连东西"运行，至"非连北南"起点处等待，再在信号灯组 3 随北方向机动车沿"非连北南"运行至"支南非出"。在交叉口内没有直接用连接器连接非机动车的进口和出口，而是设置了"非连北南""非连南北""非连东西"和"非连西东"4 个路段，主要是为了使左转非机动车的运行更加符合实际。因为东进口左转非机动车在信号灯组 1 到达"非连北南"北端时，要等到信号灯组 3 开始后才能随北进口车辆沿"非连北南"运行至"支南非出"，所以在"非连北南"北端应有非机动车信号控制，因此此处必须设置为路段（在 VISSIM 中的连接器上无法设置交通信号）。以此类推，考虑到北、西、南进口的非机动车左转，就必须设置"非连西东""非连南北"和"非连东西"3 个路段。设置这 4 个路段的另一个原因，是考虑到直行和左转非机动车的冲突问题。以东进口为例，东进口非机动车的直行和左转在运行至"非连东西"西端点前的运行路径是一样的，如果不设置统一路段，则会产生相应的交通冲突，运行轨迹与实际情况差距较大。同理，考虑到北、西和南进口，也应在交叉口内设置"非连西东""非连南北"和"非连北南"3 个路段，如图 5-14 所示。

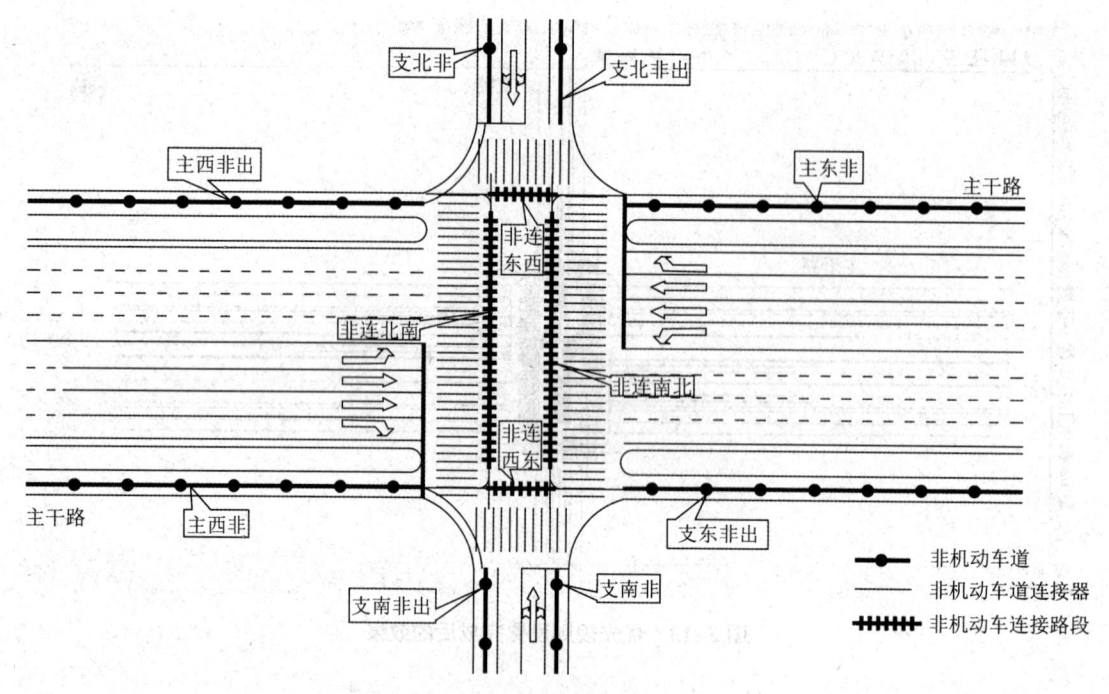

图 5-14 交叉口非机动车道布置示意

5.4.1 创建非机动车车辆构成

参照 5.3.1 小节中所述方法,新建一种"名称"为"非机动车"的"车辆构成",组成该"车辆构成"的"车辆类型"只有一种,即"车辆类型"为"600,自行车","相对流量"为"1","期望车速"为"12:12 km/h(12.0,15.0)",如图 5-15 所示。

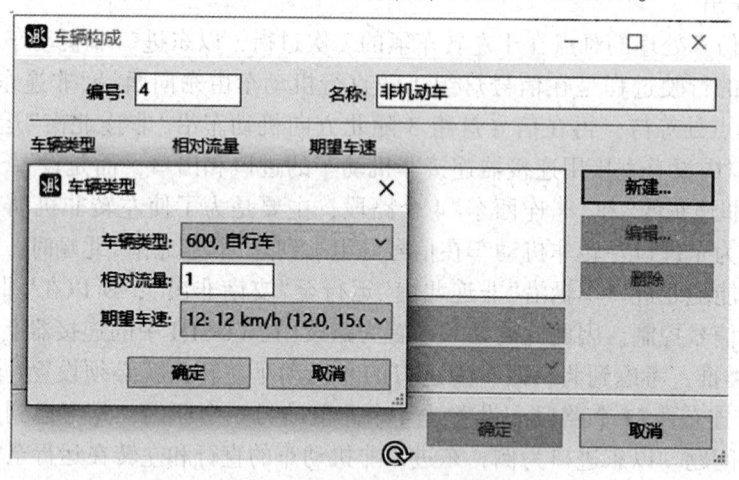

图 5-15 非机动车车辆构成

5.4.2 交叉口东进口方向非机动车仿真

进行东进口非机动车仿真时,首先应创建东进口非机动车道,添加流量,然后分别创建其右转、直行和左转所需经过车道,设置路径决策,最后设置与之相关的冲突区。东进

口非机动车不同方向车流运动路线如图 5-16 所示，在东进口停车线处设置信号灯，在北进口前设置非机动车左转车流需要二次过街时的信号灯。

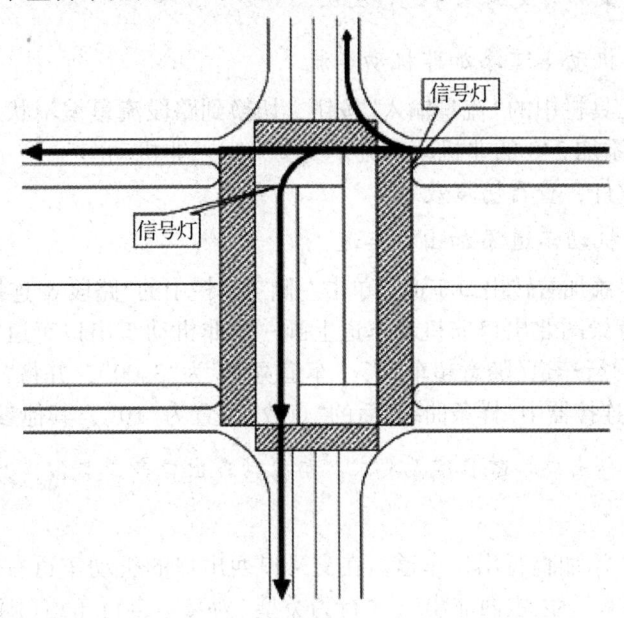

图 5-16　东进口非机动车不同方向车流运动路线

1. 创建东进口非机动车道

单击左侧工具栏中的"路段 & 连接器"按钮，切换到路段编辑状态，在背景图东进口机动车道北侧非机动车道上画一个单车道路段，更改其路段属性，设置"名称"为"主东非"（主干路东进口非机动车道），"行为类型"为"5：自行车道(随意超车)"，"车道宽度"为"3.50"，单击"确定"按钮，完成东进口非机动车道绘制，如图 5-17 所示。

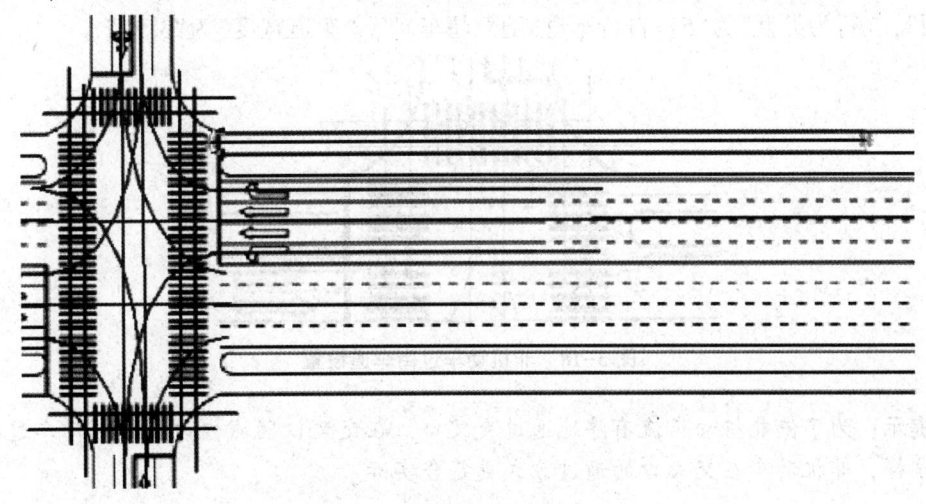

图 5-17　创建东进口非机动车道

> 提示 1：与机动车道的设置方法相同，非机动车道路段需超过停车线，但不能侵入人行横道，以留出设置信号灯的位置。

提示2：非机动车进口车道起点位置距停车线要有一定距离，以便车辆生成后有足够时间进行路径决策和对交通信号进行反应。

2. 为东进口非机动车道添加非机动车流

（1）单击左侧工具栏中的"流量输入"按钮，切换到路段流量编辑状态，参照表5-1中的数据为"主东非"添加240的非机动车流，类型为"4：非机动车"。

（2）运行仿真软件，查看仿真效果。

3. 为东进口非机动车道添加出口车道

（1）为"主东非"添加右转出口车道。单击左侧工具栏中的"路段&连接器"按钮，切换到路段编辑状态，在背景图北出口非机动车道上画一条非机动车出口车道"支北非出"，设置"行为类型"为"5：自行车道(随意超车)"，"车道宽度"为"3.00"，并将"主东非"和"支北非出"用连接器连接，连接器中"样条曲线"后的"点数"设置为"10"，其他参数为默认值。

提示：非机动车出口车道长度无要求，与机动车出口车道类似，只要能表现出路段特征即可。

（2）为"主东非"添加直行出口车道。在交叉口西出口的机动车道右侧画一条非机动车出口车道，设置"名称"为"主西非出"，"行为类型"为"5：自行车道(随意超车)"，"车道宽度"为"3.50"。

提示：与北出口非机动车道"支北非出"相同，西出口非机动车道的起点应在人行横道西侧。

（3）添加非机动车过街车道"非连东西"。参考图5-14，其南、北位置与"主东非"和"主西非出"相同。在东、西方向上，起点与北出口机动车道东侧边缘延长线基本对齐(向东超出一点)，终点与北进口机动车道西侧边缘对齐，如图5-18所示，设置"名称"为"非连东西"，"行为类型"为"5：自行车道(随意超车)"，"车道宽度"为"3.50"。

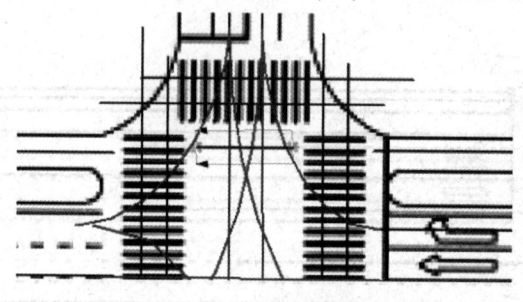

图5-18 非机动车过街车道设置

提示：为了使非机动车流有序地通过交叉口，在交叉口区域内设置非机动车过街车道。这样，非机动车在交叉口的通过方式更符合实际。

（4）为"主东非""非连东西"和"主西非出"之间添加连接器，共添加2个连接器。

（5）为"主东非"添加左转出口车道。在交叉口南出口的机动车道左侧画一条非机动车出口车道，设置"名称"为"支南非出"，"行为类型"为"5：自行车道(随意超车)"，"车道宽度"为"3.00"。

(6)添加东进口非机动车左转交叉口内连接"非连北南"路段，设置"名称"为"非连北南"，"行为类型"为"5：自行车道(随意超车)"，"车道宽度"为"3.00"。

(7)连接"非连东西"和"非连北南"，在连接时将连接器中"样条曲线"后的"点数"设置为"10"，其他参数为默认值，注意保证连接器终点在西出口机动车道边缘延长线北侧。同理，连接"非连北南"和"支南非出"，完成后的效果如图5-19所示。

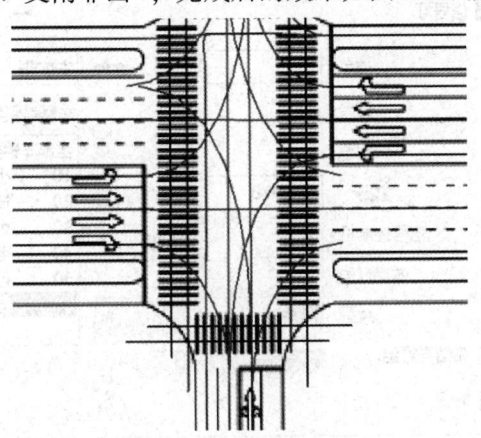

图 5-19　东进口左转连接

提示：如图5-16所示，由于将在"非连北南"起点处设置信号灯(该信号灯用于东进口非机动车二次过街)，所以其起点必须向北超出一点，以确保信号灯设置处为路段而非连接器(VISSIM中的交通信号只在路段上起作用)。

4. 为东进口非机动车道设置路径决策

参考表5-1中的数据，将主干路东进口非机动车道"主东非"上的交通流按比例分配到"主北非出""主西非出"和"支南非出"3条非机动车出口车道上，如图5-20所示。

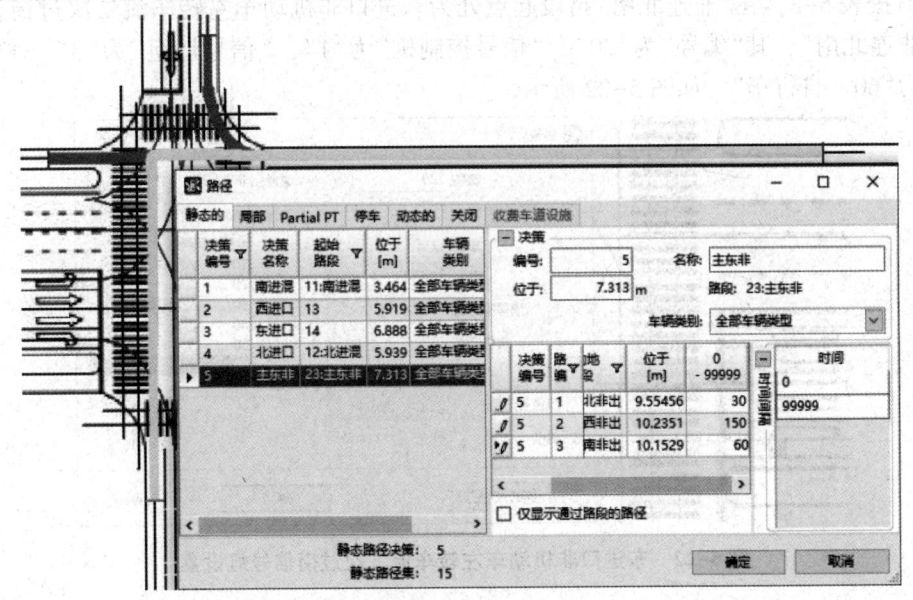

图 5-20　东进口非机动车路径决策示意

5. 为东进口非机动车流设置专用信号

（1）按表 5-3，在东进口非机动车道"主东非"上添加信号灯，信号灯位置在东进口非机动车道停车线上，其"编号"为"19"，"信号控制机"为"1"，"信号灯组"为"1"，"车辆类别集"为"60 自行车"，如图 5-21 所示。

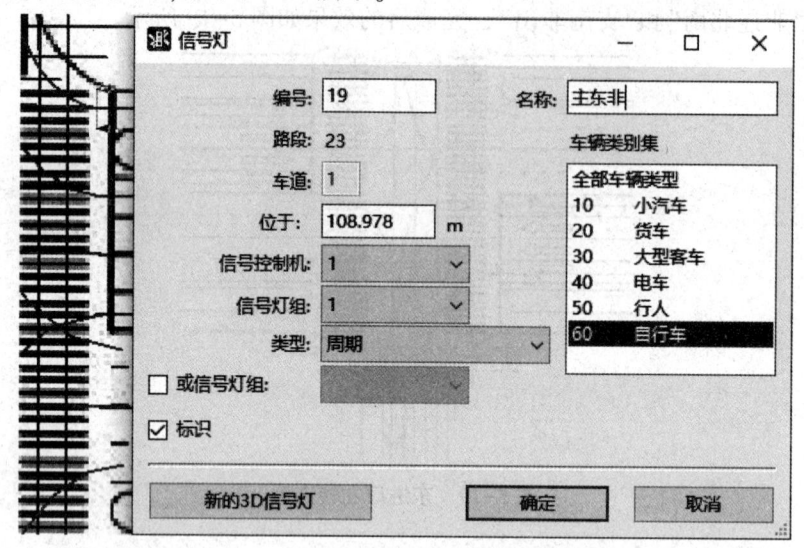

图 5-21　东进口非机动车道信号灯设置

> 提示 1：非机动车道上的信号灯设置方法和规则与机动车道相同，信号灯必须设置在路段上。
> 提示 2：信号灯位置在东进口非机动车道与北出口非机动车道连接器起点的下游，保证了右转非机动车不受信号灯控制。

（2）按表 5-3，在"非连北南"路段起点处为东进口非机动车左转车流二次过街设置信号灯"非连北南"，其"编号"为"20"，"信号控制机"为"1"，"信号灯组"为"3"，"车辆类别集"为"60 自行车"，如图 5-22 所示。

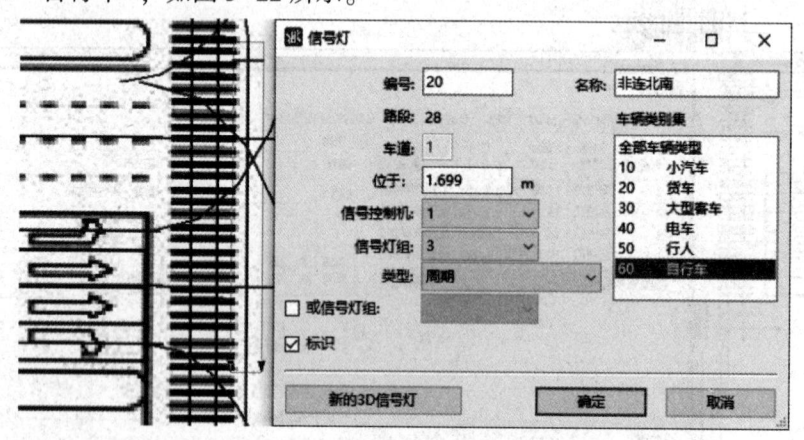

图 5-22　东进口非机动车左转车流二次过街信号灯设置

提示1：东进口左转非机动车在通过"非连东西"路段后，经左转连接器进入"非连北南"路段时需要等待南北向绿灯(即信号灯组3)启亮。

提示2：信号灯"非连北南"的位置应在左转连接器与"非连北南"路段交点的南侧(保证信号灯在路段上，对车流起作用)，同时应保证在西出口机动车道北侧边缘延长线的北侧(二次过街非机动车停车时不影响东、西方向机动车流通行)。

提示3：同理，在下面操作中应注意"非连西东""非连南北"和"非连东西"3个路段的起点也应略超过相应的机动车道边缘延长线，主要目的即为设置相应方向非机动车二次过街时的信号灯。

6. 为东进口非机动车流和与其冲突的交通流设置冲突区

(1)单击左侧工具栏中的"冲突区域集"按钮，切换到冲突区编辑状态，参照5.3.4小节中所述方法设置非机动车与机动车之间的冲突区的优先规则，为非机动车赋予优先通行权。其主要有东进口右转机动车与东进口直行非机动车之间的冲突、南进口左转机动车与南北向直行非机动车之间的冲突、北进口右转机动车与南北向直行非机动车之间的冲突，以及西进口左转机动车与东进口直行非机动车之间的冲突。

提示：由于每个人在编辑路网时路段间的位置并非完全相同，所以冲突区的位置和数量可能存在个别差异。例如，东进口右转机动车与东进口直行非机动车之间的冲突，可能体现在连接器"东右连"和非机动车直行连接器上，也可能体现在连接器"东右连"和连接路段"非连东西"上。

(2)运行仿真软件，查看仿真效果。

提示1：即使已经设置了冲突区，仿真时还是会出现非机动车和机动车的冲突，这是因为某一方向的红灯亮起时，还有部分在交叉口内的非机动车未完全通过交叉口，此时其仍具有通行权，将与新获得通行权的交通流发生冲突，解决这个问题需要根据交叉口的交通流量、尺寸等因素进一步优化交通组织，本章不再赘述。

提示2：西进口左转机动车与东进口直行非机动车时间上不在同一相位，但在实际仿真过程中冲突较严重，故在此使用冲突区。

▶▶▶ 5.4.3 交叉口其他方向非机动车仿真 ▶▶▶

交叉口其他方向非机动车的进、出口车道的设置与东进口的原理和方法相同，本小节参照东进口的操作方法设置其他进口。

1. 交叉口北进口方向非机动车仿真

(1)参照5.4.2小节中所述内容，为北进口添加非机动车道"支北非"，再在东出口添加非机动车出口车道"主东非出"(北进口非机动车左转车道)，以及非机动车连接路段"非连西东"。用连接器连接北进口非机动车右转、直行、左转3个流向的各路段。右转路段为"支北非"和"主西非出"，直行路段为"支北非""非连北南"和"支南非出"，左转路段为"支北非""非连北南""非连西东"和"主东非出"，原理图参考图5-14，部分路段已在5.4.2小节中连接，不要重复连接。

提示 1：主干路东进口非机动车的左转出口车道"支南非出"同时也是北进口非机动车道直行出口车道，同样东进口非机动车的直行出口车道"主西非出"同时也是北进口非机动车的右转出口车道，所以本步骤只在以前的基础上添加"主东非出"。

提示 2：北进口非机动车道的右转连接器与东进口非机动车道的右转连接器相同，稍远离停车线，保证右转非机动车流不受信号灯控制。

(2) 参照 5.4.2 小节中所述方法，根据表 5-1 中的数据为非机动车北进口车道添加交通流量，并设置路径决策。

(3) 为北进口非机动车流添加信号灯。

提示：非机动车二次过街信号灯设置在"非连西东"上，但是必须在机动车道左侧，否则会与北进口直行机动车产生冲突。

(4) 参照 5.4.2 小节中所述方法，为北进口非机动车流与机动车流设置冲突区，非机动车具有优先权。

(5) 运行仿真软件，查看仿真效果。

2. 完成交叉口西、南方向非机动车过街仿真

(1) 参照图 5-14，完成交叉口非机动车路段。添加"主西非""支南非"和"非连南北"3 个非机动车路段，并依据车流方向对其进行连接。

(2) 按照表 5-1 中的数据，参照 5.4.2 小节中所述方法，为西进口非机动车道"主西非"和南进口非机动车道"支南非"添加交通流量。

(3) 按照表 5-1 中的数据，参照 5.4.2 小节中所述方法，为"主西非"和"支南非"上的非机动车流设置路径决策。

(4) 为新添加的非机动车流设置信号灯，其原理和规则与前述的非机动车交叉口过街设置相同，具体数据如表 5-3 所示。

提示：本章中的非机动车信号和同向行驶的机动车信号完全相同，如有需要，可根据交叉口交通流量及其组织情况为非机动车和行人设置专用的非机动车和行人信号，优化信号配时。

(5) 全路口冲突区设置。参照 5.4.2 小节中所述方法，为所有信号灯无法分离的机动车和非机动车交通之间的冲突设置冲突区的优先规则，同样非机动车具有优先权。

提示：由于每个人操作仿真的细节可能不同，因此冲突点个数会有所增减。

(6) 运行仿真软件，查看仿真效果。

第6章 仿真评价

6.1 实验目标

掌握常用检测器的设置方法。掌握通过评价文件设置进行检测数据输出的方法。

6.2 知识要点

1. 数据检测器

使用数据检测器可以进行单点数据采集,数据检测点需要分车道设置。其生成的统计数据文件的扩展名为". mes"。

2. 行程时间检测器

行程时间检测器可检测行程时间和延误时间。

(1)行程时间:每一个区段由一个起点和一个终点构成。平均行程时间(包括停车或等待时间)是指车辆通过检测区段的起点至离开终点的时间间隔。其生成的统计数据文件的扩展名为". rsz"。

(2)车辆延误:实际行程时间与理想行程时间的差值。延误时间的测量由一个或几个行程时间的测量来定义,不需要单独定义。延误时间不包括公交站点乘客的上、下车时间,但包含公交车进、出站的加/减速损失时间。其生成的统计数据文件的扩展名为". vlz"。

3. 排队计数器

排队是从排队计数器的设置位置开始计数,直至排队状态下的最后一辆车。输出数据有:平均排队长度、最大排队长度、停车次数等。其生成的统计数据文件的扩展名为". stz"。

6.3 数据检测器的设置与评价

1. 定义数据检测点

单击左侧工具栏中的"数据检测点"按钮，激活数据检测点模式，单击选择需要设置数据检测点的路段，在目标位置处(通常在靠近出口处某一点)右击，设置数据检测点，在弹出的"数据采集点"对话框中输入编号、名称等信息，如图 6-1 所示，单击"确定"按钮，将出现一条蓝色线段，表明数据检测器设置完成。

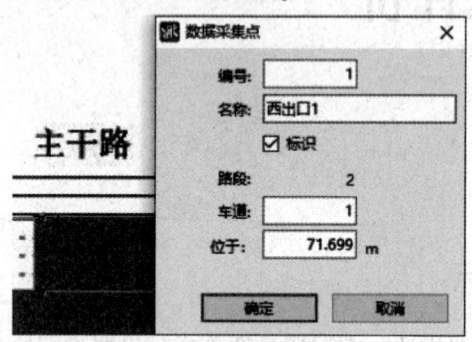

图 6-1 "数据采集点"对话框

2. 配置参数

(1) 数据检测器设置完成后，在菜单栏中选择"评价"→"文件"命令，弹出"评价(文件)"对话框，勾选"数据采集"复选框，单击"数据采集"后的"配置"按钮，弹出"数据采集"对话框，如图 6-2 所示。

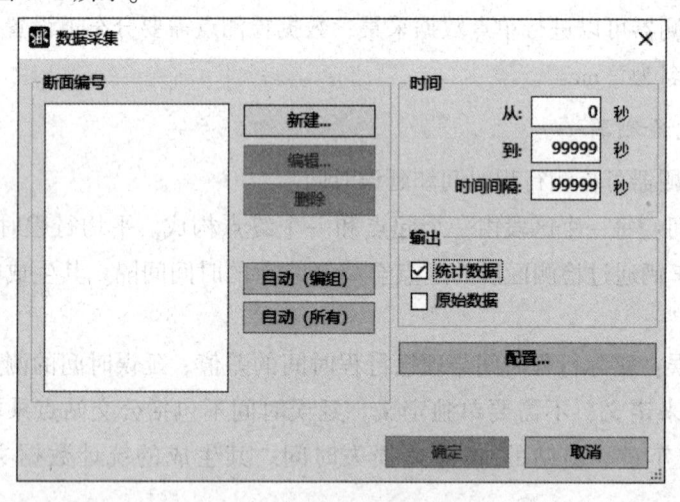

图 6-2 "数据采集"对话框

(2) 激活数据检测器。如图 6-2 所示，首先勾选"统计数据"复选框，单击"新建"按钮，弹出"检测"对话框，如图 6-3 所示，选中要激活的数据检测器，然后单击"确定"按钮，返回"数据采集"对话框，此时，"断面编号"列表框中将显示数据检测器"1(1)"，表明该检测器已被激活，如图 6-4 所示。单击"配置"按钮，弹出"数据检测-配置"对话框，如图 6-5 所示，通过单击选中"参数"列表框中的相关参数，将其添加到左侧"列布局"列表框中，完成输出数据的设置，单击"确定"按钮后逐级返回到路网界面。

> 提示 1：图 6-4 中，勾选"统计数据"复选框之前，"新建"按钮为非激活状态，因此，必须先勾选"统计数据"复选框，才能进行"新建"操作。
> 提示 2：在涉及多个数据检测器时，同一断面上的多个数据检测器可同时被激活。例如，若在西出口 4 条车道上分别布设一个数据检测器，则西出口的 4 个数据检测器可同时"添加"到同一"断面编号"列表框中，只需在操作图 6-3 时，按住〈Ctrl〉键选中多个要同时"添加"的数据检测器。
> 提示 3：图 6-4 中，可对已添加的数据检测器进行"编辑""删除"等操作。
> 提示 4：图 6-5 中，可对"列布局"列表框中的参数进行排序，也可设置被检测的"车辆类别"，本章中选择"全部车辆类型"。

图 6-3 "检测"对话框

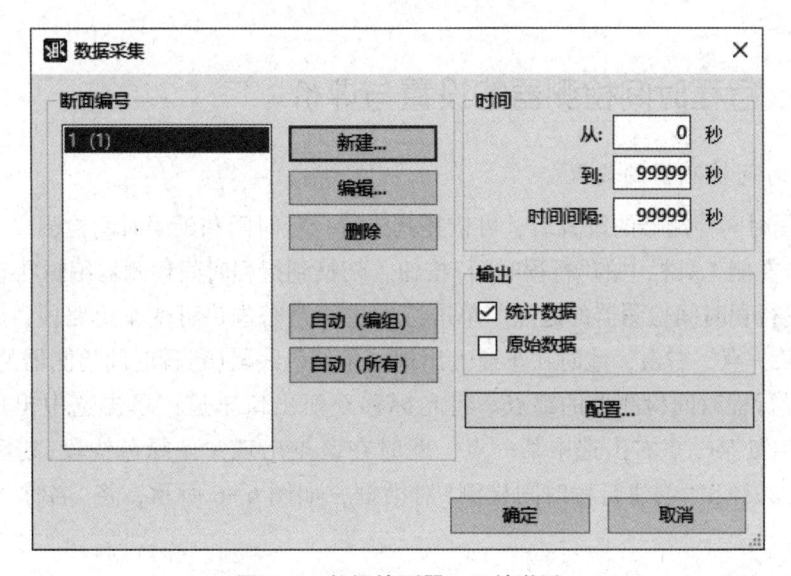

图 6-4 数据检测器 1 已被激活

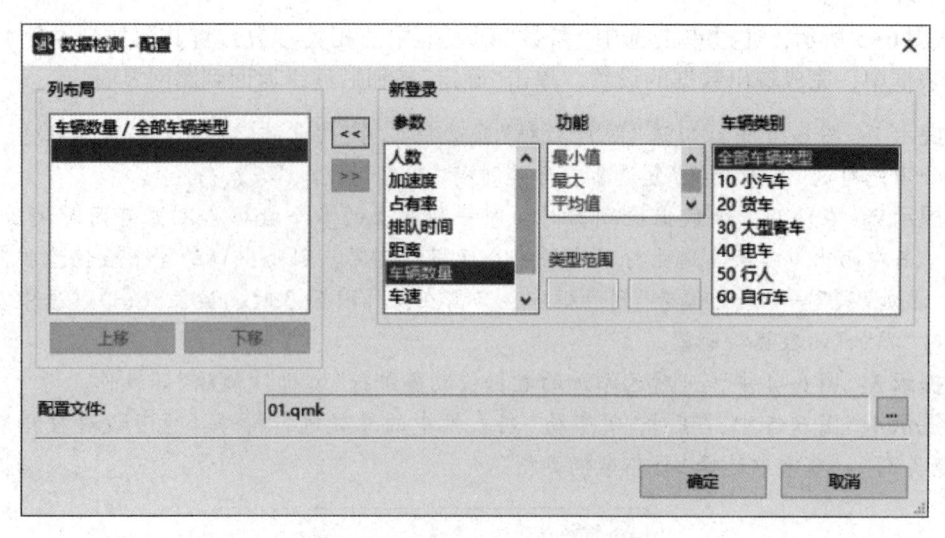

图 6-5 "数据检测-配置"对话框

(3)单击顶部工具栏中的"连续仿真"按钮。仿真结束后打开存放该工程文件的文件夹,用记事本方式打开扩展名为".mes"的统计数据文件。

> 提示:如果记事本文件打不开,或者打开后没有任何内容,则说明仿真未结束,可在菜单栏中选择"仿真"→"连续"命令,使仿真软件运行至结束,再打开记事本文件。

3. 在其他出口车道上设置数据检测器

参照以上步骤,分别在其他出口车道靠近出口处设置数据检测器并激活,同时通过运行得到评价数据文件。

6.4 行程时间检测器的设置与评价

1. 行程时间检测器的设置

完成行程时间检测器的设置后,可依托其进行行程时间和延误时间检测。

(1)单击左侧工具栏中的"行程时间"按钮,切换到行程时间检测器编辑状态。

(2)设置行程时间检测器的起点。单击选中主干路东进口可变车道路段,将光标移至靠近起点处某一点,右击,此时在车道上出现一条红色线段(行程时间检测器的起始点)。

(3)设置行程时间检测器的终点。将光标移至西出口车道,单击选中出口车道,然后在靠近出口处某一点右击选中某一点,此时在该点出现一条绿色线段(行程时间检测器的终点),并弹出"创建行程时间检测"对话框,如图 6-6 所示,将"名称"设置为"东进口直行"。

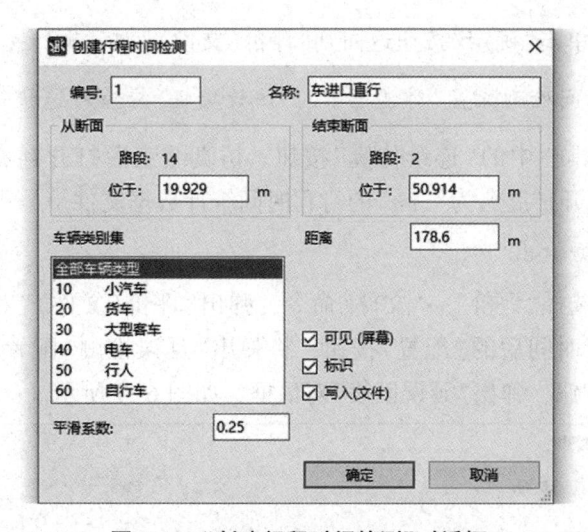

图 6-6 "创建行程时间检测"对话框

> 提示：如果未弹出"创建行程时间检测"对话框，则说明设置行程时间检测器的路段未连通，应检查该路段的连接器是否正常。

2. 行程时间数据输出

（1）在菜单栏中选择"评价"→"文件"命令，弹出"评价（文件）"对话框，勾选"行程时间"复选框，单击"行程时间"后的"配置"按钮，弹出"行程时间检测配置"对话框，如图 6-7 所示。

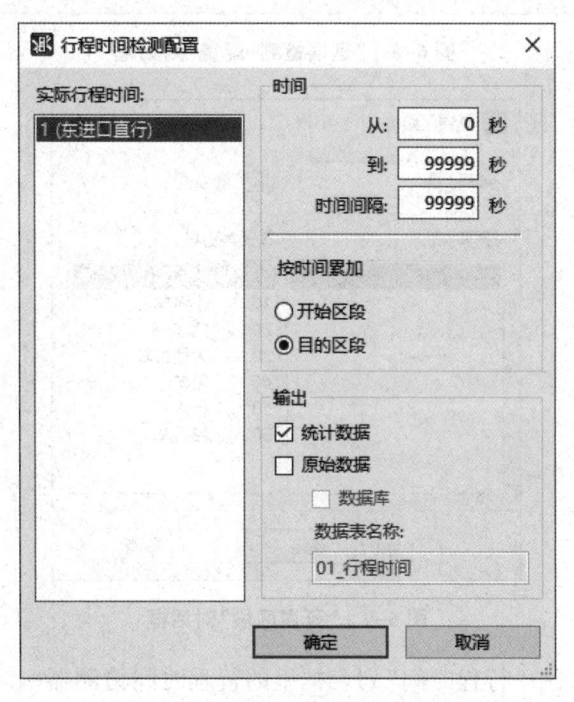

图 6-7 "行程时间检测配置"对话框

(2)在图6-7中单击"确定"按钮返回到"评价(文件)"对话框。

提示："行程时间检测配置"对话框中的"统计数据"应为勾选状态。

(3)单击顶部工具栏中的"连续仿真"按钮。仿真结束后打开存放该工程文件的文件夹，用记事本方式打开扩展名为".rsz"的行程时间统计数据文件。

3. 延误时间数据输出

(1)在菜单栏中选择"评价"→"文件"命令，弹出"评价(文件)"对话框，勾选"延误"复选框，单击"延误"时间后的"配置"按钮，将弹出"延误检测-配置"对话框，如图6-8所示。单击"新建"按钮，弹出"延误区段"对话框，如图6-9所示。

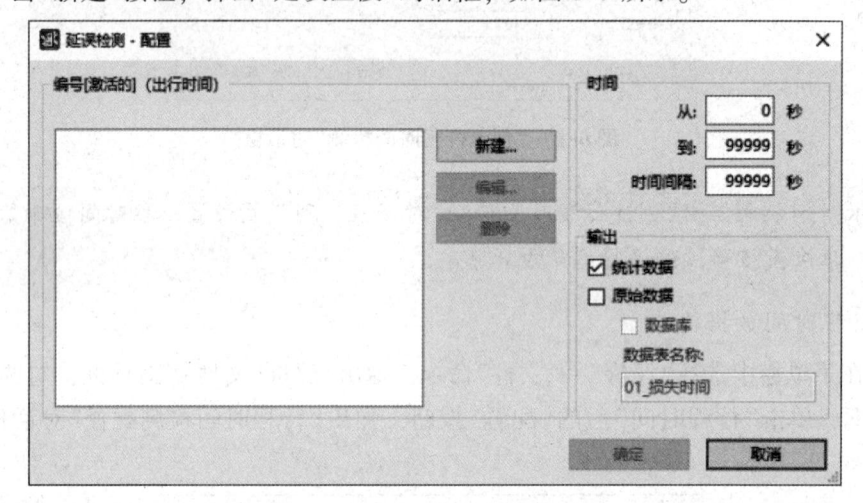

图6-8 "延误检测-配置"对话框

图6-9 "延误区段"对话框

(2)参照图6-9选中"行程时间"列表框里的行程时间检测器"1"，单击"确定"按钮，对延误检测器1指定了对应的行程时间检测器1。返回"延误检测-配置"对话框，如图6-10所示，单击"确定"按钮，延误检测器设置完成。

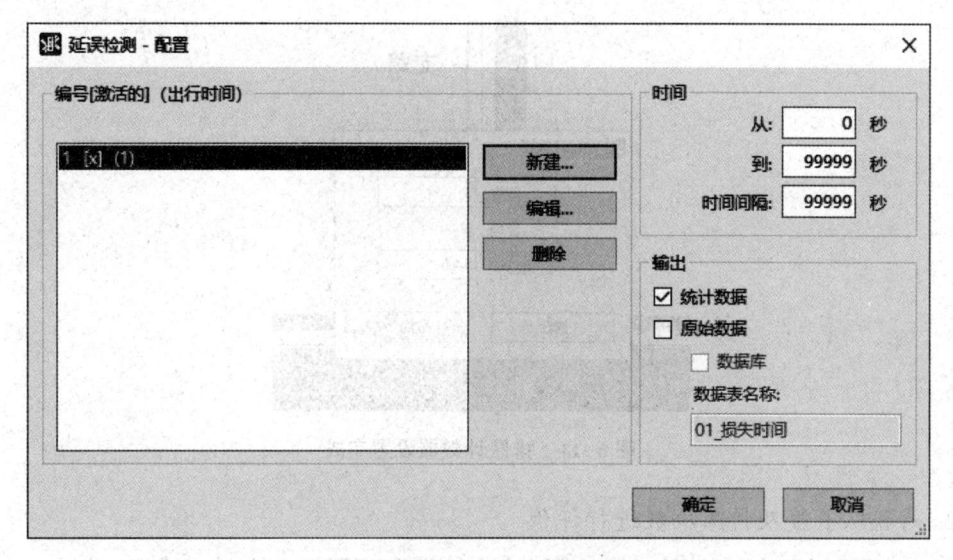

图 6-10 检测器 1 已被激活

提示 1：图 6-10 说明，延误检测器 1 对应行程时间检测器 1。

提示 2：一个延误检测器可同时对应多个行程时间检测器，当对应多个行程时间检测器时，其延误值为多个行程时间检测器上车辆延误的平均值。

(3) 单击顶部工具栏中的"连续仿真"按钮。仿真结束后打开存放该工程文件的文件夹，用记事本方式打开扩展名为".vlz"的延误统计数据文件。

提示："延误"为车辆总延误的平均值(单位：s)；"Stopd"为每辆车的平均停车时间(单位：s)，不包括在公交站点或停车场乘客的上、下车时间；"Stops"为每辆车的平均停车次数，不包括在公交站点或停车场的停车次数；"#Veh"为通过车辆数；"Pers"为每人的平均延误(单位：s)，不包括乘客在公交站点的停止时间；"#Pers"为通过的乘客数。

4. 在其他路段上设置行程时间检测器

参照以上步骤，分别在其他车道上设置行程时间检测器并激活，同时通过运行得到行程时间和延误的评价数据文件。

6.5 排队计数器的设置与评价

1. 设置排队计数器

(1) 单击左侧工具栏中的"排队计数器"按钮，切换到排队计数器编辑状态。

(2) 单击选中主干路东进口直行车道，在靠近停车线处右击，弹出"排队计数器"对话框，单击"确定"按钮即可，设置完成后在靠近停车线处出现一条蓝色线段，如图 6-11 所示。

图 6-11　排队计数器设置完成

2. 对排队长度及排队次数进行评价

(1)在菜单栏中选择"评价"→"文件"命令,弹出"评价(文件)"对话框,勾选"排队长度"复选框,单击"排队长度"后的"配置"按钮,弹出"排队计数器-设置"对话框,如图 6-12 所示,本章全部采用默认值,所以单击"确定"按钮完成设置。

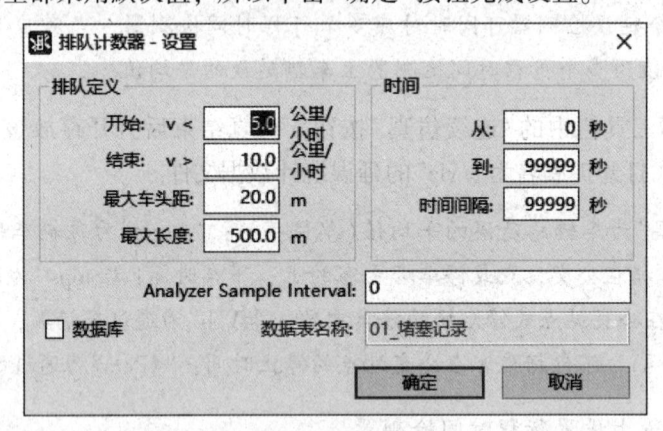

图 6-12　"排队计数器-设置"对话框

> **提示**：在"排队计数器-设置"对话框里可定义排队的开始速度、结束速度、最大车间距和最大长度。当车速小于排队定义的开始速度时,认为车辆在排队状态;当车速大于排队定义的结束速度时,认为车辆不在排队状态;当车间距大于排队定义的最大车间距时,认为车辆不在排队状态。

(2)单击顶部工具栏中的"连续仿真"按钮,仿真结束生成扩展名为".stz"的排队长度统计数据文件,用记事本方式打开,统计数据包括平均排队长度、最大排队长度及停车次数。

3. 设置其他路段上的排队计数器

参照以上步骤,在其他车道靠近停车线处设置排队计数器,并对排队长度及停车次数进行评价。

6.6 交叉口节点评价

节点是指路网中的分叉路径,即通常意义上的交叉口。对整个节点进行整体设置可简化仿真评价等操作,对于需要设置节点的交叉口,应先绘制多边形。本案例已在 5.3.4 小节中对节点进行了设置,无须再次设置。若尚未设置节点,则可参照 5.3.4 小节进行设置。

(1)在菜单栏中选择"评价"→"文件"命令,弹出"评价(文件)"对话框,勾选"节点"复选框,单击"节点"后的"配置"按钮,弹出"节点评价-配置"对话框,如图 6-13 所示,依次添加"节点""车流""车辆数量(全部车辆类型)""人均延误(全部车辆类型)""延误时间(全部车辆类型)"等参数。添加完毕后,单击"确定"按钮,返回"评价(文件)"对话框。

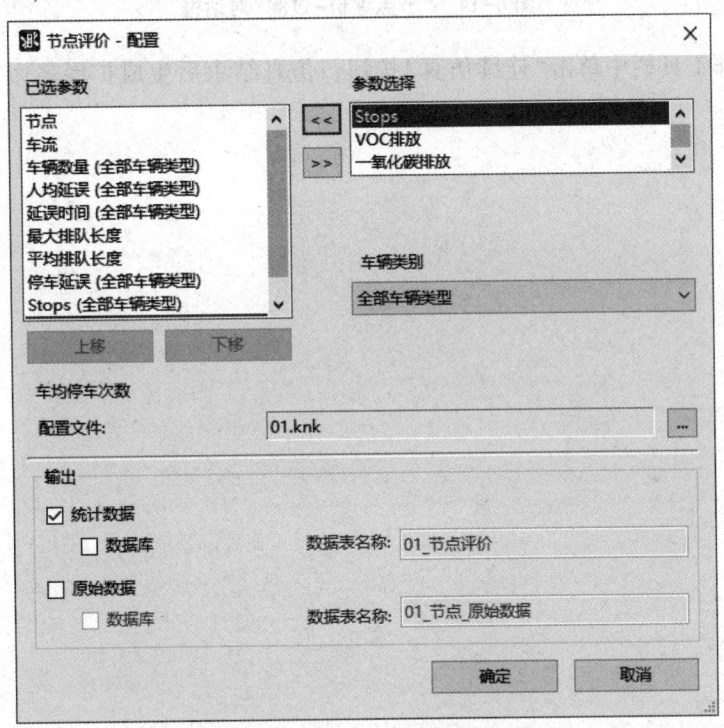

图 6-13 "节点评价-配置"对话框

> 提示:这里可以添加的参数还有很多,本节只选择有关延误和排队的部分参数。

(2)在"评价(文件)"对话框中,单击"节点"后的"过滤器"按钮,弹出"节点评价-过滤"对话框,如图 6-14 所示,可以对节点进行设置。这里采用默认设置,单击"确定"按钮即可。

> 提示:如果有多个节点需要评价,则需通过"添加"按钮激活需要评价的节点,这里只有"交叉口"一个节点。

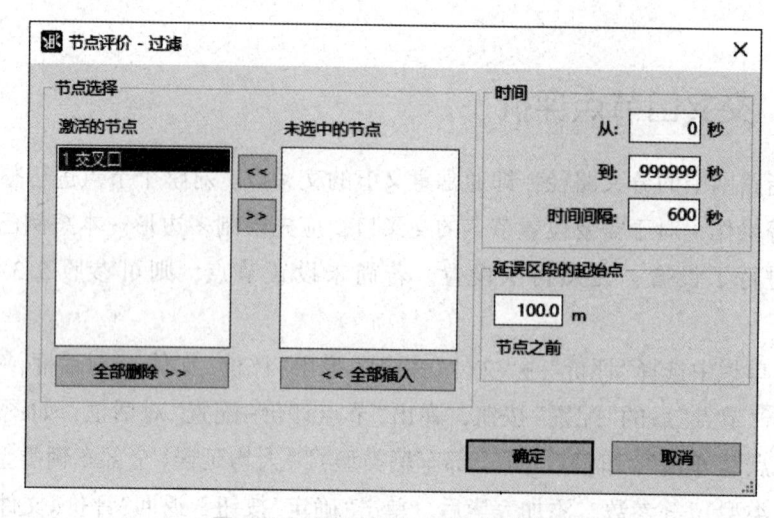

图 6-14 "节点评价–过滤"对话框

（3）在顶部工具栏中单击"连续仿真"按钮，仿真结束后生成扩展名为".kna"的节点统计数据文件。

第7章 环形交叉口仿真

7.1 实验目标

掌握环形交叉口路网的搭建方法，以及路径、车速控制、让行规则的设置方法。

7.2 数据资料

环形交叉口是自行调节交叉口，其在中央设置环岛，使进入交叉口的所有车辆都沿着同一方向绕岛行驶。车辆在行驶过程中进行合流、交织、分流，避免了车辆交叉行驶形成的冲突。环形交叉口适用于交通流量适中的平面交叉口，当交通流量小于3 000辆每小时(v/h)时效果较好。环形交叉口搭建过程中需要注意环岛基本路段的搭建方法及让行规则的设置。

本章以一常规环形交叉口为例，进行仿真操作介绍，该环形交叉口4个方向的进、出口车道均为单向2车道，各方向的交通流量如表7-1所示。

表7-1 环形交叉口各方向的交通流量 单位：v/h

出口方向	进口方向				
	东	南	西	北	合计
东	—	200	1 100	200	1 500
南	240	—	150	1 080	1 470
西	1 100	100	—	112	1 312
北	121	853	122	—	1 096
合计	1 461	1 153	1 372	1 392	5 378

7.3　背景的导入及设置

背景的导入及设置步骤如下。
(1) 建立文件名为"环形交叉口"文件夹。
(2) 将需要的背景图文件"环形交叉口"复制到新建的"环形交叉口"文件夹内。
(3) 打开 VISSIM 软件，在菜单栏中选择"查看"→"背景"→"编辑"命令，弹出"背景选择"对话框，单击"读取"按钮，选择背景图文件，单击"关闭"按钮，将背景图导入软件。在左侧工具栏中单击"显示整个路网"按钮，将背景图满布于视图区。
(4) 调整比例。参照 4.3 节中的相关操作，根据车道宽度完成背景图的比例设置。
(5) 保存工程文件和背景图配置文件。

7.4　路网的构建

单击左侧工具栏中的"路段 & 连接器"按钮，切换到路段编辑状态。

1. 创建进、出口车道

创建南进口车道，方向为自南向北，设置"名称"为"南进口"，"车道数"为"2"，勾选"生成相反方向"复选框，输入"车道数"为"2"，更改出口车道名称为"南出口"，则生成南进、出口车道。同理，创建其他进、出口车道，车道数均为2，如图 7-1 所示。

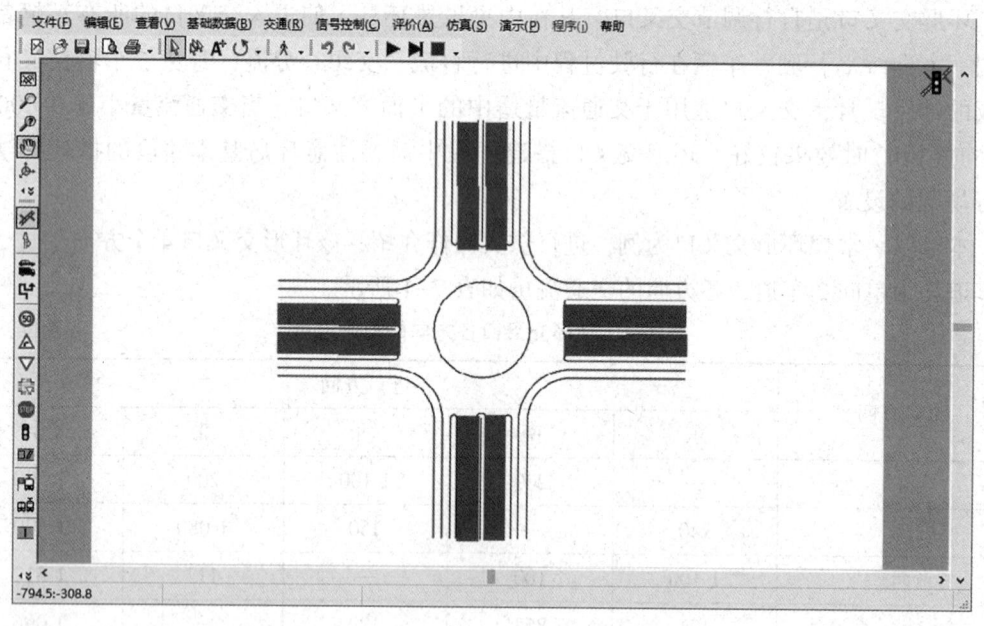

图 7-1　创建 4 个方向的进、出口车道

2. 创建环岛基本路段

如图 7-2 所示，沿南、北道路方向创建车道数为 3 的直线路段。

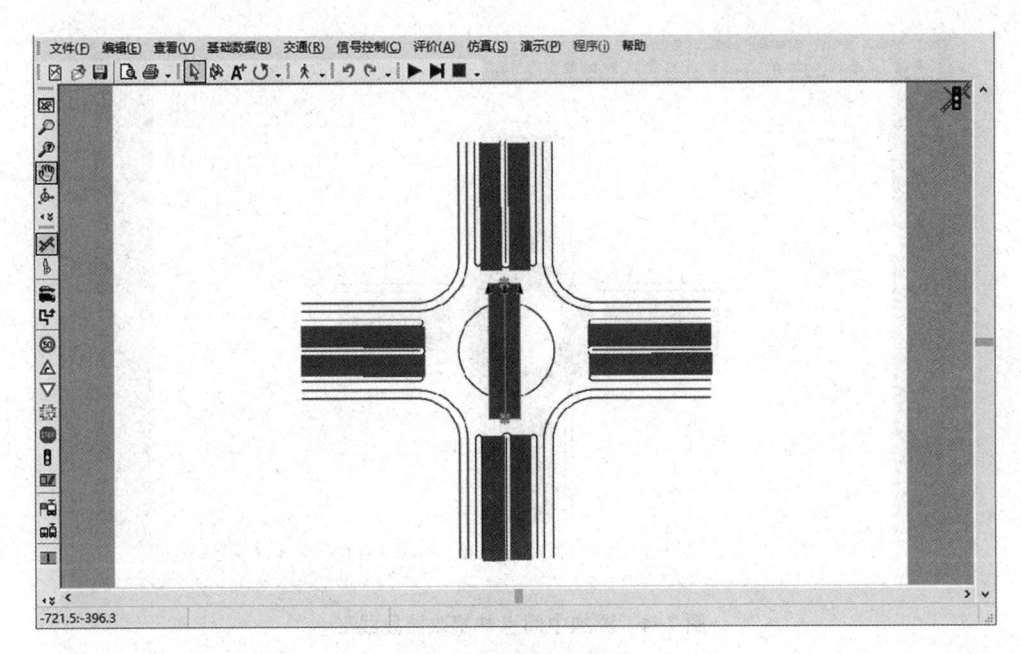

图 7-2　创建直线路段

在直线路段上右击添加 3 个中间点，分别拖至环路东、西、北 3 个方向点，然后拖动路段终点回到起点位置附近，如图 7-3 所示。

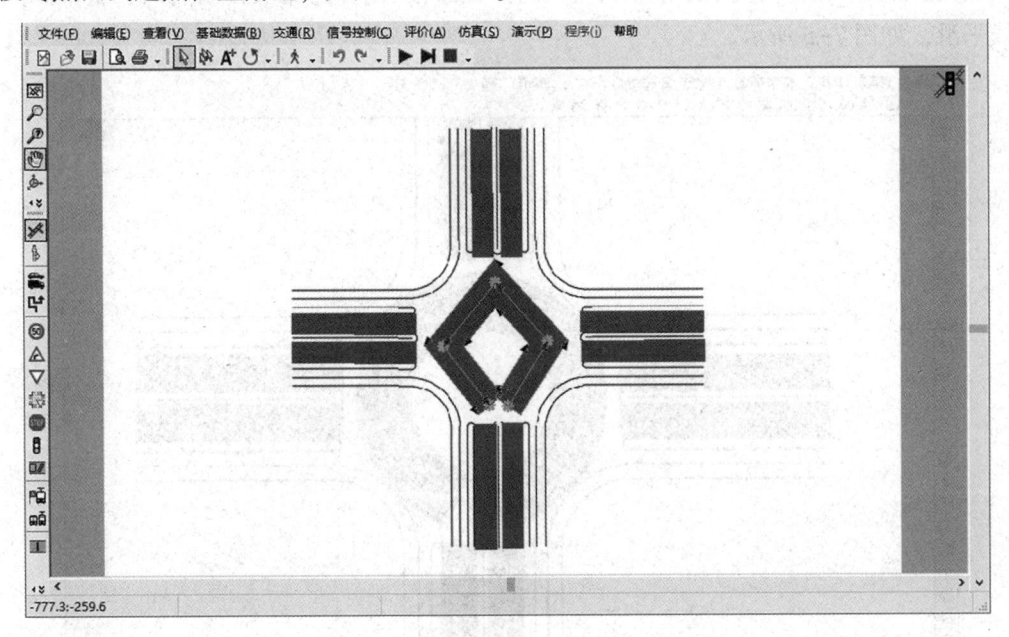

图 7-3　添加中间点并拖动至环岛上

在各中间点之间再添加 2 个中间点，间距尽量均匀，拖动至环路中线上，如图 7-4 所示。

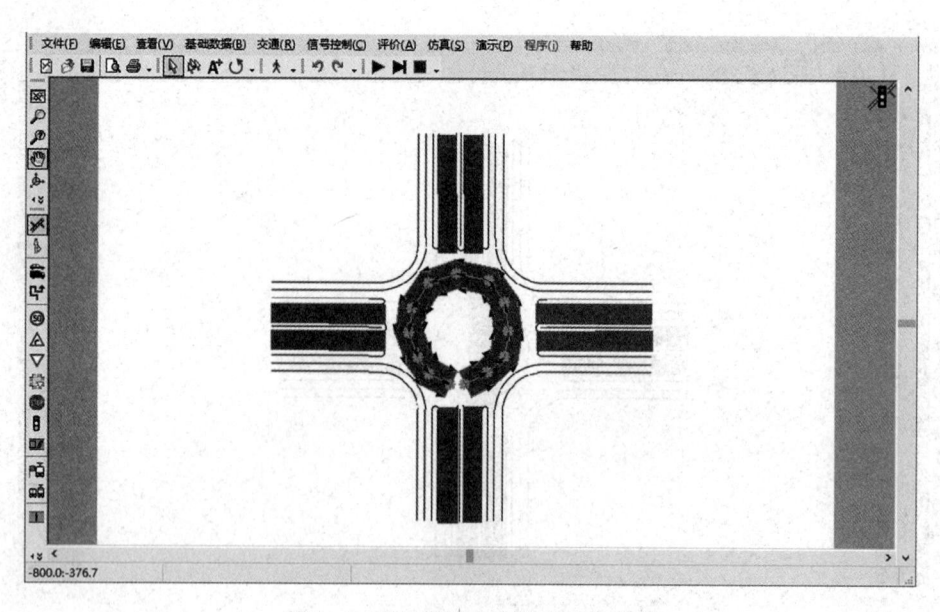

图 7-4 添加中间点并修改路段线形

按住〈Alt〉键,在终点与临近第一个中间点间按住鼠标左键,逆向拖动至起点与临近第一个中间点连线位置,放开鼠标左键,弹出"转换区段为划分点"窗口,勾选"保持当前中间点"复选框,在"中间点数量"文本框中输入"10",则环路路段自动插入大量中间点使曲线平滑,如图 7-5 所示。

图 7-5 曲线平滑设置

3. 连接进、出口路段与环岛基本路段

按住鼠标右键从环路路段终点拖动光标至起点,建立环路基本路段连接器,在弹出的

"连接器"窗口中,设置起、终路段连接车道均为"车道 1~3","点数"为"10",如图 7-6 所示。

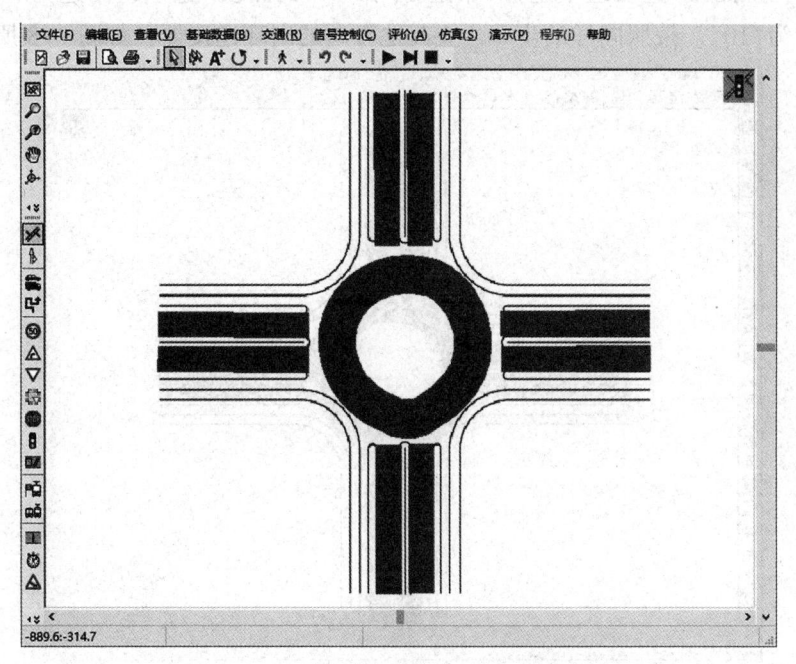

图 7-6　连接环路路段起、终点形成闭环

以南进口车道为起点、环路基本路段图示位置为终点建立进环连接器,在弹出的"连接器"窗口的"从路段"选项组中选择"车道 1、2",在"到路段"选项组中选择"车道 1、2",设置"点数"为"10"。按照同样的步骤建立其他方向的进环连接器,如图 7-7 所示。

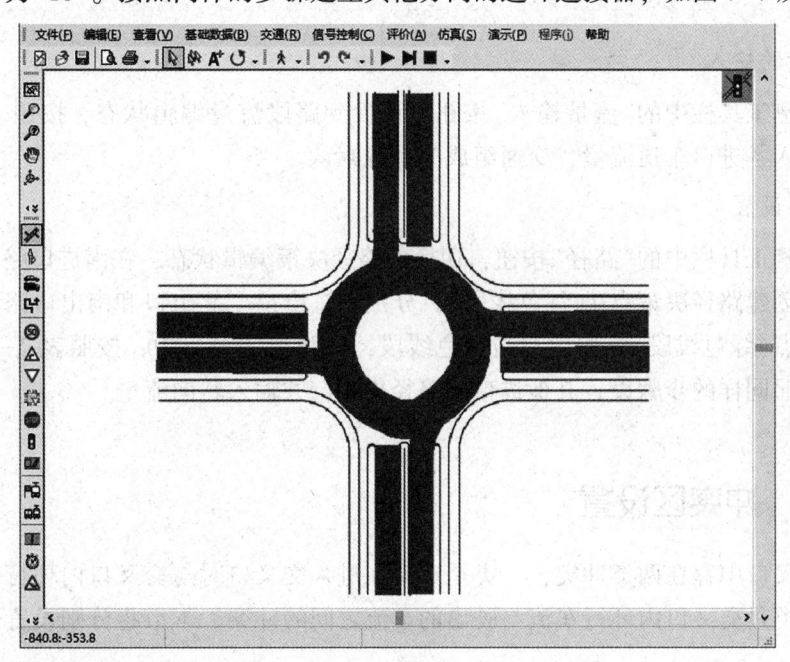

图 7-7　进口车道与环路连接器设置

以环路基本路段图示位置为起点、南出口车道为终点建立出环连接器，在弹出的"连接器"窗口的"从路段"选项组中选择"车道1、2"，"到路段"选项组中选择"车道1、2"，设置"点数"为"10"。按照同样的步骤建立其他方向的出环连接器，如图7-8所示。

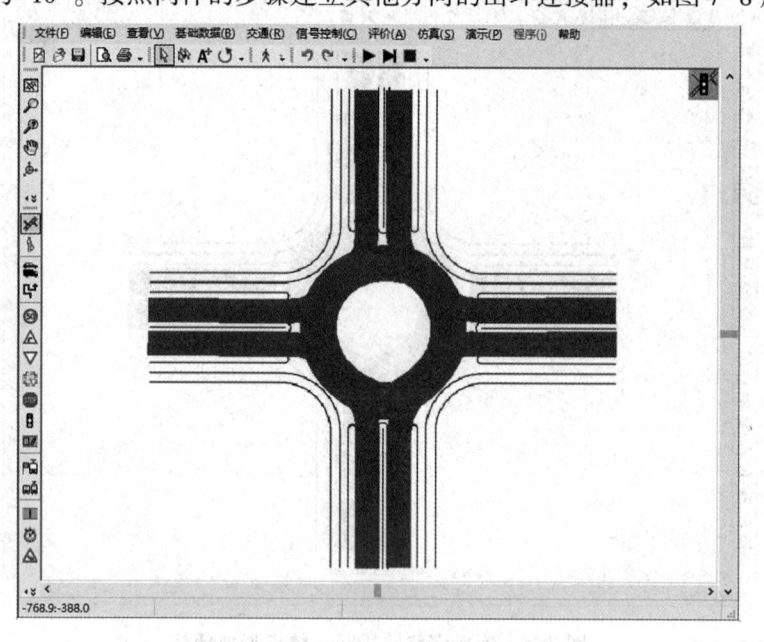

图7-8　出口车道与环路连接器设置

7.5　流量的加载与运行

1. 流量的输入

单击左侧工具栏中的"流量输入"按钮，切换到路段流量编辑状态，按照表7-1最后一行数据输入各进口车道流量，交通组成为系统默认。

2. 路径设置

单击左侧工具栏中的"路径"按钮，切换到路径决策编辑状态，在南进口路段上游靠近流量输入点创建路径决策点1(红色线段)，分别在东出口、北出口和南出口路段创建路径决策目的地点(绿色线段)，然后双击绿色线段，在弹出的窗口中，按照表7-1输入各转向流量，按照同样的步骤设置其他进口的路径决策，并输入转向流量。

7.6　冲突区设置

环形交叉口中存在两类冲突，一类是车流在进入交叉口时与交叉口内环行车流之间的冲突；另一类是交叉口内环行车流与驶出的车流之间的冲突。本节将分别设置这两类冲突的冲突区。

(1)分别设置4个进口车道上的车流与交叉口内环行车流之间的冲突区，其中环行车流具有优先权，如图 7-9 所示。

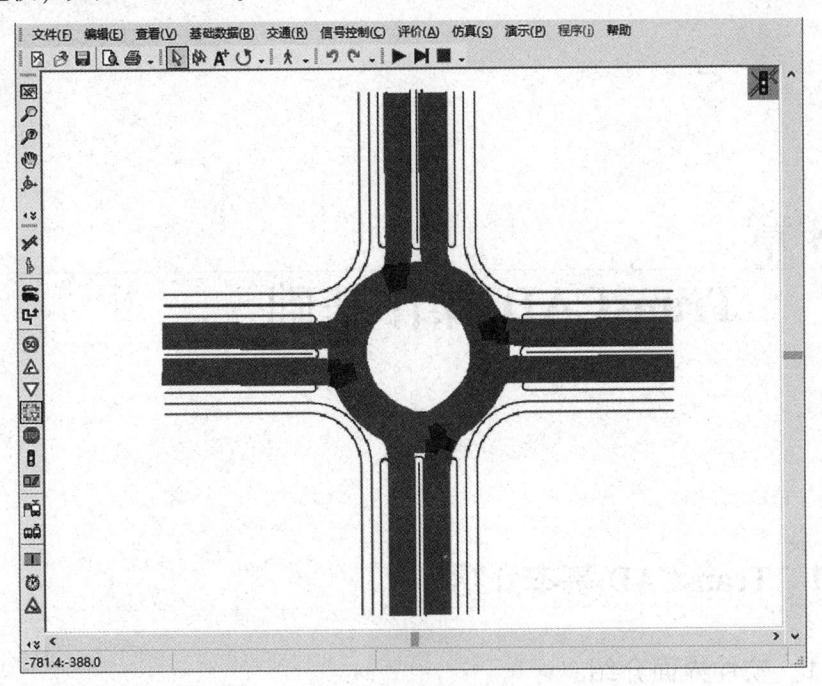

图 7-9　设置进口车道车流与交叉口内环行车流之间的冲突区

（2）分别设置 4 个出口车道上的车流与交叉口内环行车流之间的冲突区，其中出口车道车流具有优先权，如图 7-10 所示。

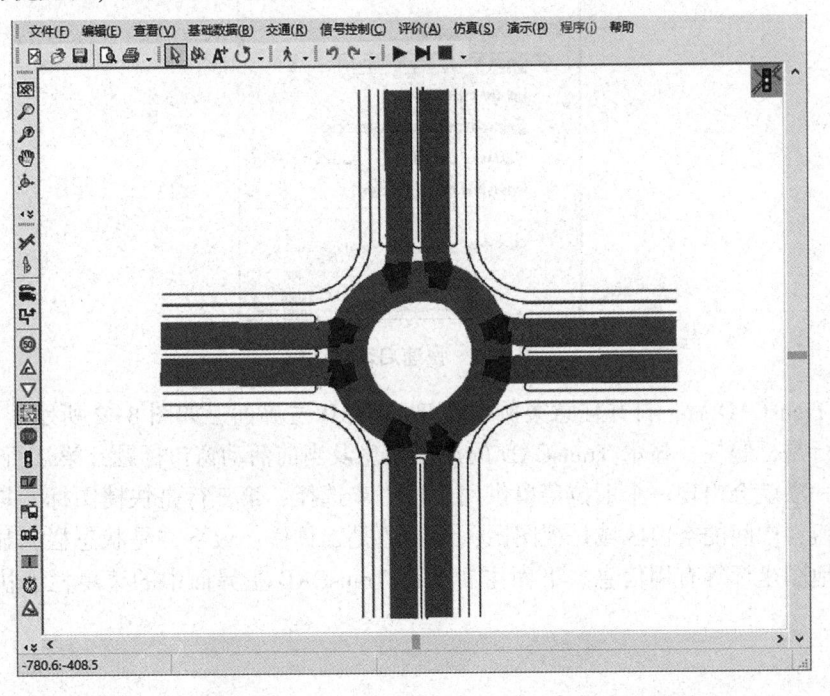

图 7-10　设置出口车道车流与交叉口内环行车流之间的冲突区

第 8 章 TransCAD 操作基础

8.1 TransCAD 基本介绍

8.1.1 软件界面介绍

启动 TransCAD 后,弹出图 8-1 所示的快速启动对话框,通过该对话框,可以进行打开地图、新建地图或打开工作空间等操作。

图 8-1 快速启动对话框

启动 TransCAD 后,打开任意案例出现 TransCAD 主界面,如图 8-2 所示。该界面中,上方第一行是标题栏,显示 TransCAD 的注册信息及当前活动窗口标题;第二行是菜单栏,单击任意一项就会出现一个下拉菜单供用户进一步选择;第三行是快捷图标,提供了常用操作的按钮;中间的空白区域是视图区;最右边是工具栏;最下方是状态栏,显示当前操作状态或地图坐标等有用信息。下面主要介绍 TransCAD 主界面中的菜单栏、快捷图标及工具栏。

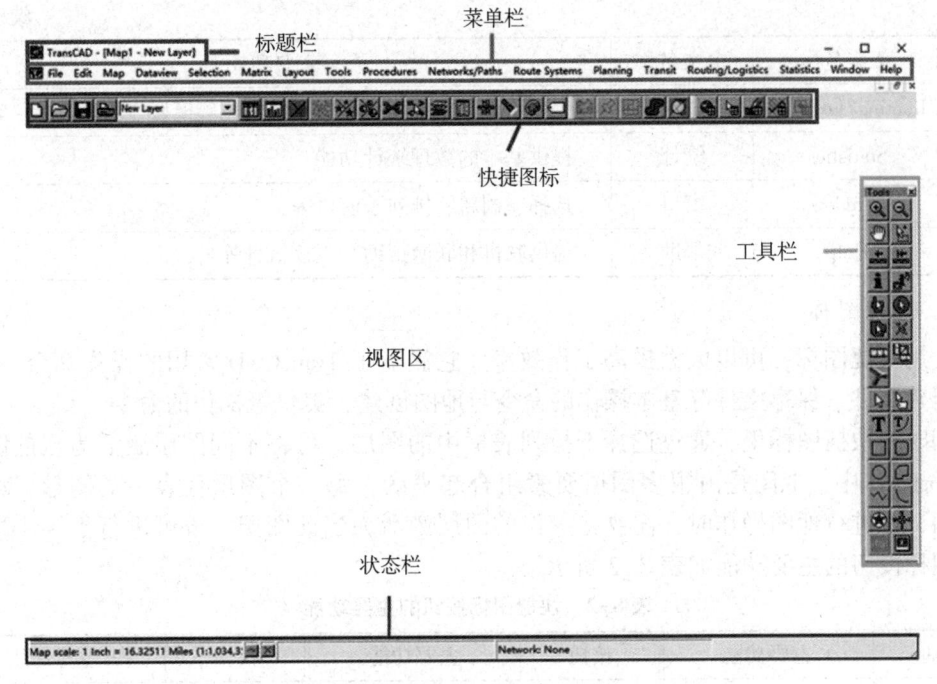

图 8-2 TransCAD 主界面

1. 菜单栏

TransCAD 的菜单栏共有 17 项，如表 8-1 所示。首次启动 TransCAD 时，选择 "Proce-dures"→"Show All" 命令，即可显示所有的菜单。每个菜单下都包含若干子菜单项，本章对这些子菜单项的功能不展开介绍，如果在后续练习中使用到，则将在相应的部分介绍。

表 8-1 菜单栏的主要功能

序号	英文名称	中文名称	主要功能
1	File	文件	新建、打开、保存、关闭、打印文件等
2	Edit	编辑	对数据表进行编辑，如填充、查找、删除、排序等
3	Map	地图	进行与制图有关的操作，如设置图层属性、制作专题地图等
4	Dataview	数据视图	对数据表进行操作，包括修改表结构、关联数据表等
5	Selection	选择集	从地图或数据表中，按多种条件筛选记录
6	Matrix	矩阵	进行与矩阵有关的操作，如编辑索引、导入数据等
7	Layout	布局	进行与页面布局有关的操作
8	Tools	工具	工具库，提供地图编辑、地理分析等有用的工具
9	Procedures	程序	显示/隐藏可选菜单项
10	Networks/Paths	网络/路径	新建或设置交通网络，提供各种路径搜索算法
11	Route Systems	路线系	包含与路线系有关的功能，主要用于公交网络编辑
12	Planning	规划	包含需求预测"四阶段法"的各种模型与算法
13	Transit	公交	进行与公交网络客流分析有关的操作

续表

序号	英文名称	中文名称	主要功能
14	Routing/Logistics	路线/物流	提供物流设施规划、配送路线优化等模型与算法
15	Statistics	统计	提供基本的数理统计功能
16	Window	窗口	选择、刷新、排列子窗口等
17	Help	帮助	提供联机和联网帮助、版权信息等

2. 快捷图标

使用快捷图标，可以大大提高工作效率，它涵盖了 TransCAD 常用的操作命令，主要包括新建文件、保存文件等基本操作的命令与地图创建、美化等操作的命令。

同时在快捷图标里，通过选择下拉列表框中的图层，可将不同图层激活为当前图层。在 TransCAD 中，地图是由很多图层要素组合起来的，每一个图层代表一类图形，如点、线、面，在进行地图操作时，需要将操作的图层激活为当前图层，方可进行下一步操作。快捷图标按钮的主要功能如表 8-2 所示。

表 8-2 快捷图标按钮的主要功能

按钮	主要功能	按钮	主要功能	按钮	主要功能
	新建文件		打开文件		创建图表
	打印文件		打开数据表		建立规模主题
	建立颜色主题		点密度专题		公式计算
	建立图表主题		数据表链接		设置比例尺
	打开层管理		显示图例		显示标签
	地图查找		设置地图样式		按值合并
	按地址定位		按值定位		显示工具栏
	创建影响带		地图叠加		路线工具箱
	显示选择框		计算最短路径		
	注册图像工具箱		保存文件		

3. 工具栏

启动 TransCAD 后，在主界面的右边显示工具栏，工具栏按钮的主要功能如表 8-3 所示。

表 8-3　工具栏按钮的主要功能

按钮	主要功能	按钮	主要功能	按钮	主要功能
	放大		缩小		移动视图
	多项选择		前一个比例尺		初始比例尺
	显示图层属性		属性链接		单一选择
	按圆选择		按形状选择		清除选择
	测距		测大小		绘制交叉口图表
	选择		手绘标签		添加文字
	曲线文本		绘制矩形		绘制圆角矩形
	绘制圆		绘制多边形		绘制直线
	绘制曲线		添加符号		添加指北针
	添加地图/数据视图		添加位图		

8.1.2　设置 TransCAD 的工作环境

在具体使用 TransCAD 之前，最好对 TransCAD 的工作环境进行设置，以适应我们的工作习惯。在 TransCAD 主界面中，选择"Edit"→"Preferences"命令，弹出图 8-3 所示的对话框。

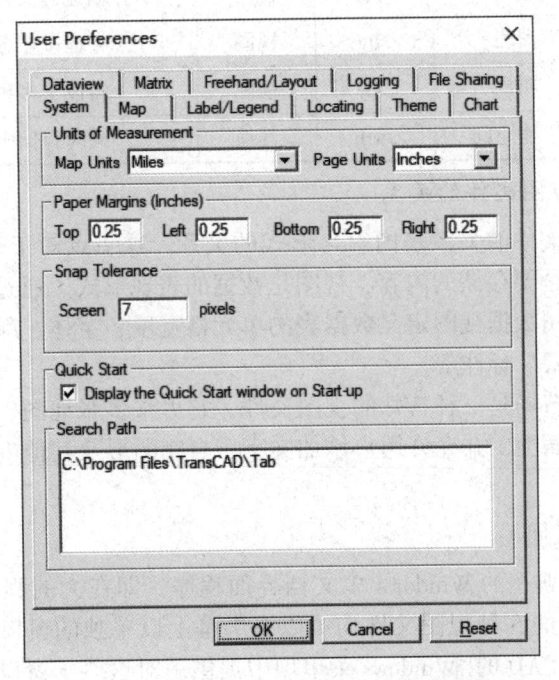

图 8-3　TransCAD 工作环境设置对话框

该对话框中包含11个选项卡。在"System"选项卡中，可以把"Map Units"设置为"Meters"或"Kilometers"，以便和国内常用的地图单位保持一致。关于其他选项卡中的设置，此处不再展开介绍，读者可以根据需要自行设置，如果要恢复到系统初始状态，则单击对话框右下方的"Reset"按钮即可。

8.1.3 TransCAD 文件介绍

TransCAD 可以建立的基本文件类型共有10种，能够读取的文件类型有近百种。要熟练掌握 TransCAD，首先需要认识这些文件，并理解它们之间的相互关系。

1. TransCAD 的基本文件类型

TransCAD 的基本文件整体上可以分为数据与视图两大类，它们的说明如表8-4所示。在数据文件中，数据表和地理文件是可以直接创建的。矩阵要基于数据表创建，路线系要基于线类型地理文件创建。而视图文件需要在相应数据文件的基础上创建。

表8-4 TransCAD 的基本文件类型及说明

文件	中文名	扩展名	类型	说明
Table	数据表	.bin	数据	存储一般形式的表格数据
Matrix	矩阵	.mtx	数据	存储矩阵形式的表格数据
Geographic File	地理文件	.dbd	数据	存储点、线、面形式的空间数据
Route System	路线系	.rts	数据	存储公交线路和站点数据
Data View	数据视图	.dvw	视图	存储普通数据表的外观
Matrix View	矩阵视图	.mvw	视图	存储矩阵数据表的外观
Map	地图	.map	视图	存储地理文件、路线系等的外观
Chart/Figure	图表	.fig	视图	存储基于数据表的统计图表
Layout	布局	.lay	视图	将以上多种视图集合在一起
Work Space	工作空间	.wrk	其他	同时存储多个窗口以便管理

2. 数据文件与视图文件的关系

数据文件与视图文件的关系是内容与形式的关系，这一点对于理解 TransCAD 的文件系统非常重要。数据是要存储的内容，视图是数据的表现形式。通过视图，可以设置数据的具体表现形式，如用数据视图定义数据表的单元格宽度、字体、颜色等，用地图组织地理文件并定义图层样式、标注等。

在以上文件中，布局是一种特殊的视图文件，它可将多张地图、数据视图、矩阵视图和图表集合在一个页面上，并允许用户添加文字、自制图形及其他内容。用户能够用布局制作挂图或报告。

3. 窗口与工作空间

TransCAD 程序是典型的 Windows 多文档界面程序，即在大的程序主窗口下包含若干个子窗口。TransCAD 的5种视图文件均可以在屏幕上以单独的窗口显示，子窗口的总数量没有限制。在 TransCAD 的"Window"菜单项中提供了对这些子窗口排序、刷新和前端显示的功能。

工作空间用于组织多个不同类型的文件。在使用 TransCAD 的过程中,用户经常会在屏幕上同时打开几个不同类型的窗口,此时可以用工作空间一次性保存所有打开的窗口。以后当用户打开这个文件时,TransCAD 会重新恢复所有的窗口。这一功能非常便于在进行交通规划时组织大量不同类型的数据,读者应该培养使用工作空间的习惯。

4. TransCAD 中的其他文件类型

除了上述基本文件,TransCAD 还能够导入许多其他软件的数据文件,从而扩展了 TransCAD 的适用范围。这些文件整体上可以分为三大类,如表 8-5 所示。

表 8-5 TransCAD 能够导入的主要文件类型

中文名	文件类型	扩展名
表格与数据库类	Excel 表格文件	.xls
	DBase 数据表	.dbf
	文本及固定格式文本文件	.txt/.csv/.asc
	ODBC 表及查询	需登录数据源
	Oracle 数据库及空间数据库	需登录数据源
图与地理文件类	栅格图像	.jpg/.tif/.sid/.ecw 等
	CAD 图形文件	.dxf/.dgn 等
	ESRI 地理文件	.shp/.e00/.lin 等
	MapInfo 地理文件	.tab/.mif 等
	美国多种地理文件标准格式	—
交通规划软件类	EMME/2 文件	.in
	MINUTP 文件	.dat
	TP+文件	.tpp
	TRANPLAN 文件	.trp
	TMODEL 文件	.ttb

在导入外部文件时要注意以下几点。

(1)各类文件的版本时间应早于 TransCAD 当前版本的时间。例如,如果使用 TransCAD 4.7 版本(2004 年发布),那么就不要试图打开在这之后发布的其他软件文件格式,如 DXF 2006。一般的软件都提供了向下兼容的文件存储模式,如可将 AutoCAD 的文件另存为 DXF 2000 格式,再用 TransCAD 打开。

(2)导入数据表时出错,很多时候是因为数据表内有中文字符,或者有合并单元格等复杂格式,应当在原软件中修改后再导入 TransCAD。

(3)导入图与地理文件时,坐标系的选择与换算很关键,处理不当会引起地图变形或失真。具体的处理方法因软件而异,可以查阅 TransCAD 及被导入软件的使用手册。

8.2 图层操作

8.2.1 基本概念

1. 图层的基本要素

在 TransCAD 中，地图是由很多图层要素组成的集合。而图层是由一系列点、线、面组成的集合。针对每一个图层可以单独进行操作而不影响其他图层，常用的图层包括点层、线层、面层。点层由一系列点组成，如交通网络中的一个交叉口，在地图中把它视为一个节点，并且通过一系列节点将不同段的线层连为一体；线层主要是指城市道路、公交线路、轨道线路等；面层是指交通划分的小区，为闭合的形状。在地图操作中，用户可以很方便地对图层进行添加、删除、隐藏等操作。在快捷图标按钮的下拉列表框中，显示了当前所有的可视图层，如图8-4所示。

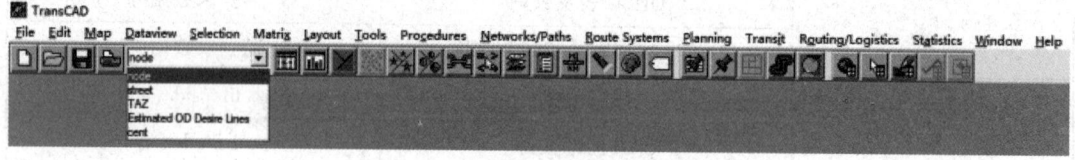

图8-4 TransCAD 中的可视图层

2. 当前图层

TransCAD 中的工作图层即为当前图层，当需要设置某一图层的样式、颜色、图形专题、标签等时，需要将该图层激活为当前图层后方可操作；同时，在进行不同的操作时选择的当前图层不同。例如，在进行小区的质心导出时，需要将小区层激活为当前图层；而在进行交通流分配时，需要将路网层激活为当前图层。单击选择下拉列表框中的图层可激活某一图层。本书中关于地图的操作都是建立在各个图层上的，所以在进行图层操作之前需要激活图层。

8.2.2 图层的基本操作

图层的基本操作包括添加图层、删除图层、改变图层的显示顺序、隐藏图层及显示图层等，选择"Map"→"Layers"命令，弹出图8-5所示的"Layers"对话框。

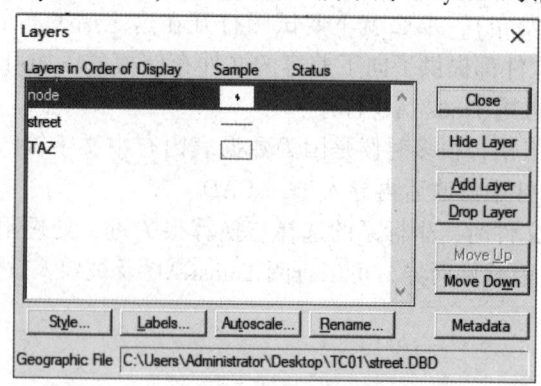

图8-5 "Layers"对话框

关于图层的详细操作如下。

1. 添加图层

(1)单击"Add Layer"按钮,弹出"File Open"对话框。

(2)选择地理文件(.cdf,.dbd)作为文件类型。

(3)单击"Open"按钮,地理文件中的图层被添加到图层列表中。

> 提示:图层被添加后,图层列表将更新,即图层列表中包括了新增的图层。如果新增图层的要素不处于地图的可视区,则用户需要改变比例尺或位置,以便看到所有的图层要素。

2. 删除图层

(1)在图层列表中单击要删除的图层。

(2)单击"Drop Layer"按钮,提醒确认删除该图层,单击"Yes"按钮,图层从图层列表中删除。

3. 改变图层的显示顺序

(1)在图层列表中单击要移动的图层。

(2)单击"Move Up"按钮使图层上移。

(3)单击"Move Down"按钮使图层下移。

4. 隐藏图层及显示图层

(1)选择希望隐藏的图层,单击"Hide Layer"按钮隐藏图层。

(2)选择希望显示的图层,单击"Show Layer"按钮显示图层。

> 提示:隐藏地图中的某一图层可以更清楚地查看其他的图层信息,图层被隐藏后其样式不变,在需要时可以再显示出来。如果图层被隐藏了,则"Layers"对话框中的"Status"将显示"Hidden"字样。

5. 使用比例尺

在 TransCAD 中,用户可以为每一个图层设定一个比例尺,使图层以一定的比例自动显示,它不会改变图层真实的大小。通过不同的显示比例,可以看到更多的地图细节,当希望详细查看某一街道时,就需要放大地图。常用的比例尺设定方法有 3 种:第一种是在图层上直接滚动鼠标滚轮,地图会被放大或缩小;第二种是直接利用工具栏中的 🔍 或 🔍 按钮,对地图进行放大与缩小;第三种是利用自动比例尺来实现,下面给出其具体操作方法。

(1)选择图层列表中希望设置自动比例尺的图层。

(2)在"Layers"对话框中单击"Autoscale"按钮,弹出"Autoscale(Layer:street)"对话框,如图 8-6 所示。

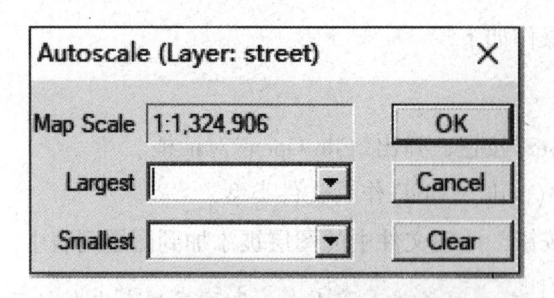

图 8-6 "Autoscale(Layer：street)"对话框

(3)在"Largest"和"Smallest"下拉列表框中选择图层的最大和最小比例尺。
(4)单击"OK"按钮，返回"Layers"对话框，TransCAD 将在指定的地图比例尺范围内自动显示地图。

6. 图层重命名

为了方便图层的管理，可以改变图层名称。重命名图层后，图层列表、地图图例图层对话框等都将使用新的图层名称，并且所有地图中的该图层名称都将随之改变。如果用户永久性改变图层名称，则 TransCAD 将不能再编辑任何先前创建的地图、数据窗、布局窗及图层原名。其操作方法如下：

(1)选择图层列表中希望重命名的图层；
(2)在"Layers"对话框中单击"Rename"按钮，弹出"Rename Layer"对话框，如图 8-7 所示；
(3)在"New Name"文本框中输入新图层名称；
(4)如果希望永久性改变图层名称，则勾选"Change Permanently"复选框；
(5)单击"OK"按钮，图层被重命名。

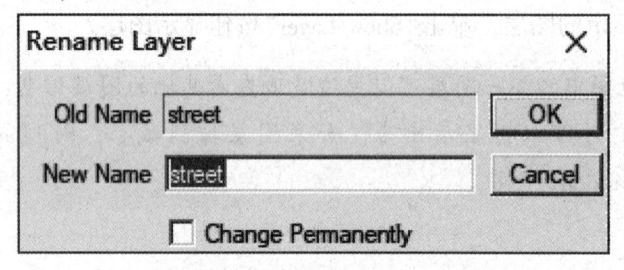

图 8-7 "Rename Layer"对话框

8.3 修改与美化地图

为了保持地图的美观，TransCAD 通过改变图层的样式或标签等来美化地图。

8.3.1 使用样式

使用样式，可以改变图层的颜色、粗细、图案符号等，包括点层样式、线层样式、面层样式及地图背景样式，下面分别介绍其设置方法。

1. 点层样式

(1) 选择"Map"→"Layers"命令，弹出"Layers"对话框，选择需要设置样式的点层，单击"Style"按钮，弹出"Style(Layer：node)"对话框。

(2) 在"Style(Layer：node)"对话框中，在"Icons"列表框中选择图表样式，"Size"文本框中设置点的大小，"Color"下拉列表框中设置颜色，如图8-8所示，单击"OK"按钮，TransCAD采用新的样式绘制点层。

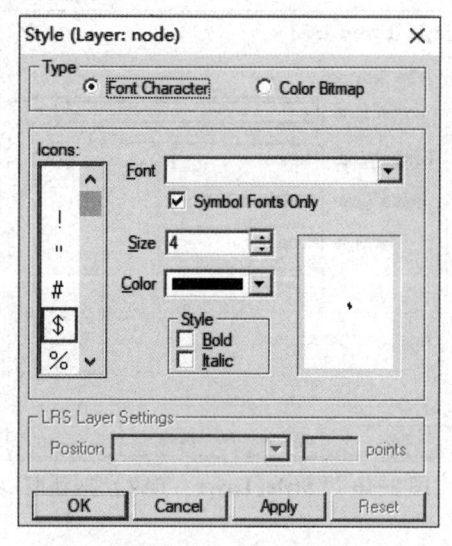

图8-8 "Style(Layer：node)"对话框

2. 线层样式

(1) 选择要设置的线层，在"Layers"对话框中单击"Style"按钮，弹出"Style(Layer：street)"对话框。

(2) 在"Style"下拉列表框中选择样式，"Width"下拉列表框中选择宽度，"Color"下拉列表框中选择颜色，如图8-9所示，单击"OK"按钮，TransCAD采用新的样式绘制线层。

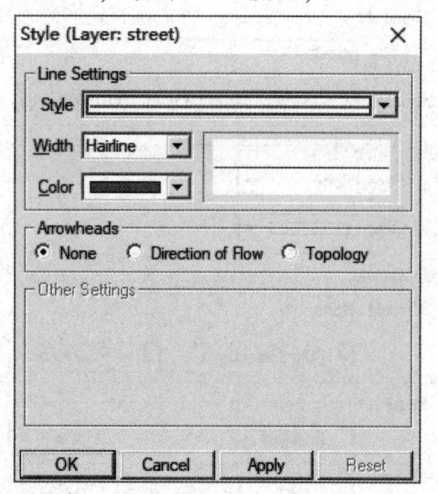

图8-9 "Style(Layer：street)"对话框

3. 面层样式

(1)选择要设置的面层,在"Layers"对话框中单击"Style"按钮,弹出"Style(Layer:TAZ)"对话框。

(2)在"Border Style"下拉列表框中选择边界线条样式,"Border Width"下拉列表框中选择宽度,"Border Color"下拉列表框中选择颜色,"Fill Style"下拉列表框中选择填充样式,如图 8-10 所示,单击"OK"按钮,TransCAD 采用新的样式绘制面层。

图 8-10 "Style(Layer:TAZ)"对话框

4. 地图背景样式

用户可以设置地图背景样式以强化地图外观,如使用固态蓝背景显示水源或使用浅灰色和蜡笔色彩背景以突出其他的图层要素。其操作方法如下。

(1)选择"File"→"Properties"命令,弹出"Map Properties"对话框。

(2)在"Style"下拉列表框中选择需要改变的背景样式,"Color"下拉列表框中选择背景颜色,如图 8-11 所示,单击"OK"按钮,TransCAD 采用新的背景样式绘制地图。

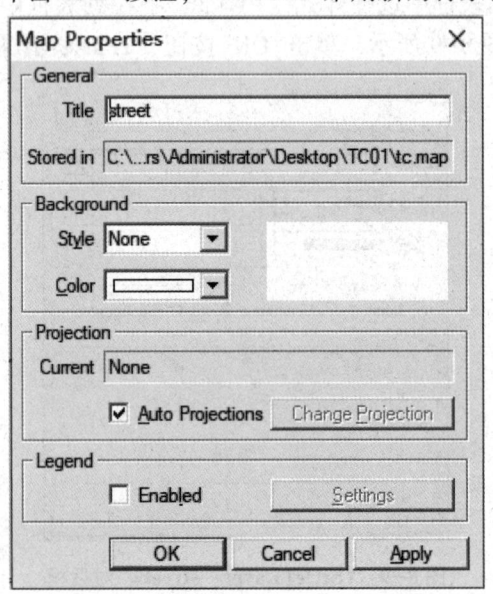

图 8-11 "Map Properties"对话框

8.3.2 使用标签

当用户希望在一张地图上显示所有的地方名称或道路名称时,可为地图添加标签。其操作方法如下。

(1)将要使用标签的图层激活为当前图层,选择"Map"→"Layers"命令,弹出"Layers"对话框,单击"Labels"按钮,弹出"Automatic Labels(Layer:node)"对话框,如图 8-12 所示。

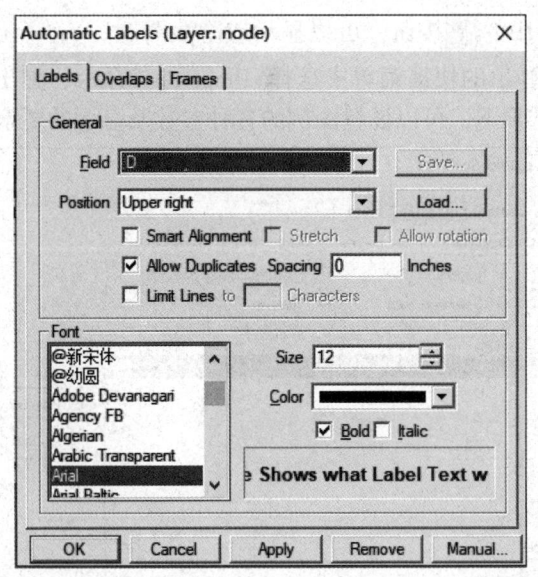

图 8-12 "Automatic Labels(Layer:node)"对话框

(2)在"Field"下拉列表框中选择显示标签的字段,在"Position"下拉列表框中选择标签显示位置,单击"Frames"标签,进入"Frames"选项卡,可设置高速公路、县市的标志牌,如图 8-13 所示,单击"OK"按钮,TransCAD 基于当前的自动标签设置绘制地图。

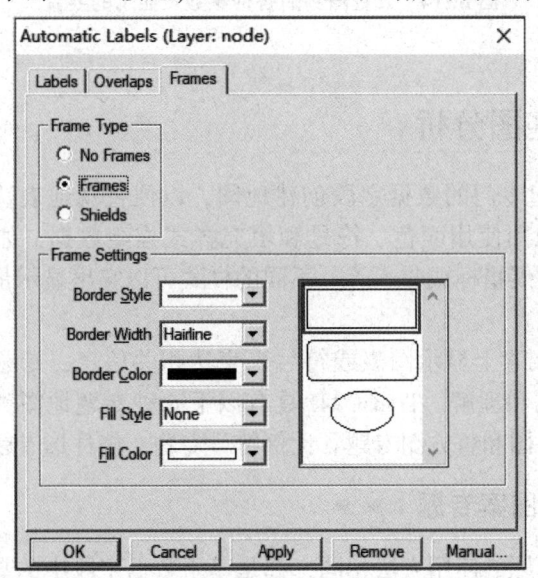

图 8-13 "Frames"选项卡

8.3.3 使用图例

地图图例主要用于描述地图中的标记、颜色和样式等，它可以直观地显示地图中表示的要素。图例主要包括：标题、图层、选择集、专题、要素显示设置、比例尺和脚注。

图例可以在地图上显示，也可以在独立的窗口内显示。如果图例在地图中显示，那么当地图移动或改变大小时，图例将在地图窗口内保持相对不变的位置；如果图例在独立的窗口内显示，则它可以被移动到屏幕上的任意位置。

通过单击快捷图标中的 ▣ 按钮，可以显示或隐藏图例。

在图例上右击，在弹出的快捷菜单中选择"Properties"命令，弹出"Legend Settings"对话框，切换至"Contents"选项卡，可以设置图例的各种参数及显示的要素，如图 8-14 所示。

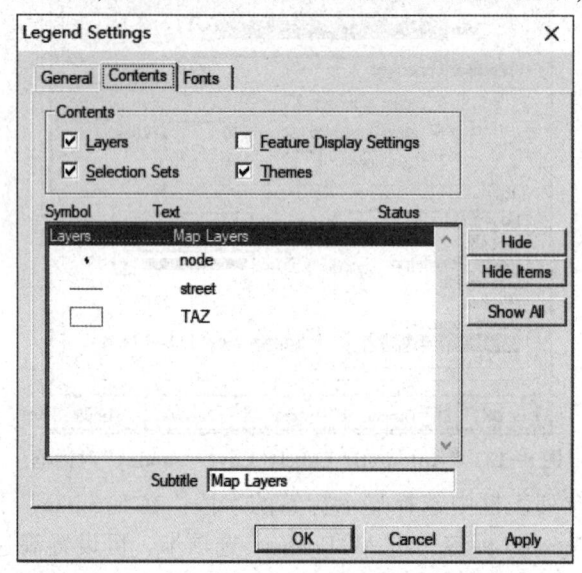

图 8-14 设置图例的各种参数及显示的要素

8.4 专题地图分析

TransCAD 可以通过专门的数据字段创建地图，以便直观地表达地图信息，这种地图称为专题地图。专题地图使用颜色、符号和填充样式描绘数据，如各小区的产生与吸引量、人口数量、经济发展指标或收入等。不同的样式可以突出显示地图要素的相似和不同之处。

TransCAD 在每个要素上显示图表或符号来表达相关信息，专题地图表达了地图要素的特性，使之便于浏览和理解。TransCAD 具有以下 6 种专题地图类型：彩色专题、图案专题、点密度专题、饼图和直方图专题、比例符号专题、棱柱形专题。

8.4.1 彩色与图案专题

彩色专题和图案专题的使用方法相同，都是基于数据字段中的数值将图层要素按不同等级的彩色专题显示，每个等级包括选择字段中数值相似的所有要素。

1. 彩色专题显示

(1)将要显示专题地图的图层激活为当前图层,选择"Map"→"Color Theme"命令,弹出"Color Theme(Layer:TAZ)"对话框,如图 8-15 所示。

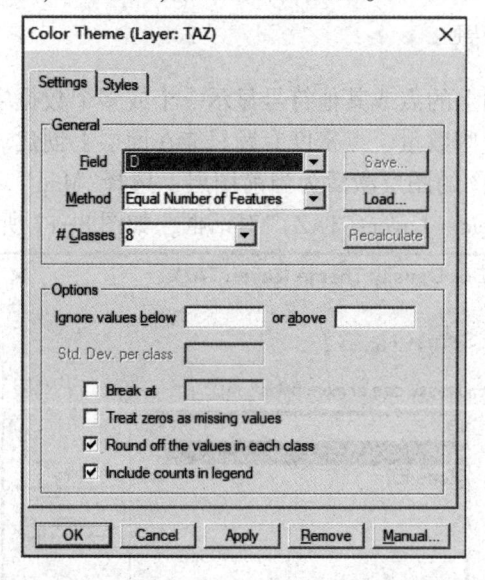

图 8-15 "Color Theme(Layer:TAZ)"对话框

(2)在"Field"下拉列表框中选择数据显示的字段,"Method"下拉列表框中选择方法,"Classes"下拉列表框中选择分类数,切换至"Styles"选项卡可设置显示样式,单击"OK"按钮,TransCAD 利用彩色专题绘制地图并显示图例。

2. 图案专题显示

(1)将要显示专题地图的图层激活为当前图层,选择"Map"→"Pattern Theme"命令,弹出"Pattern Theme(Layer:TAZ)"对话框,如图 8-16 所示。

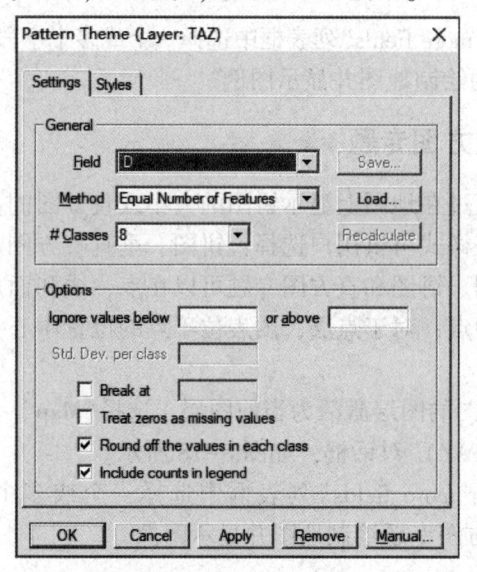

图 8-16 "Pattern Theme(Layer:TAZ)"对话框

（2）在"Field"下拉列表框中选择数据显示的字段，"Method"下拉列表框中选择方法，"Classes"下拉列表框中选择分类数，单击"OK"按钮，TransCAD 利用图案专题绘制地图并显示图例。

▶▶▶ 8.4.2 点密度专题 ▶▶▶

点密度专题利用地图上的点或其他符号显示一个或多个数据字段的数值，点密度地图上的每个点代表数据的一些数量，点密度专题只能在面层上创建。

（1）将要显示专题地图的图层激活为当前图层，选择"Map"→"Dot Density Theme"命令，弹出"Dot Density Theme(Layer：TAZ)"对话框，如图 8-17 所示。

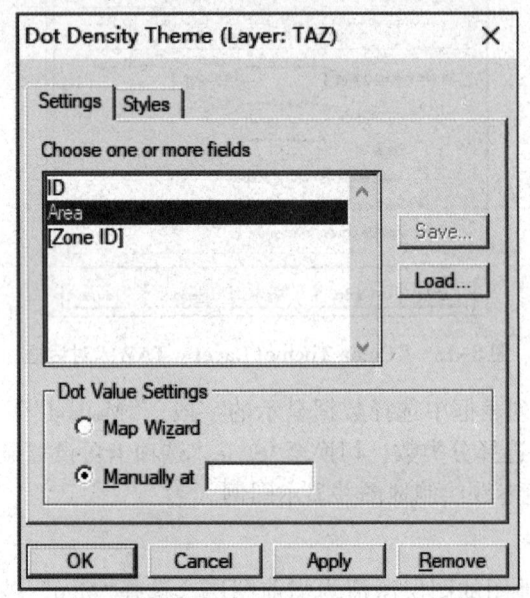

图 8-17　"Dot Density Theme(Layer：TAZ)"对话框

（2）在"Choose one or more fields"列表框中选择一个或多个字段，单击"OK"按钮，TransCAD 利用新的点密度专题绘制地图并显示图例。

▶▶▶ 8.4.3 饼图和直方图专题 ▶▶▶

饼图和直方图专题通过在地图上显示饼图的大小或直方图的高低来显示数据。在饼图和直方图中，有 5 种图表样式可供用户选择：饼图、垂直直方图、多层垂直直方图、水平直方图、多层水平直方图。饼图和直方图专题可以在点、线和面层上创建。在线层上显示图表时，图表位于线的中点；对于点层，图表位于点的位置中心；对于面层，图表位于面层的质心。

（1）将要显示专题地图的图层激活为当前图层，选择"Map"→"Chart Theme"命令，弹出"Chart Theme(Layer：TAZ)"对话框，如图 8-18 所示。

（2）在"Choose one or more fields"列表框中选择一个或多个字段，单击"OK"按钮，TransCAD 利用饼图和直方图专题绘制地图并显示图例。

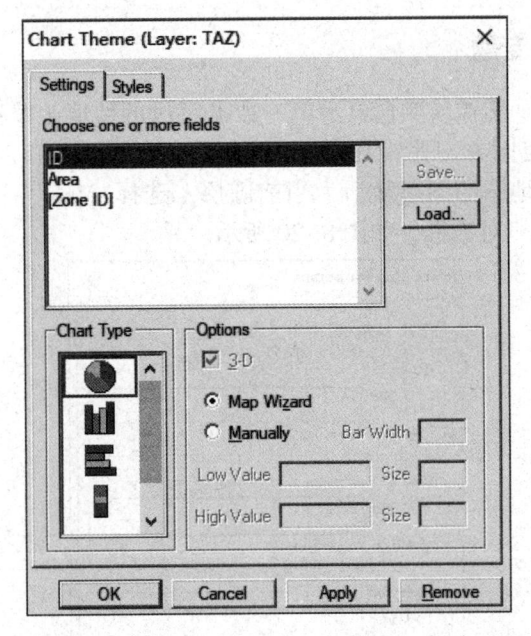

图 8-18 "Chart Theme(Layer：TAZ)"对话框

▶▶▶ 8.4.4 比例符号专题 ▶▶▶

比例符号专题使用不同尺寸的符号或不同宽度的线显示数据字段的数值。比例符号专题可以在点、线和面 3 个图层上创建。对于线层，利用线的宽度比例尺来显示，基于所选字段的数值；对于点和面层，用符号来显示，符号比例尺基于所选字段的数值。

(1)将要显示专题地图的图层激活为当前图层，选择"Map"→"Scaled Symbol Theme"命令，弹出"Scaled Symbol Theme(Layer：TAZ)"对话框，如图 8-19 所示。

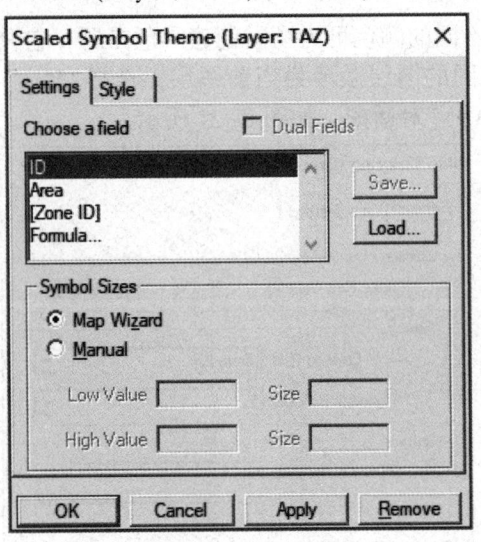

图 8-19 "Scaled Symbol Theme(Layer：TAZ)"对话框

(2)在"Choose a field"列表框中选择一个或多个字段，单击"OK"按钮，TransCAD 利用比例符号专题绘制地图并显示图例。

8.4.5 棱柱形专题

棱柱形专题使用 3D 图像或颜色显示单一数据字段的数值,棱柱形专题只能在面层上创建。使用 TransCAD 创建棱柱形专题时,应建立专门的图形窗口。

(1)将要显示专题地图的图层激活为当前图层,选择"Map"→"Prism Map"命令,弹出"Prism Map Properties"对话框,如图 8-20 所示。

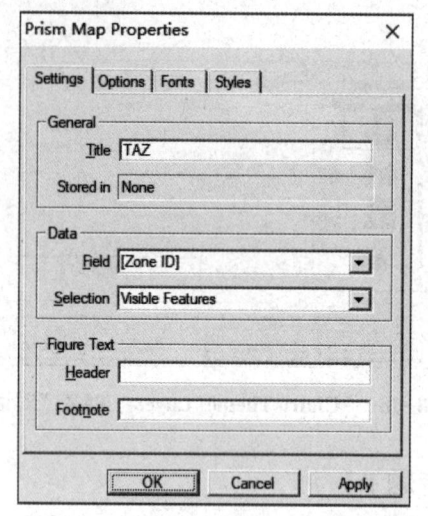

图 8-20 "Prism Map Properties"对话框

(2)在"Field"下拉列表框中选择显示的数据字段,切换至"Options"选项卡可设置显示高度,单击"OK"按钮,TransCAD 在新的图形窗口中绘制棱柱形专题。

8.4.6 地图着色

TransCAD 通过使用不同的颜色可为图层创建彩色专题,它只能在面层上创建。

(1)将要显示专题地图的图层激活为当前图层,选择"Map"→"Coloring"命令,弹出"Map Coloring(Layer:TAZ)"对话框,如图 8-21 所示。

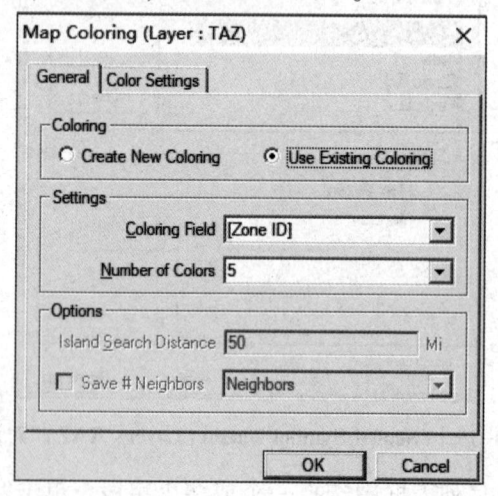

图 8-21 "Map Coloring(Layer:TAZ)"对话框

(2)选择"Use Existing Coloring"单选按钮,在"Coloring Field"下拉列表框中选择显示的数据字段,在"Number of Colors"下拉列表框中选择颜色数量,单击"OK"按钮,TransCAD为每个要素指定颜色值,用该值填充颜色字段,并用面层上的彩色专题绘制地图。

8.5 数据表的编辑

在实际应用中,需要对数据表中的属性字段进行编辑与修改,如添加新的字段或删除多余的字段等。其操作方法如下。

(1)将要编辑的数据表对应的图层激活为当前图层,选择"Dataview"→"Modify Table"命令,弹出"Modify Table"对话框,如图 8-22 所示。

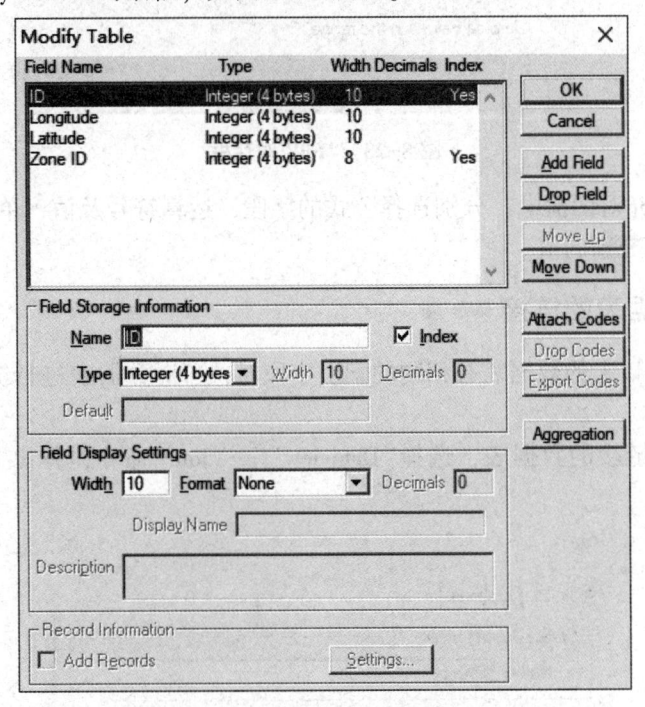

图 8-22 "Modify Table"对话框

(2)单击"Add Field"按钮添加新的字段;在"Name"文本框中输入名称;在"Type"下拉列表框中选择字段的类型;单击"OK"按钮,提示保存,编辑后数据表显示新添加的字段。

8.5.1 数据表的填充

数据表中字段的填充可通过手动输入也可通过公式进行填充,公式填充的操作方法如下。

(1)在需要填充的字段标签上单击,选择该字段的全部单元格。

(2)在选择字段的任意单元格上右击,在弹出的快捷菜单中选择"Fill"命令,弹出"Fill"对话框,如图 8-23 所示。选择"Single Value"单选按钮,则采用固定值填充;选择"Sequence"单选按钮,则采用数列填充,并在右侧的文本框中分别输入起始值与步长;选择"Formula"单选按钮,则采用公式填充。

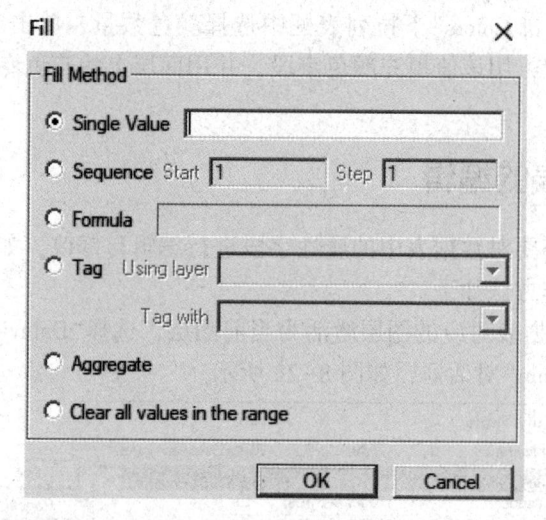

图 8-23 "Fill"对话框

(3)在公式填充对话框中,分别选择公式的字段、运算符号及值,单击"OK"按钮,数据表将根据公式填充新的值。

8.5.2 数据表的链接

当两张或两张以上的数据表有相同的索引字段时,可对数据表进行链接,以方便管理与计算。

(1)打开需要链接的数据表,选择"Dataview"→"Join"命令,弹出"Join"对话框,如图 8-24 所示。

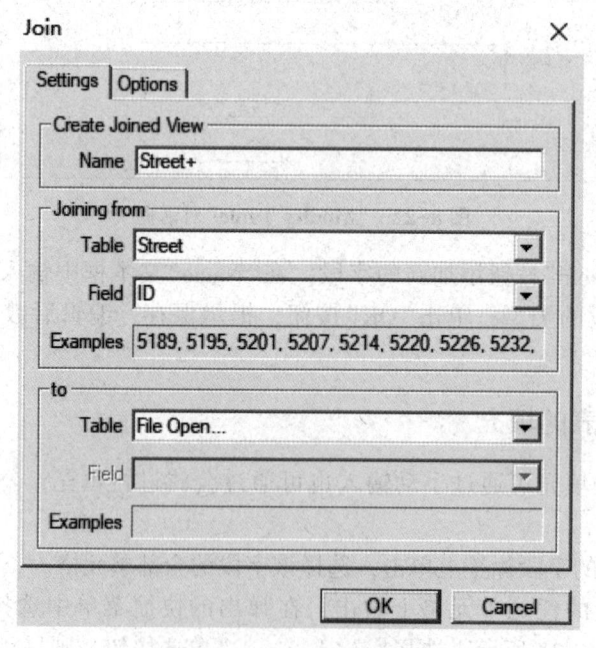

图 8-24 "Join"对话框

（2）在第一个"Table"下拉列表框中选择要链接的第一张数据表，并在"Field"下拉列表框中选择索引字段；在第二个"Table"下拉列表框中选择要链接的第二张数据表，并在"Field"下拉列表框中选择索引字段；单击"OK"按钮，TransCAD显示新的链接数据表。

8.6 矩阵的创建与编辑

矩阵是用行和列的形式来存储空间数据的表，它的每一行都有一个行ID，每一列都有一个列ID，每个矩阵条目称作一个单元，包含一个描述行和列的数值。TransCAD提供矩阵编辑工具，用于存储、显示、编辑和处理矩阵数据。

8.6.1 创建矩阵

（1）将面层激活为当前图层，选择"File"→"New"命令，在弹出的"New File"对话框中选择"Matrix"，弹出"Create Matrix File"对话框，如图8-25所示。

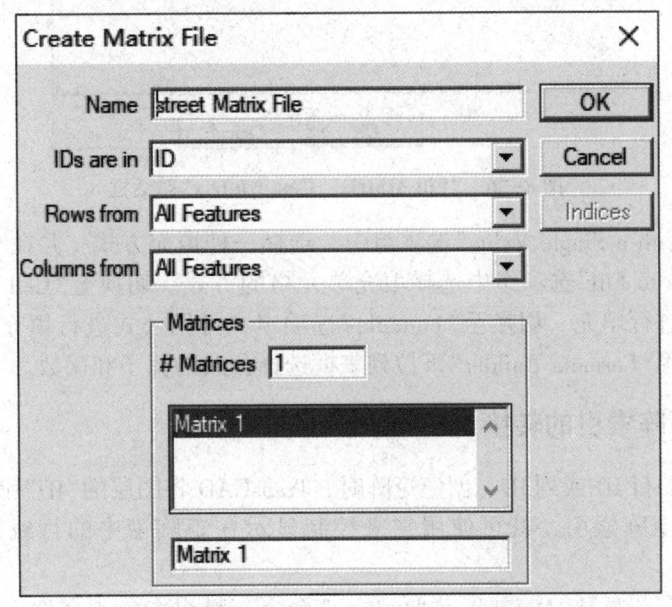

图8-25 "Create Matrix File"对话框

（2）在"Name"文本框中输入矩阵名称；在"IDs are in"下拉列表框中选择标识行和列的字段；在"Rows from"下拉列表框中选择包括行的ID记录；在"Columns from"下拉列表框中选择包括列的ID记录；单击"OK"按钮保存矩阵，并弹出新的空白矩阵。

8.6.2 填充矩阵

TransCAD提供多种方法对矩阵进行填充，可手动输入单元格数值，也可使用公式运算。其操作方法如下。

（1）打开需要填充的矩阵，选择要填充的矩阵单元格，选择"Matrix"→"Fill"命令，弹出"Fill Matrix：Cost Matrix"对话框，如图8-26所示。

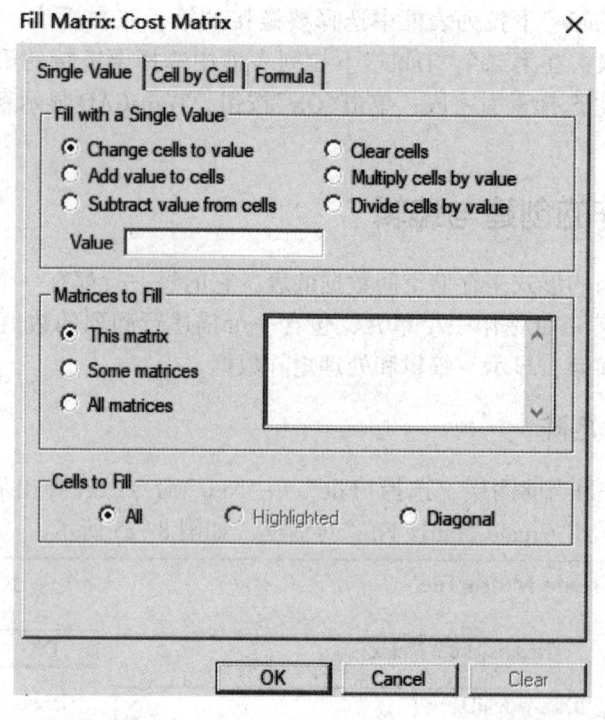

图 8-26 "Fill Matrix：Cost Matrix"对话框

(2) 在"Fill with a Single Value"选项组中，选择一种填充方式，并在"Value"文本框中输入值，在"Cells to Fill"选项组中选择填充单元格的方式。切换至"Cell by Cell"选项卡，可通过矩阵运算进行填充。切换至"Formula"选项卡，可用公式进行填充，在公式域中输入公式，或者使用"Formula Builder"下拉列表框选择公式的算子和函数。

8.6.3 矩阵索引的转换

索引是矩阵的行 ID 或列 ID。创建矩阵时，TransCAD 将图层的"ID"字段默认为矩阵索引，一旦创建了矩阵索引，就可使用它来控制显示在矩阵窗中的行或列。其操作方法如下。

(1) 打开矩阵，选择"Matrix"→"Indices"命令，弹出"Matrix Indices"对话框，如图 8-27 所示。

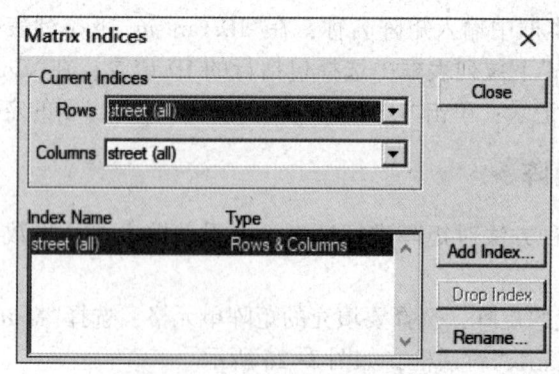

图 8-27 "Matrix Indices"对话框

(2)单击"Add Index"按钮,弹出"Add Matrix Index"对话框,如图 8-28 所示。

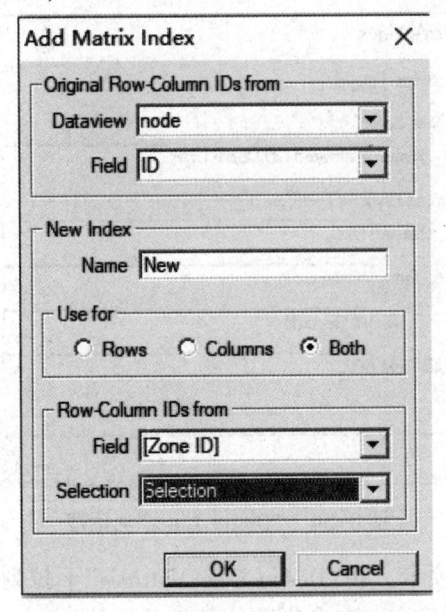

图 8-28 "Add Matrix Index"对话框

(3)在图 8-28 的"Dataview"下拉列表框中选择初始矩阵索引的来源图层,在第一个"Field"下拉列表框中选择初始矩阵索引的来源字段;在第二个"Field"下拉列表框中选择要转换的矩阵索引的字段,并在"Selection"下拉列表框中选择包含的记录;单击"OK"按钮,TransCAD 添加新的矩阵索引。

(4)在"Matrix Indices"对话框中,分别在"Rows"和"Columns"下拉列表框中选择新添加的矩阵索引,如图 8-29 所示,TransCAD 在矩阵窗中转换矩阵索引,并显示新的行 ID 和列 ID。

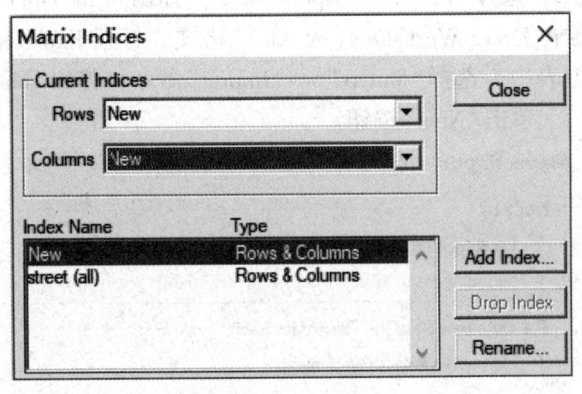

图 8-29 改变矩阵索引

8.6.4 创建期望线

期望线是基于矩阵数据来显示每个矩阵中单元格的数量大小的线,它通过连线的尺寸来反映数据的特性,期望线在分区图层上建立。其操作方法如下。

(1)将要创建期望线的图层激活为当前图层,选择"Tools"→"Geographic Analysis"→

"Desire Lines"命令,弹出"Desire Lines"对话框,如图 8-30 所示。

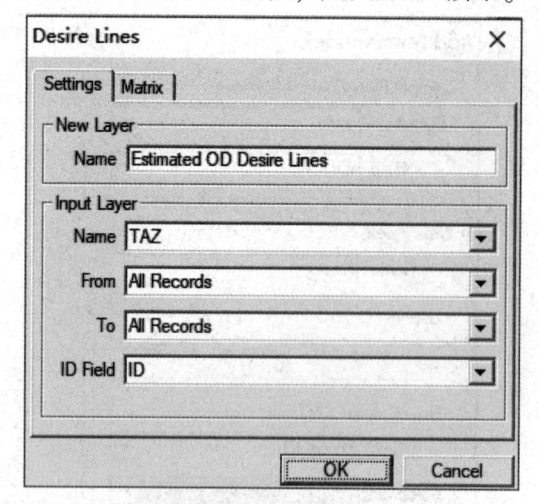

图 8-30 "Desire Lines"对话框

(2)切换至"Matrix"选项卡,在"Desire Line Matrices"下拉列表框中选择一个矩阵;单击"OK"按钮,TransCAD 创建一个包含期望线的地理文件。

▶▶ 8.6.5 将 Excel 数据转换为矩阵 ▶▶ ▶

TransCAD 支持 Excel 软件的". xls"格式的数据文件,因此,可将 Excel 中的数据转换为 TransCAD 中的矩阵,具体操作方法如下。

(1)启动 Excel,分别输入"From""To""Flow"3 列字段数据,并保存为文件名为"Flow"的文件,其中"From"表示矩阵的行 ID,"To"表示矩阵的列 ID,"Flow"表示矩阵单元格的值。

(2)启动 TransCAD,选择"File"→"Open"命令,弹出"File Open"对话框,在"File of type"下拉列表框中选择"Excel Worksheet(*.xls)"格式,打开 Excel 文件。

(3)在打开的数据表中,选择"Matrix"→"Improt"命令,弹出"Matrix Import Wizard"对话框,如图 8-31 所示,单击"Next"按钮。

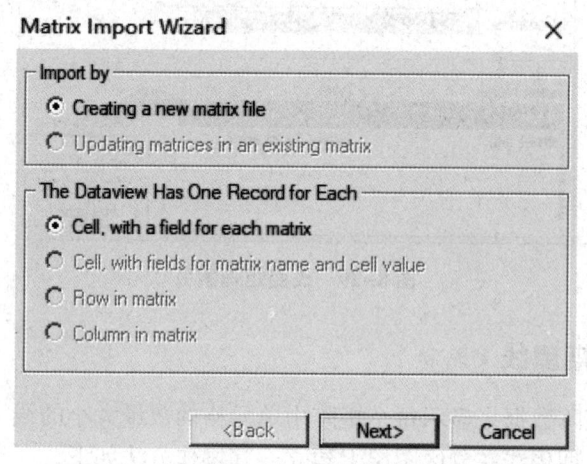

图 8-31 "Matrix Import Wizard"对话框 1

(4)在"Name"下拉列表框中选择矩阵单元格的值;在"Row ID"下拉列表框中选择矩阵的行 ID;在"Column ID"下拉列表框中选择矩阵的列 ID;如图 8-32 所示,单击"Next"按钮。

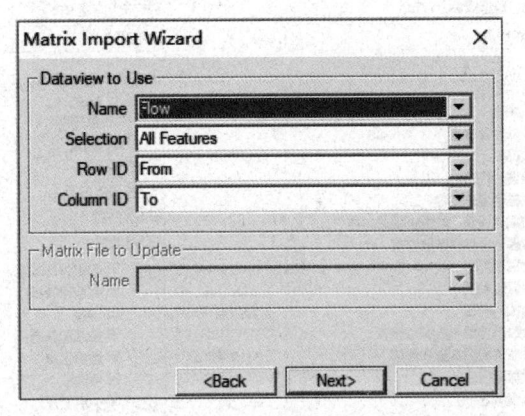

图 8-32 "Matrix Import Wizard"对话框 2

(5)单击"Select All"按钮选择所有值,如图 8-33 所示,单击"Finish"按钮,TransCAD 自动弹出新生成的矩阵。

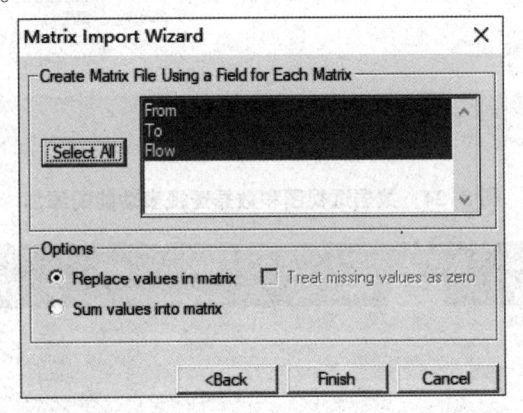

图 8-33 "Matrix Import Wizard"对话框 3

8.6.6 导出矩阵到 Excel 中

与导入矩阵的操作相对应,也可将 TransCAD 中的矩阵导出到 Excel 中,具体操作方法如下。

(1)选择"Matrix"→"Export"命令,弹出"Matrix Export"对话框,单击"OK"按钮后,软件提示将导出的矩阵保存起来。注意,此时不再选择默认的 BIN 文件类型,而是选择"dBASE file(*.dbf)"文件类型,并在"File name"文本框中输入"OD Export.dbf"后保存。

(2)在 Excel 中打开"OD Export.dbf"文件,选择"数据"→"数据透视图和数据透视表"命令,若菜单栏中没有该命令,则可选择"文件"→"选项"→"自定义功能区"→"所有命令"命令,找到数据透视图和数据透视表,选择"数组"→"新建组"命令,然后单击"添加"按钮,如图 8-34 所示,在弹出的对话框中直接单击"确定"按钮,此时 Excel 界面变为图 8-35 所示的形式。

135

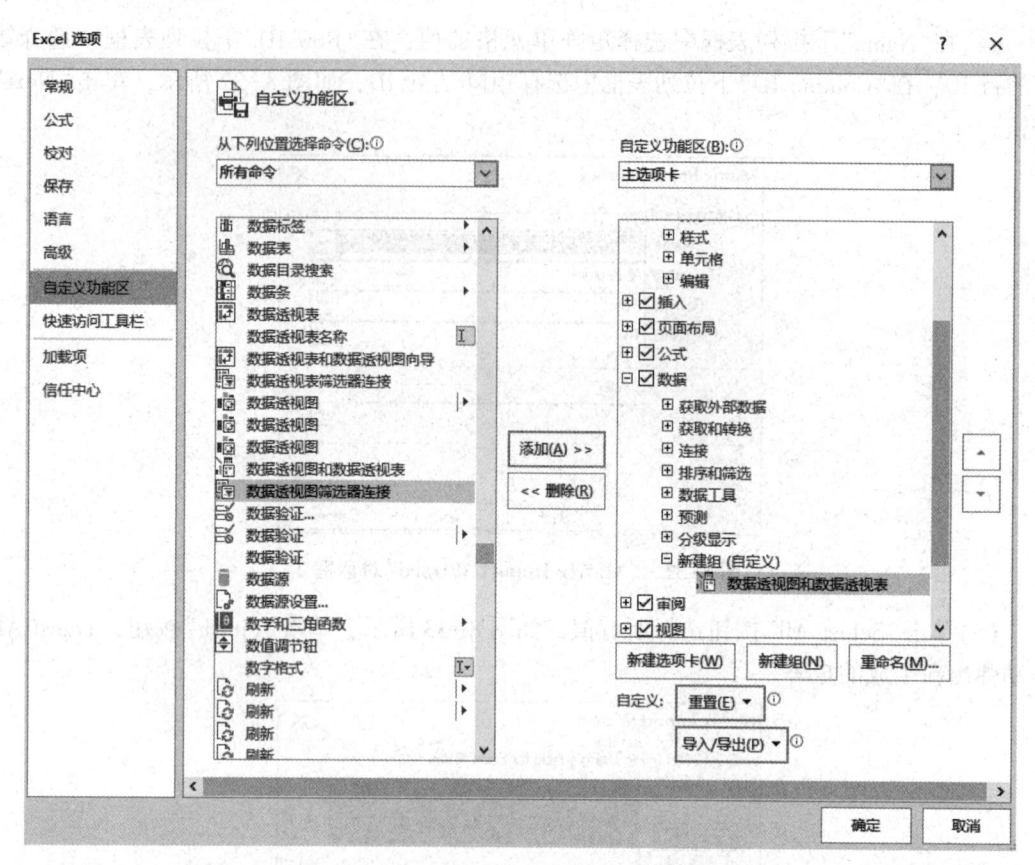

图 8-34　数据透视图和数据透视表功能的添加

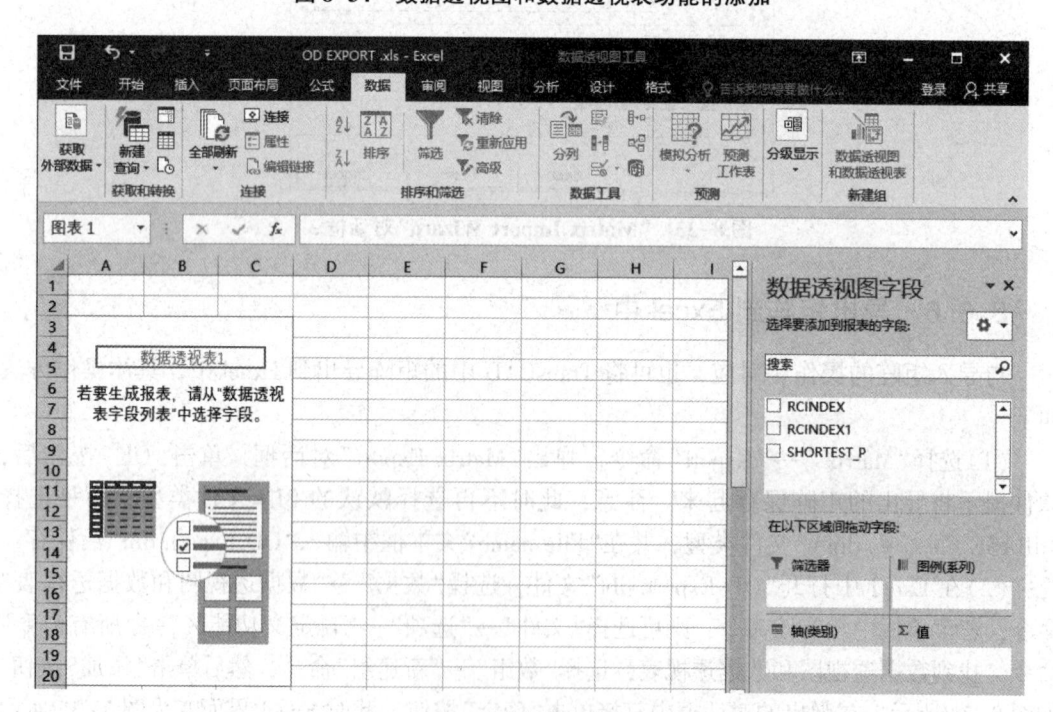

图 8-35　Excel 的数据透视功能

按照 Excel 的提示，分别将对应的字段拖至右侧的"行字段""列字段"和"值"的位置，得到图 8-36 所示的 OD 矩阵，数据导出工作至此完成。

求和项:ODME	列标签							
行标签	17	18	19	20	21	22	23	总计
17	0	306.98	325.58	72.63	46.64	100.31	394.73	1246.87
18	290.54	0	140.94	25.66	14.9	46.28	178.66	696.98
19	439.11	222.75	0	576.51	284.22	14.33	64.78	1601.7
20	41.83	13.2	492.66	0	228.72	435.22	343.74	1555.37
21	27.52	7.92	242.53	230.68	0	211.68	231.22	951.55
22	78.2	34.64	24.03	372.06	180.73	0	75.38	765.04
23	382.86	176.27	67.87	331.4	223.76	59.44	0	1241.6
总计	1260.06	761.76	1293.61	1608.94	978.97	867.26	1288.51	8059.11

图 8-36 在 Excel 中显示的 OD 矩阵

第 9 章　地图的创建与编辑

9.1　实验目标

掌握利用软件创建路网和小区的基本操作。熟悉在软件中导入其他地图文件的方法。

9.2　知识要点

地图是由一系列图层组成的，因此，在创建地图之前，要先创建图层，包括线层与面层，而点层在创建线层时会自动生成，根据实际地图的需要可另外再创建点层。

关于图层的创建，常用的方法有两种：第一种是利用 TransCAD 自带的绘图工具箱——"Map Editing"绘图工具箱，通过导入背景图进行描绘；第二种是利用辅助的绘图工具，如 AutoCAD、CorelDRAW、MapInfo、ArcGIS 等专用绘图软件，存储为 TransCAD 可识别的图形格式，然后将描绘好的图导入 TransCAD。以上两种方法各有其优缺点，在实际操作中可根据图层的大小及可利用的数据等选择不同的方法来创建图层，本书将详细介绍通过地图工具箱创建图层的方法。在用地图工具箱创建图层时，如果有背景图，则可以增加图层建立的精度，TransCAD 支持 TIF 格式的背景图。

本书采用一个假设案例进行操作步骤的介绍，暂不设置背景图，直接创建图层。基本思路是通过现状年部分路段调查数据，采用 OD 反推的方法得到现状年交通小区的产生和吸引量，进而预测目标年交通小区的产生和吸引量，以此进行交通分布预测和出行分配。

9.3　创建线类型地理文件

9.3.1　编辑路段图层

(1)选择"File"→"New"命令，系统弹出"New File"对话框，选择"Geographic File"选项，单击"OK"按钮。

（2）在弹出的"New Geographic File"对话框中，选择"Line Geographic File"单选按钮，在"Layer Settings"选项组的"Name"文本框中输入路段图层的名称"Street"，在"Endpoint Layer Settings"选项组的"Name"文本框中输入路段节点层的名称"Node"，注意一定要勾选"Create a Table for endpoint data"复选框，如图9-1所示，然后单击"OK"按钮。

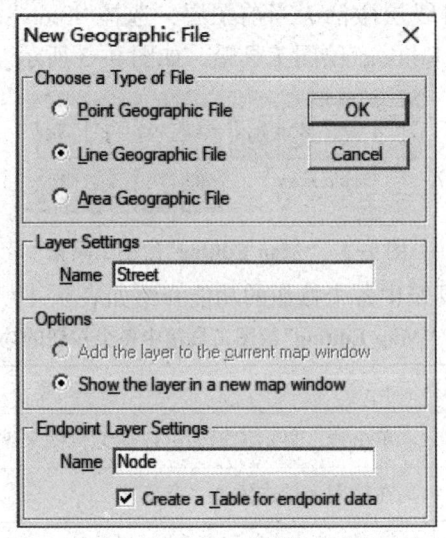

图9-1 新建线类型地理文件

（3）在弹出的"Attributes for Street"对话框中，单击"Add Field"按钮设置路段图层的属性数据字段，如"Type"（路段类型，Integer 型）、"Speed"（设计车速，Integer 型）、"Time"（行驶时间，Real 型）、"Capacity"（通行能力，Integer 型）、"Count"（交通流量，Integer 型）等，如图9-2所示，然后单击"OK"按钮。

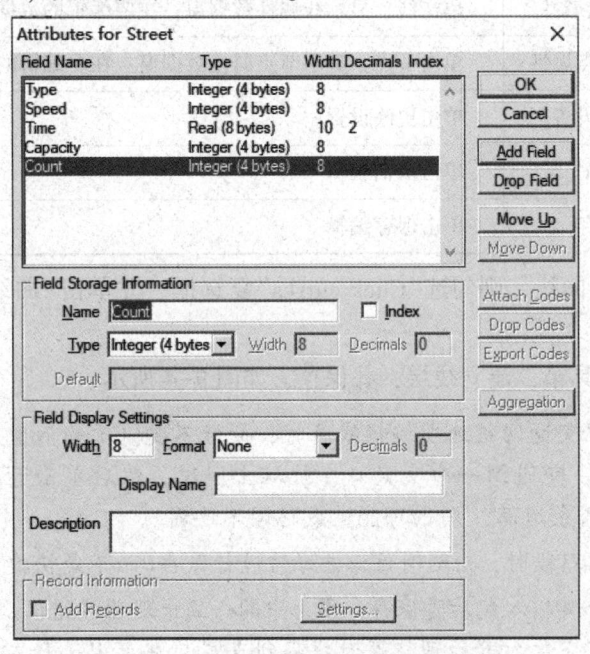

图9-2 设置路段图层的属性数据字段

(4)在弹出的"Attributes for Node"对话框中,单击"Add Field"按钮设置点层的属性数据字段"Index"(索引,Integer 型),单击"OK"按钮,保存线层地理文件"Street"。

> 提示:需要建立一个单独的文件夹,用于存储所有操作过程中产生的文件。

(5)在快捷图标中,将线层激活为当前图层,选择"Tools"→"Map Editing"→"Tool Box"命令,系统弹出"Map Editing"绘图工具箱,如图 9-3 所示。

图 9-3 "Map Editing"绘图工具箱

"Map Editing"绘图工具箱中各个按钮的功能介绍如表 9-1 所示。

表 9-1 "Map Editing"绘图工具箱中各个按钮的功能介绍

按钮	中文名称	功能
	修改线层	单击线,显示编辑柄;拖动编辑柄来编辑
	添加线段	在地图上单击添加一条新线
	删除线段	单击线删除它
	连接线段	单击两条线交叉的终点,合并线
	分割线段	单击轮廓点,把线分割成两段,或者单击终点把线分离开
	替代线段	单击线,然后单击地图替代它
	编辑线属性	单击线,显示线属性数据窗;在要编辑的数据窗中输入新值
	编辑节点属性	单击节点,显示节点属性数据窗;在要编辑的数据窗中输入新值
	曲线设置	单击更改设置
	取消	单击取消编辑
	保存	单击保存编辑

如果用户要绘制曲线,则勾选"Click curves"复选框,并单击"曲线设置"按钮 设置曲线的节点数。

(6)利用上述工具箱,建立线层,并保存,如图 9-4 所示。

> 提示 1:在根据交通网络地图编辑线层时,最好不要一次输入整条"道路",而是应该分段输入"路段",即遇到一个交叉口,就双击一次,然后单击开始下一条路段的输入。如果一次输入整条道路,则很可能造成路网不连通。
>
> 提示 2:在编辑路段时,应随时注意按绿灯进行保存(而不是快捷图标中的 按钮),不要等到所有路段全部输入完后再保存,因为中间一旦出现程序错误,将前功尽弃。
>
> 提示 3:如果在下次打开地理文件时找不到点层,则可以选择"Map"→"Layers"命令,在弹出的对话框中将隐藏的节点层显示出来。

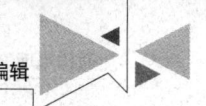

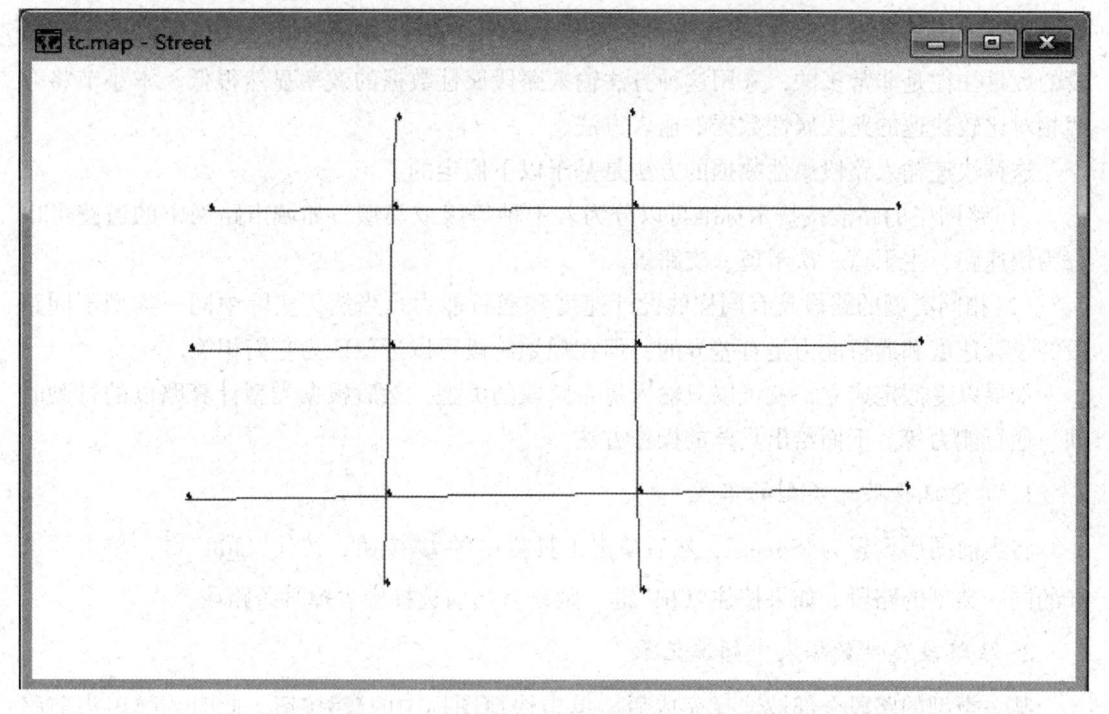

图 9-4　建立线层

（7）检查线层的连接性。选择"Tools"→"Map Editing"→"Check Line Layer Connectivity"命令，系统弹出"Check Line Layer Connectivity"对话框，如图 9-5 所示；在"Threshold"文本框中输入一个适宜的距离阈值，TransCAD 将会检查这个距离内是否有悬挂节点或虚接线段，如果有，将会在地图上用颜色高亮提示。用户根据提示去修改有问题的节点，完成之后再运行此功能进行检查，直到没有问题。最后，单击"OK"按钮，系统开始检查，并提示检查结果。

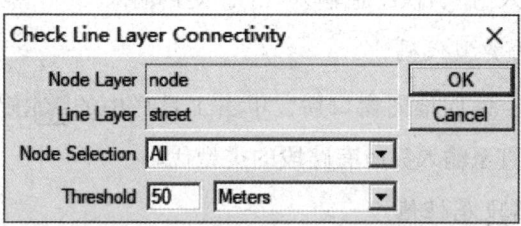

图 9-5　"Check Line Layer Connectivity"对话框

> **提示**："Threshold"文本框中的值不要太大，否则会把一些正常的节点也判断为有连通性问题，一般可取 50 左右。该项功能对于交通网络的编辑非常有用，特别是当路网数据是从 AutoCAD 等软件中导入时，往往会存在很多路段不连通的问题，将导致在最后的交通流分配中，路段无流量。如果不运行此工具检查线层连接性，单凭肉眼则很难发现这些问题。

9.3.2　添加路段图层属性数据

完成路段图层的编辑后，同样需要为其输入属性数据，如路段的通行能力、时间等。

可以单击工具栏中的 ![] 按钮为每条路段单独输入属性数据。但是，在交通网络中路段的数量往往是非常多的，采用这种方法输入路段属性数据的效率显然很低。本小节将介绍相对比较快速的路段属性数据的输入方法。

这种快速输入路段属性数据的方法是基于以下假定的。

(1) 路网中的路段按技术标准可以分为若干种等级或类型，如城市路网中的道路可以分为快速路、主干道、次干道、支路等。

(2) 相同类型的路段具有同样的设计速度和通行能力。当然，实际中同一类型不同路段的设计速度和通行能力是有差异的，但在规划阶段可以近似认为它们相等。

如果以上假定成立，就可以只输入每条路段的类型，然后根据类型计算路段的行驶时间、通行能力等。下面给出具体的操作方法。

1. 批量选择某一类型的路段

将当前图层设置为"Street"，然后单击工具栏中的 ![] 按钮，按住"Shift"键，单击要选择的同一类型的路段。如果按住"Ctrl"键，则是从当前选择中去掉某条路段。

2. 从路段属性数据表中筛选记录

某一类型的路段全部被选择完成后，单击快捷图标中的 ![] 按钮。此时，弹出当前路段图层的属性数据表。在快捷图标的下拉列表框中选择"Selection"，将筛选出刚才所选路段的数据集。

3. 输入指定路段的类型代码

选中"Type"字段，该字段列将变成黑色。右击，在弹出的快捷菜单中选择"Fill"命令，此时系统弹出"Fill"对话框。在"Single Value"单选按钮后的文本框中输入路段类型代码，如在本例中，主干道输入"1"，次干道输入"2"，支路输入"3"，然后单击"OK"按钮。

4. 输入所有路段的类型代码

关闭当前数据视图，返回地图窗口后，单击工具栏中的 ![] 按钮，清除全部选择。然后重复上述步骤1~3，直至输入完所有路段的类型代码。

5. 用公式计算各路段属性值

(1) 计算路段的设计车速。将当前图层设置为"Street"，单击快捷图标中的 ![] 按钮，此时系统弹出当前路段图层的属性数据表。在快捷图标的下拉列表框中选择"All Records"，再选中"Speed"字段，该字段列将变成黑色。右击，在弹出的快捷菜单中选择"Fill"命令，此时系统弹出"Fill"对话框。选择"Formula"单选按钮，系统弹出"Formula (Dataview：street)"对话框。在"Formula"下输入"if Type=1 then 80 else if Type=2 then 60 else if Type=3 then 40"。该语句的含义是"如果路段的类型代码为1，则其设计车速为80；如果路段的类型代码为2，则其设计车速为60；如果路段的类型代码为3，则其设计车速为40"。然后单击"OK"按钮，如图9-6所示。此时，"Speed"字段将被填充上相应的数值。TransCAD的公式语法与Basic编程语言非常类似，只是不用填写被填充字段的名称。

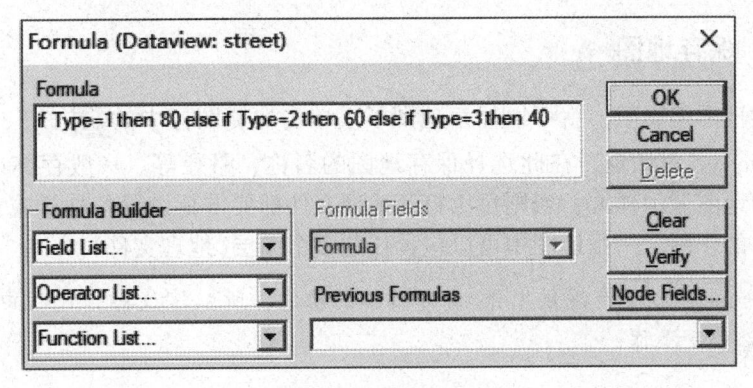

图 9-6 输入公式

（2）计算路段的通行能力。用类似的方法，选中"Capacity"字段后，为其填充如下公式"if Type=1 then 5000 else if Type=2 then 3000 else if Type=3 then 1500"。

（3）计算路段的行驶时间。用类似的方法，选中"Time"字段后，为其填充如下公式"Length/Speed"。其中，"Length"字段是系统自动生成的字段，它存储了路段的长度，单位取决于当前工作环境中设置的地图单位(参见8.1.2小节)。

6. 交通流量数据处理

在交通网络建立完成之后，可以为网络中的路段输入流量数据。对于同一条路段，其正、反两个方向的流量通常是不一样的(实际上对于通行能力、速度等路段属性也是如此，只不过前面为了简化交通网络的编辑，忽略了这一点)。这就需要分别为每条路段输入两个方向的流量。

TransCAD通过特殊的字段名指定两个不同的路段方向，如果用户在路段属性数据表中添加了两个分别以"AB"和"BA"开头的字段，则TransCAD将自动对其进行匹配并分方向使用这两个字段中的数值。

将当前图层设置为"Street"。单击快捷图标上的■按钮，此时系统弹出当前路段图层的属性数据表。为"AB-Flow"和"BA-Flow"两个字段输入流量数据。路段属性值如图9-7所示。

ID	Length	Dir	Type	Speed	Time	Capacity	AB-Flow	BA-Flow
1	3066.90	0	1	80	38.34	5000	3788	3300
2	3346.70	0	3	40	83.67	1500	890	710
3	3325.35	0	1	80	41.57	5000	3480	2822
4	1440.59	0	2	60	24.01	3000	2021	1890
5	1514.99	0	2	60	25.25	3000	1866	1634
6	3940.47	0	1	80	49.26	5000	4011	3599
7	2233.80	0	2	60	37.23	3000	1977	1578
8	2209.67	0	2	60	36.83	3000	2108	1853
9	4367.97	0	1	80	54.60	5000	3672	3291
10	2384.63	0	2	60	39.74	3000	1801	1650
11	4033.04	0	3	40	100.83	1500	1149	922
12	1420.78	0	2	60	23.68	3000	1900	1525
13	4128.62	0	1	80	51.61	5000	3590	2944
14	4443.22	0	1	80	55.54	5000	3045	2771
15	1612.78	0	2	60	26.88	3000	1689	1420
16	4702.73	0	3	40	117.57	1500	966	810
17	2363.67	0	2	60	39.74	3000	1737	1528

图 9-7 路段属性值

9.3.3 保存地图

完成上述地图编辑后，就可以保存地图了。单击快捷图标中的 ■ 按钮，TransCAD 会弹出一个"Save As"对话框，在此选择保存地图的名称、路径等。一般存储地图的目的是保留所设置的地图显示样式，否则每次打开地理文件都要重新设置各种样式，另外地图有组织地理文件的作用，一张地图中可以包含任意多个图层(地理文件)。

> 提示：TransCAD 没有提供撤销/重复编辑的功能，所以建议操作过程中及时压缩保存备份，以免重复操作。

9.3.4 制作路段流量专题地图及交叉口流量流向图

1. 制作路段流量专题地图

将当前图层设置为"Street"，单击快捷图标上的 ※ 按钮，此时系统会弹出"Scaled Symbol Theme"对话框。在"Choose a field"列表框中，选择"BA-Flow"，然后单击"OK"按钮，生成图 9-8 所示的路段流量专题地图。在此对话框中，还可以进行线条色彩、宽度等详细设置，用户可以自行操作。如果要删除此专题地图，则可单击"Remove"按钮。

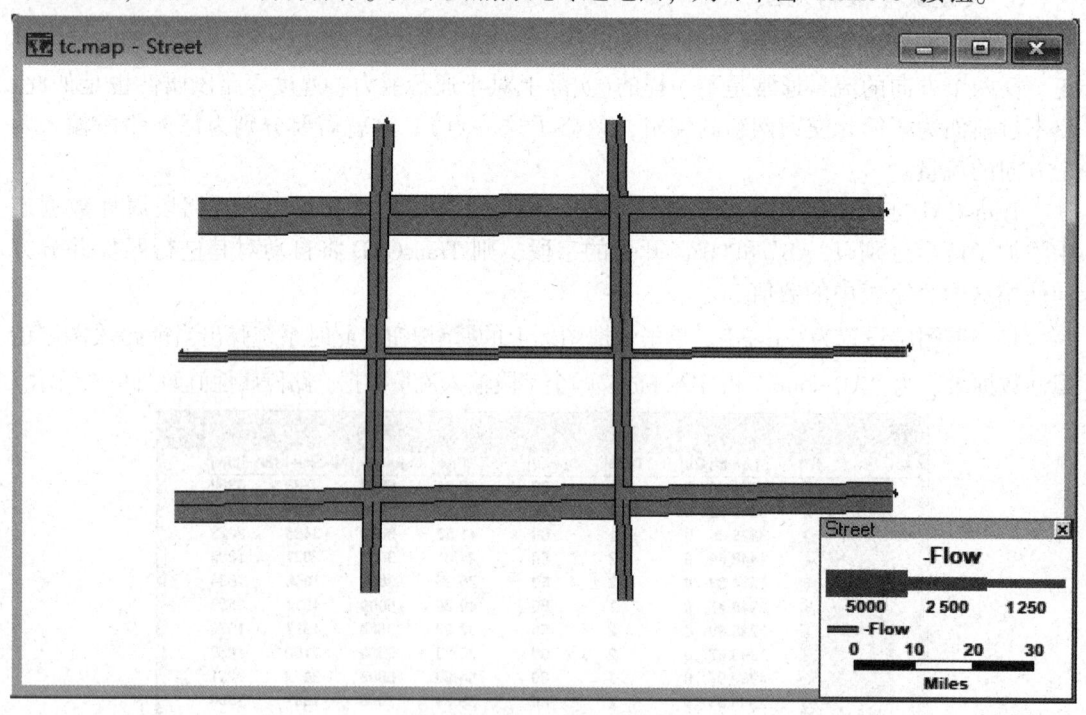

图 9-8 路段流量专题地图

另外，TransCAD 还提供了一个制作路段流量专题地图的快捷工具。选择"Planning"→"Planning Utilities"→"Create Flow Map"命令，在系统弹出的对话框中为"Flow"和"V/C"等选择好字段并单击"OK"按钮后，软件会自动生成一张符合一般交通规划习惯的路段流量专题地图(实际上是一张比例符号专题地图和一张彩色专题地图的组合)，这样用户就不必再自行配置颜色、宽度、图例等内容了。

2. 制作交叉口流量流向图

除了制作路段流量专题地图，TransCAD 还可以制作交叉口流量流向图。将当前图层设置为"Street"，单击工具栏中的 按钮。用鼠标选中一个节点，此时系统会弹出图 9-9 所示的"Intersection Diagram"对话框。

图 9-9 "Intersection Diagram"对话框

在该对话框的"Forward Flow"下拉列表框中选择"AB-Flow"，在"Reverse Flow"下拉列表框中选择"BA-Flow"，勾选"Display Flow Labels"复选框，然后单击"OK"按钮，即可生成图 9-10 所示的交叉口流量流向图。

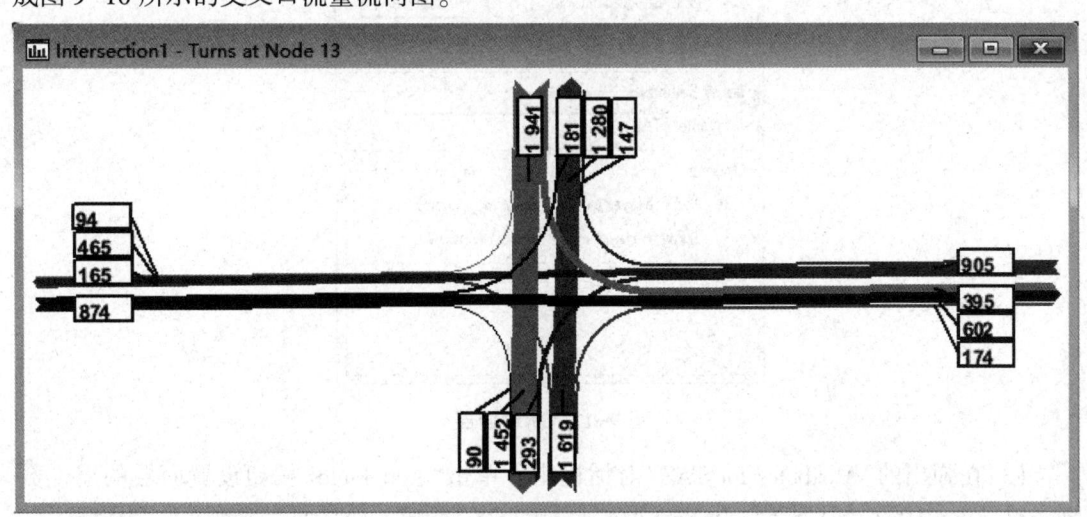

图 9-10 交叉口流量流向图

9.4 创建面类型地理文件

在创建面层时，需要将研究区域划分为很多交通小区，在划分交通小区时，需要注意以下原则。

（1）相似的原则：小区内土地利用和人口构成尽可能相似，某些重要属性（如居民的收入)不宜差别太大。

(2)统一的原则：小区的划分应与行政区划或已有的城市规划小区兼容，便于利用历史调查数据，减少调查工作量。

(3)均衡的原则：以出行时间为衡量标准，交通拥挤区路段车辆移动缓慢，因此交通拥挤区路段比非拥挤区路段的交通小区划分更为细致，土地利用强度高的地方比土地利用强度低的地方划分更为细致，重点研究的区段比非重点研究的区段划分更为细致。

(4)边界线的原则：以天然障碍作为小区的边界线，同时避免将主要道路作为小区的边界线。

9.4.1 编辑面层

(1)选择"File"→"New"命令，系统弹出"New File"对话框，选择"Geographic File"选项，单击"OK"按钮。

(2)在弹出的"New Geographic File"对话框中，选择"Area Geographic File"单选按钮，在"Layer Settings"选项组的"Name"文本框中输入小区图层的名称"TAZ"，在"Options"选项组中选择"Add the layer to the current map window"单选按钮，单击"OK"按钮，如图9-11所示。

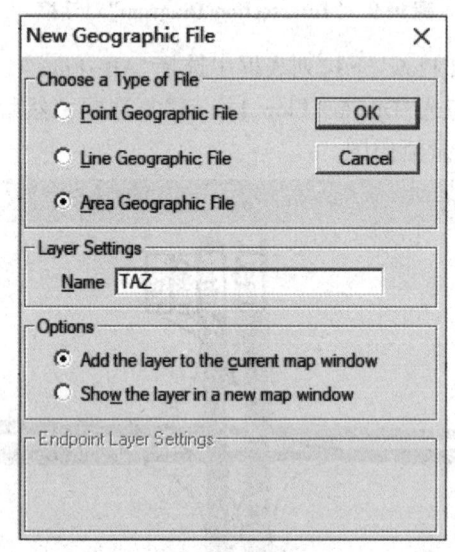

图 9-11 新建面层

(3)在弹出的"Attributes for TAZ"对话框中，单击"Add Field"按钮设置面层的属性数据字段"Zone ID"(小区编号，Integer 型)，单击"OK"按钮，保存面层地理文件"TAZ"。

(4)在快捷图标中，将面层激活为当前图层，选择"Tools"→"Map Editing"→"Tool Box"命令，系统弹出"Map Editing"绘图工具箱，如图9-12所示。

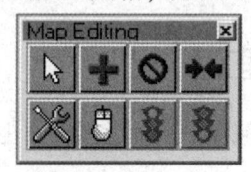

图 9-12 "Map Editing"绘图工具箱

(5) 利用上述工具箱，建立面层，并保存，如图 9-13 所示。

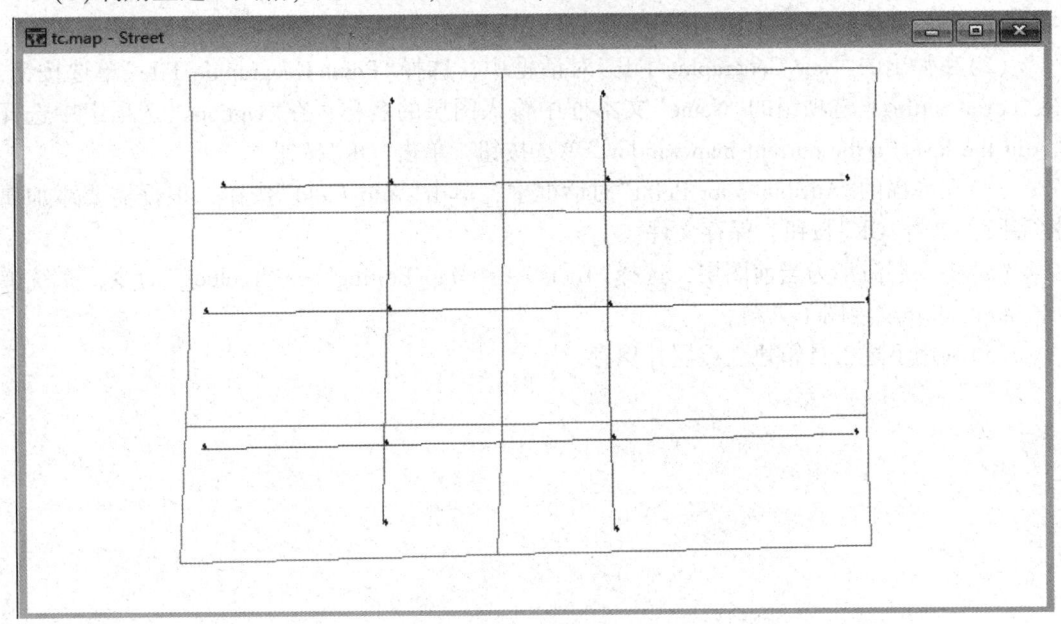

图 9-13　建立面层

9.4.2　添加面层属性数据

完成面层的编辑后，需要为小区图层输入属性数据。

在当前地图窗口环境下，单击工具栏中的 ![i] 按钮，然后单击某个小区，此时系统会弹出图 9-14 所示的数据视图窗口，在"Zone ID"单元格中输入该小区的编号，然后按"Enter"键，完成一个小区编号属性数据的输入，用同样的方法输入所有小区编号的属性数据。

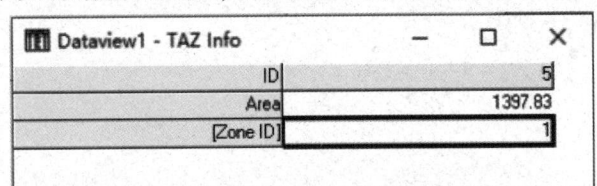

图 9-14　输入小区编号的数据视图窗口

> 提示：图 9-14 中，除了自行添加的"Zone ID"字段，还有"ID"和"Area"两个字段，这两个字段是系统默认字段，请不要删除或修改，这里"ID"字段的取值取决于小区建立的先后顺序，用户不能自由控制，为此，需要设置一个"Zone ID"字段，这样就可以按照用户自定义的规则输入小区编号。

9.5　创建点类型地理文件

在建立线层时 TransCAD 生成了一个与线层对应的节点层，一般情况下用户不需要再建立点层。若需要在地图上标注单个点，则可建立独立的点层。其具体的操作方法如下。

（1）在地图窗口中，选择"File"→"New"命令，系统弹出"New File"对话框，选择"Geographic File"选项，单击"OK"按钮。

（2）在弹出的"New Geographic File"对话框中，选择"Point Geographic File"单选按钮，在"Layer Settings"选项组的"Name"文本框中输入图层的名称；在"Options"选项组中选择"Add the layer to the current map window"单选按钮，单击"OK"按钮。

（3）在弹出的"Attributes for Point"对话框中，单击"Add Field"按钮，根据需要添加属性字段，单击"OK"按钮，保存文件。

（4）将点层激活为当前图层，选择"Tools"→"Map Editing"→"Toolbox"命令，系统弹出"Map Editing"绘图工具箱。

（5）利用上述工具箱建立点层并保存。

第 10 章　反推 OD 矩阵

10.1　实验目标

掌握利用软件导出地理文件及部分地图要素的方法。熟悉利用软件生成小区质心点和质心连杆的基本操作，并能够修改质心连杆和填充属性数据。熟悉交通出行 OD 反推的原理和思路。掌握利用软件进行 OD 反推的基本操作和方法。

10.2　知识要点

质心点(也称为质心)：为交通小区出行生成的聚集点。小区所有产生的出行假设都是从该点出发，并通过连杆到达道路网上。小区所有吸引的出行被认为是从其他小区经路网和连杆到达该点。

质心连杆：小区质心到路网节点或路段的交通连接线。设立质心连杆的目的是建立面层与线层的交通联系，质心连杆是实际不存在的，因此，其出行阻抗一般很小，通行能力很大。

OD 反推是在不进行大量出行调查时使用的一种获得现状 OD 交通流量的方法，主要依据现状路网部分路段流量数据，根据初始种子 OD 矩阵，经多次分配调整该矩阵，使路网分配到路段的流量与调查流量尽量接近，此时输出的矩阵作为现状 OD，进而可以通过相关分析预测目标年的 OD 矩阵。

进行 OD 反推的准备：创建包含质心点和质心连杆的现状路网和小区地理文件，必要的属性数据填充完全，建立虚拟路网并进行网络设置；创建种子 OD 矩阵；调查得到特征路段的交通流量，并录入路网属性数据表。

10.3　质心的输出

(1)将当前图层设置为"TAZ"，选择"Tools"→"Export"命令，系统弹出"Export TAZ

Geography"对话框。

（2）在"To"下拉列表框中选择"Standard Geographic File"；在"ID Field"下拉列表框中选择"Zone ID"；勾选"Export as Centroid Points"复选框，如图10-1所示，单击"OK"按钮。

（3）TransCAD将弹出"Save As"对话框，将文件保存为文件名为"cent"的地理文件。

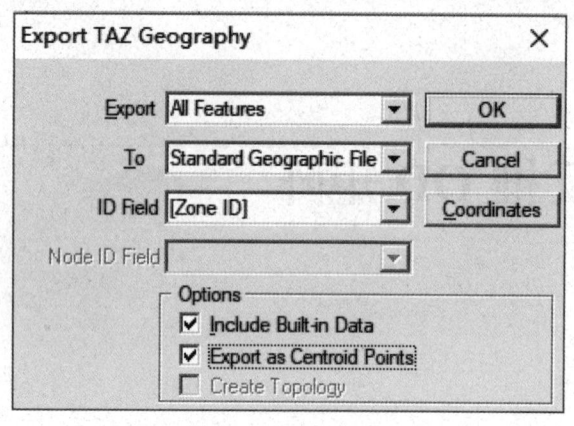

图10-1 质心的输出

10.4 质心连杆的创建

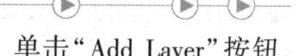

（1）选择"Map"→"Layers"命令，系统弹出"Layers"对话框，单击"Add Layer"按钮，系统弹出"File Open"对话框。

（2）选择生成的质心地理文件"cent"，单击"Open"按钮，质心层被添加到地图中，在"Rename Layer"对话框中将其名称对应改为"cent"，如图10-2所示，单击"OK"按钮返回"Layers"对话框。单击"Close"按钮关闭"Layers"对话框。

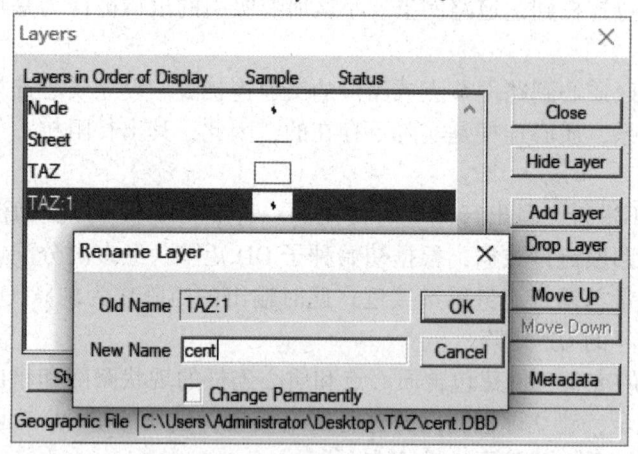

图10-2 导入质心层并重命名

（3）将当前图层设置为"cent"，选择"Tools"→"Map Editing"→"Connect"命令，系统弹出"Connect(Layer：cent)"对话框，在"Maximum connections"文本框中输入质心连杆的最大连接数。

(4)切换至"Fill"选项卡,在"Node field"下拉列表框中选择"Index",在"Fill with"选项组中选择"IDs from cent layer"单选按钮,如图10-3所示,单击"OK"按钮,质心连杆连接完成,如图10-4所示。

图10-3 制作质心连杆

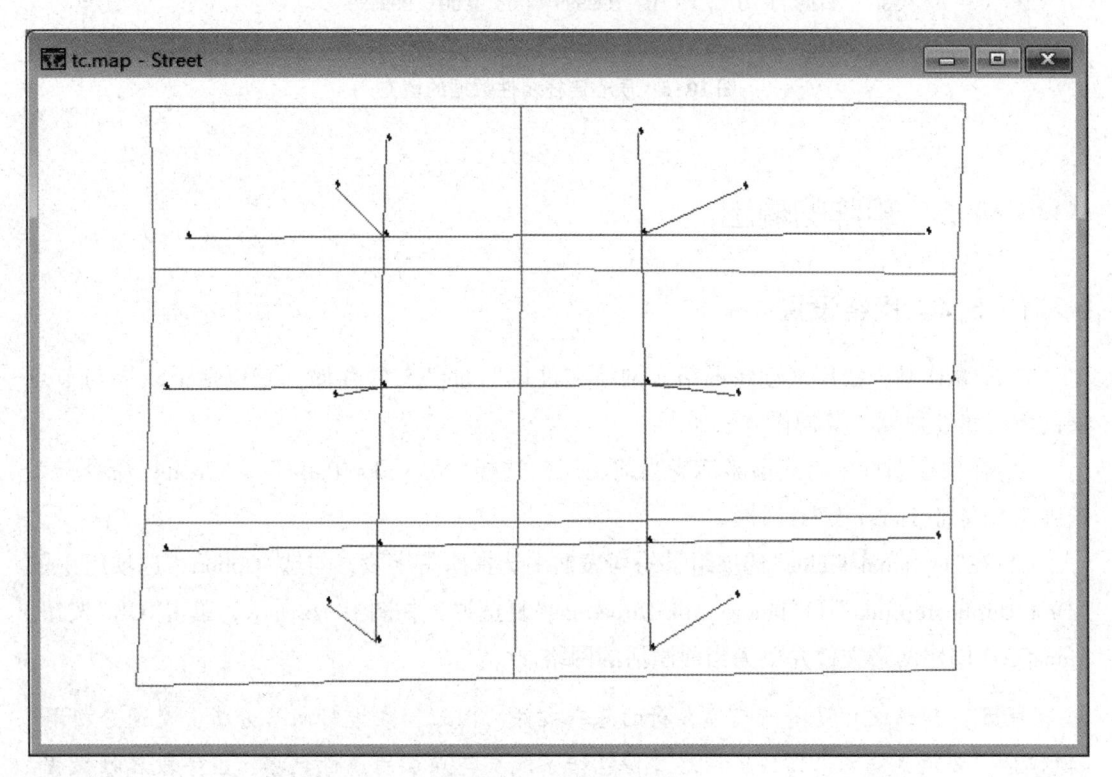

图10-4 连接后的地图

(5)填充质心连杆属性数据:将当前图层设置为"Street"。单击快捷图标中的■按钮,此时系统弹出当前路段图层的属性数据表。将质心连杆的"Type"属性设置为"0",速度及通行能力填充为较大的数,如"999999",并计算出"Time"值趋于"0",以此认为虚拟的质心连杆没有出行阻抗，如图 10-5 所示。

ID	Length	Dir	Type	Speed	Time	Capacity	[AB-Flow]	[BA-Flow]
4	1440.59	0	2	60	24.01	3000	2021	1890
5	1514.99	0	2	60	25.25	3000	1866	1634
6	3940.47	0	1	80	49.26	5000	4011	3599
7	2233.80	0	2	60	37.23	3000	1977	1578
8	2209.67	0	2	60	36.83	3000	2108	1853
9	4367.97	0	1	80	54.60	5000	3672	3291
10	2384.63	0	2	60	39.74	3000	1801	1650
11	4033.04	0	3	40	100.83	1500	1149	922
12	1420.78	0	2	60	23.68	3000	1900	1525
13	4128.62	0	1	80	51.61	5000	3590	2944
14	4443.22	0	1	80	55.54	5000	3045	2771
15	1612.78	0	2	60	26.88	3000	1689	1420
16	4702.73	0	3	40	117.57	1500	966	810
17	2363.67	0	2	60	39.39	3000	1737	1528
18	968.05	0	0	999999	0.00	999999	--	--
19	1534.15	0	0	999999	0.00	999999	--	--
20	749.53	0	0	999999	0.00	999999	--	--
21	1405.37	0	0	999999	0.00	999999	--	--
22	1043.40	0	0	999999	0.00	999999	--	--
23	1709.11	0	0	999999	0.00	999999	--	--

图 10-5　质心连杆属性数据的填充

10.5　矩阵的输出

10.5.1　网络设置

TransCAD 基于线层来创建网络，网络文件以".net"文件存储，它包括了线层与节点层的所有属性数据。其操作方法如下。

(1) 在快捷图标中将线层激活为当前图层，选择"Networks/Paths"→"Create"命令，系统弹出"Create Network"对话框。

(2) 在"Optional Fields"选项组下的列表框中选择所有字段，勾选"Options"选项组中的"Drop Duplicate Links"和"Ignore Link Directions"复选框，如图 10-6 所示，单击"OK"按钮，TransCAD 创建网络文件并成为当前激活的网络。

> 提示：网络文件是进行交通分析的基础文件，因此，在进行网络分析、交通分析等操作时，必须创建网络文件，网络文件包括了线层与点层的属性数据，当字段属性数据发生改变时，需要重新生成网络文件。

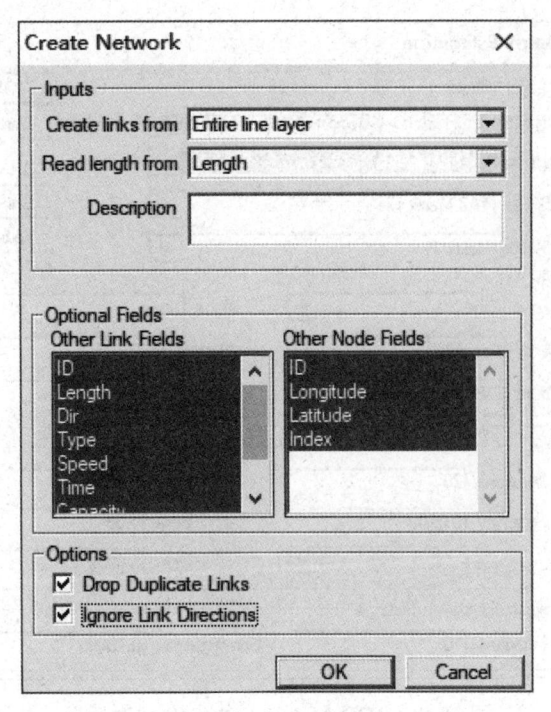

图 10-6 创建网络

▶▶▶ 10.5.2 OD 反推 ▶▶▶

OD 矩阵反推是根据调查的路段交通流量反推现状 OD 矩阵的过程。在交通需求分析中，由于 OD 矩阵较难获取，而路段交通流量能很容易地采集到，因此，OD 矩阵反推在实际中应用较为广泛。OD 矩阵反推需要的数据包括初始种子 OD 矩阵和含有路段流量的交通网络地理文件。

在交通小区层上创建一个初始种子 OD 矩阵，将其填充为一个固定的值，如图 10-7 所示。

图 10-7 创建初始种子 OD 矩阵

选择"Planning"→"OD Matrix Estimation"命令，系统弹出"OD Matrix Estimation"对话框，如图 10-8 所示。在"Method"下拉列表框中选择 OD 反推方法；在"Matrix File"下拉列表框中选择 OD 矩阵；在"Time""Capacity"和"Count"下拉列表框中分别选择对应的数据字段；单击"OK"按钮保存文件，TransCAD 显示 OD 反推结果，如图 10-9 所示。

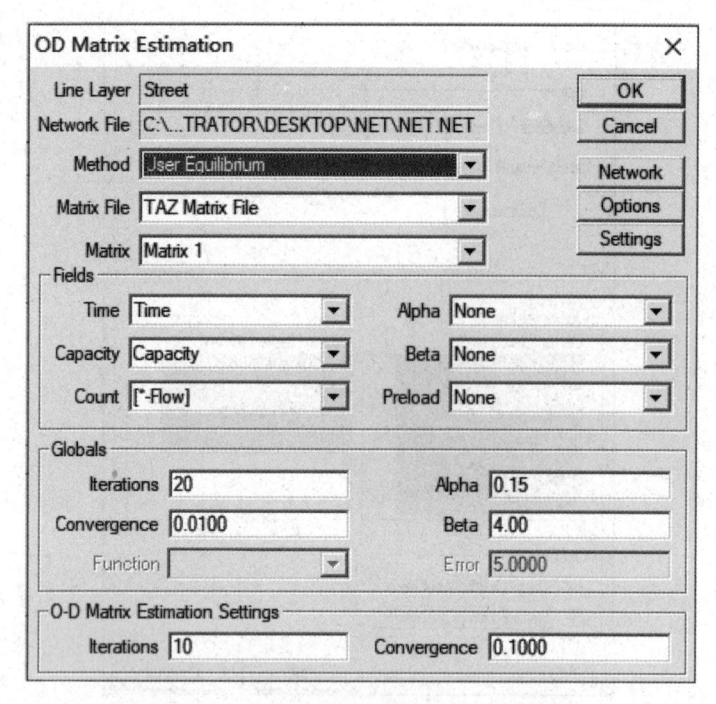

图 10-8 "OD Matrix Estimation"对话框

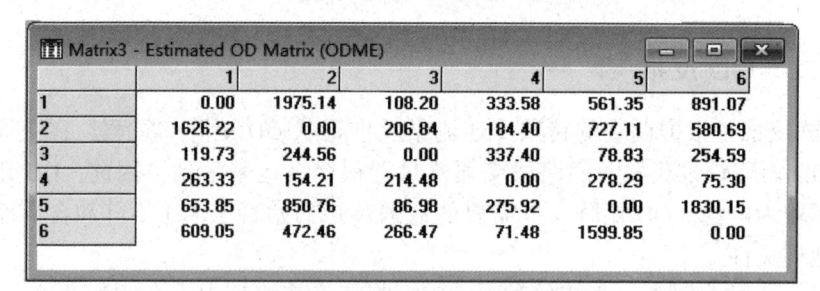

图 10-9 OD 反推矩阵

第 11 章
交通需求预测模型

11.1 实验目标

了解出行生成预测的基本原理，掌握运用回归分析法进行交通生产预测的方法。熟悉出行分布预测的基本原理，掌握利用重力模型法进行出行分布预测的方法。了解出行方式划分预测的基本原理，掌握应用 Logit 模型进行出行方式划分预测的方法。熟悉出行分配预测的基本原理，掌握应用各种方法进行出行分配预测的方法。

11.2 知识要点

交通需求分析与预测是根据道路交通系统及其外部系统的过去和现状预测未来的交通状况，根据历史经验、客观资料和逻辑判断，寻求交通系统的发展规律和未来趋势的过程。城市交通需求预测是对未来的一种预见，是一种决策，既要探索和掌握交通需求未来的发展规律，又要基于现状有限的资源条件正确引导和合理控制未来的交通需求。具体来说，交通需求分析及预测的目的就是要确定现状、近期、中期、远期各特征年份的出行 OD 矩阵，以及未来年各道路的交通流量，以便对未来城市交通规划方案进行评价。

在交通需求预测方法中，最常用的预测方法为"四阶段法"，即出行生成预测、出行分布预测、出行方式划分预测及出行分配预测。

出行生成预测是预测研究范围内每个交通小区所产生和吸引的出行总量。出行吸引是预测吸引到每个交通小区或特定用途地块的出行吸引量。出行发生是按出行目的估计每个交通小区产生的或从该交通小区出发的出行总数，它通过出行数量或频率来建立与出行者特性、交通小区特性及交通网络特性之间的关系。

出行分布预测是求目标年小区之间的出行分布量。其方法包括重力模型法、增长系数法等。重力模型法在没有现状 OD 的情况下也能进行分布预测，比较符合实际，应用较

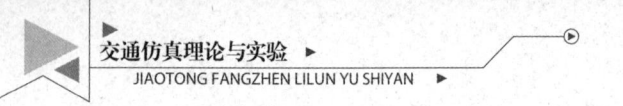

多。增长系数法是假设目标年的交通分布模式与现状相同。重力模型参数的标定是根据现状 OD 矩阵和阻抗矩阵,反推重力模型的参数。

出行方式划分预测也称为方式选择预测,其目的是将各小区间的出行分布量划分为各种交通方式的分布量。

出行分配预测是将交通小区间的出行分布量分配到道路网上,其目的是将各种出行方式的 OD 矩阵按照一定的路径选择原则分配到交通网络中的各条道路上,求出各路段上的流量及相关的交通指标。

11.3 出行生成预测

出行生成预测的常用方法有原单位法、交叉分类法、回归分析法及增长系数法等。其中,回归分析法是目前国内在交通规划工作中使用较多的一种方法。本节将主要介绍该方法的预测原理与步骤。

11.3.1 基本原理

回归分析法是研究变量之间相关关系的一种统计推断法,其目的是研究一个因变量与一个或多个自变量之间的关系,并用数学模型来表示这种关系,进而由自变量的变化来预测或估计因变量的变化。

在交通需求预测中,影响出行生成的因素往往不是单一的,而且出行生成量与这些影响因素之间的关系往往是非确定性的相关关系。在这种情况下,较好的方法就是通过回归分析建立出行生成量与其影响因素之间的函数关系,并以此进行出行生成预测。

其基本假设是:某类出行的生成量(产生量或吸引量)受某些社会经济活动指标的影响;出行量与社会经济活动变量之间的关系可以通过历史或现状调查数据确定,或者可以从其他类似地区移植;假定这种影响关系在一定时期内是稳定的,则可通过预测未来年相应社会经济活动指标的变化,来预测未来年的出行生成量。

11.3.2 数据准备

在 TransCAD 中运行回归模型,需要准备如下数据:小区的现状年出行产生量和吸引量数据;小区的现状年社会经济活动变量;小区的未来年社会经济活动变量。

1. 小区的现状年出行产生量和吸引量数据

打开 10.5.2 小节中得到的 OD 反推矩阵,选择"Matrix"→"Export"命令,在系统弹出的"Matrix Export"对话框中选择"Row in matrix ODME"单选按钮,如图 11-1 所示,单击"OK"按钮,保存为 Excel 可以打开的".dbf"格式文件,在 Excel 中经过行、列相加,得到小区的现状年出行产生量和吸引量数据,如图 11-2 所示。

图 11-1　OD 反推矩阵成行导出

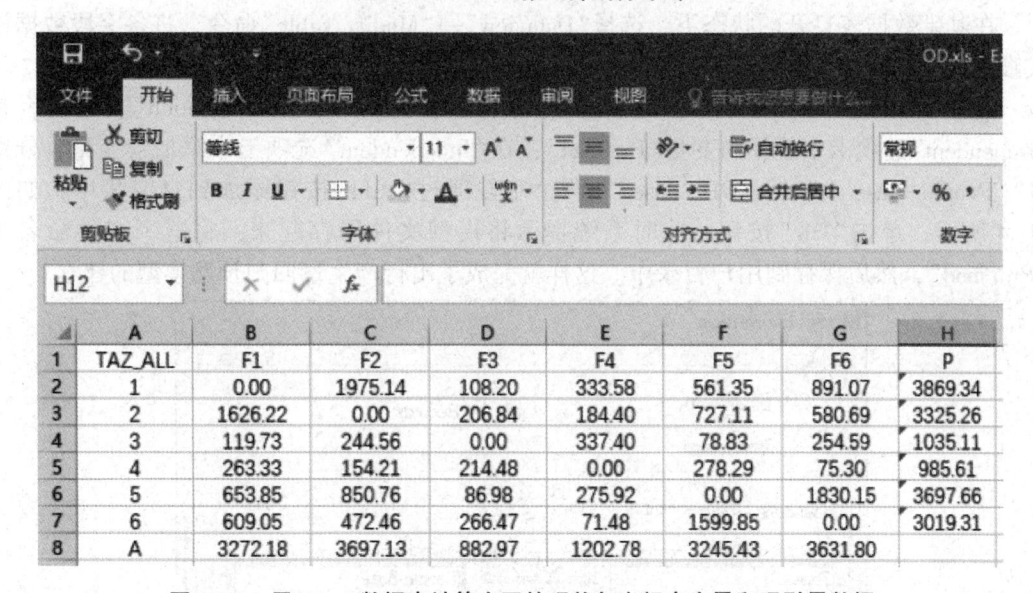

图 11-2　用 Excel 数据表计算小区的现状年出行产生量和吸引量数据

2. 创建基础数据表

根据现状 P、A 值，构建包含现状年及未来年社会经济活动变量的基础数据表，如图 11-3 所示，保存为".xls"格式文件，表中各字段的说明如表 11-1 所示。

Zone ID	P-Base	A-Base	People-Base	GDP-Base	People-Fur	GDP-Fur	P-Fur	A-Fur
1	3869	3272	600	30	720	48		
2	3325	3697	550	25	660	40		
3	1035	883	200	10	240	16		
4	986	1203	190	8	228	13		
5	3698	3245	580	35	696	56		
6	3019	3632	560	28	672	45		

图 11-3　基础数据表

表 11-1 基础数据表中各字段的说明

字段名	说明	字段名	说明
Zone ID	小区编号	People-Fur	未来年人口数量
P-Base	现状年出行产生量	GDP-Fur	未来年经济产值
A-Base	现状年出行吸引量	P-Fur	未来年出行产生量（为空，待预测）
People-Base	现状年人口数量	A-Fur	未来年出行吸引量（为空，待预测）
GDP-Base	现状年经济产值		

11.3.3 估计回归模型参数

在 TransCAD 中，选择"File"→"Open"命令，系统弹出"File Open"对话框，在"File of type"下拉列表框中选择".xls"格式打开基础数据表，并保存为".bin"格式文件。

在基础数据表打开的状态下，选择"Dataview"→"Modify Table"命令，将各字段数据格式修改为 Integer(4 bytes)字符。

选择"Statistics"→"Model Estimation"命令，系统弹出"Model Estimation"对话框，在"Dependent"选项卡中选择因变量"P-Base"，在"Independent"选项卡中添加自变量，分别将"[People-Base]"和"[GDP-Base]"两个字段通过"Add"按钮添加到自变量中，如图 11-4 所示，单击"OK"按钮，此时系统提示将模型文件保存起来，将这个文件命名为"Pro.mod"，然后保存到用户目录中。这样就完成了出行产生量回归预测模型的建立。

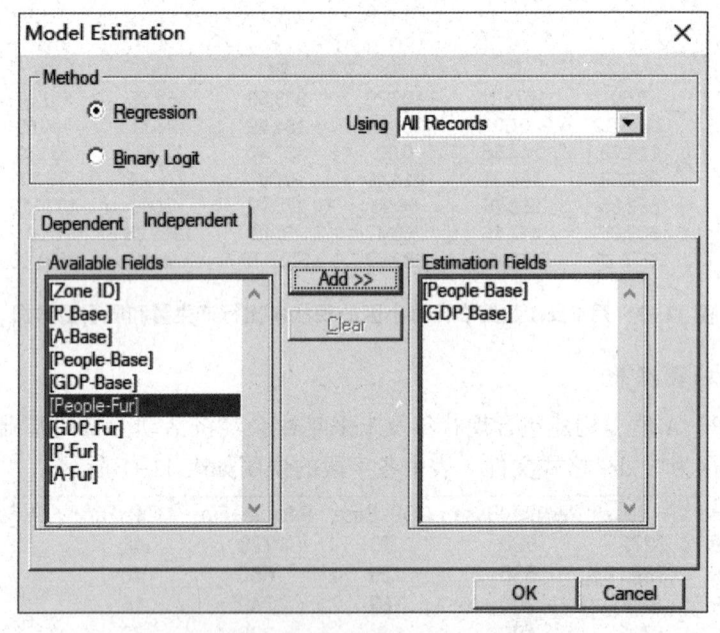

图 11-4 "Model Estimation"对话框

此时，TransCAD 会弹出"Results Summary"对话框，提示刚才模型估计所耗的时间，如图 11-5 所示。

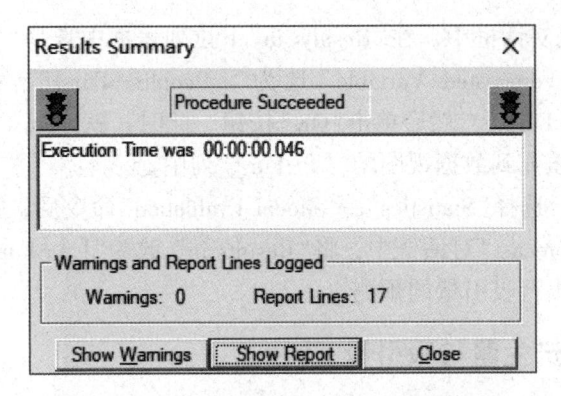

图 11-5 "Results Summary"对话框

在图 11-5 所示的对话框中，单击"Show Report"按钮，系统会弹出程序运行报告文件，在该文件的最后部分，是刚才估计模型的标准误差、相关系数、t 值、F 值等统计检验结果。通过此报告文件，可以判断回归模型是否有效。最简单的统计检验可以通过观察报告中的"R Squared"值进行判断，一般来说，如果该值大于 0.8，则说明模型自变量与因变量之间的相关程度是比较高的，可以用于预测。

采用类似的方法，如果在图 11-4 所示的对话框中，将因变量换成"A-Base"，即可建立出行吸引量回归预测模型。将这个模型文件命名为"Att. mod"并保存，用于下一步预测。

11.3.4 运行回归分析模型

在完成前述步骤后，选择"Statistics"→"Model Evaluation"命令，系统会弹出"Open Model File"对话框，选择刚才建立的"Pro. mod"模型文件，然后单击"Open"按钮。此时，TransCAD 弹出"Forecast"对话框，如图 11-6 所示。

图 11-6 "Forecast"对话框

在图 11-6 所示的对话框中，在"Results in"下拉列表框中选择"[P-Fur]"，在变量列表框中，将第一个"Forecasted Variable"选为"[People-Fur]"，将第二个"Forecasted Variable"选为"[GDP-Fur]"，然后单击"OK"按钮。此时，就完成了未来年出行产生量的预测，相应的数据被填充到数据视图的"[P-Fur]"列中。

采用同样的方法，选择"Statistics"→"Model Evaluation"命令后，打开"Att.mod"模型文件，在系统弹出的"Forecast"对话框中，将"Results in"改为"[A-Fur]"，其他操作步骤同前，即可完成未来年出行吸引量的预测。

11.3.5 平衡产生量与吸引量

出行生成预测完成后，要对所有小区的产生量与吸引量进行平衡，使两者的和相等，这样才能进行下一步的出行分布预测。

选择"Planning"→"Balance"命令，此时系统弹出"Vector Balancing"对话框。

在该对话框中，在"Vector1 Field"下拉列表框中选择"P-Fur"，在"Vector2 Field"下拉列表框中选择"A-Fur"，然后单击"OK"按钮。此时，系统提示将平衡结果保存为一个名为"Balance.bin"的数据表文件，把它保存到用户目录中。此时，TransCAD 出现了一个连接后的数据表视图，该数据表的最后两列即为平衡后的产生量与吸引量。至此就完成了未来年出行产生量和吸引量的预测。

> **提示：** 实际应用中，出行产生量的预测结果被认为是能较准确地反映现实情况的，所以当平衡出行产生量和吸引量时，通常将出行产生量保持不变，通过调整出行吸引量来达到出行产生量和吸引量之间的平衡。

11.4 出行分布预测

出行分布预测是将计算得到的未来出行产生与吸引的总量（单位：人次/日）分配到不同小区，以获得小区间的出行量，它反映了小区间的空间流量分布。出行分布预测结果以二维矩阵的形式给出，矩阵的行 ID 为产生分区号，列 ID 为吸引分区号，单元格为出行分布量。

常用的出行分布预测方法有增长率法和重力模型法，本节将主要介绍重力模型法的预测原理与步骤。

11.4.1 基本原理

在出行生成预测阶段，得到了未来年各小区出行的产生量与吸引量，它们反映了对象区域和各分区的出行总体水平（强度）。但是，对交通规划决策来说，仅有这些数据是不够的，需要进一步分析各小区之间的出行交换量，即出行分布量。

出行分布预测问题实际上就是在已知分布矩阵各行、各列之和的条件下，求矩阵中每个元素具体数值的问题。对包含 n 个小区的 OD 矩阵来说，这是一个拥有 $2n-1$ 个独立方程、$n×n$ 个未知数的方程组。由线性代数知识，当 $n>1$ 时，该方程组是没有唯一解的。因此，必须补充其他条件来推算分布矩阵。

可补充的条件主要有两类：一类是补充历史信息，即将现状出行分布矩阵乘一定的增长系数，得到未来出行分布矩阵，这类方法称为增长系数法；另一类是模拟出行者的目的地选择行为，并以此构造相应的分布预测模型，包括重力模型、介入机会模型、最大熵模型等。本节重点对重力模型法进行介绍。

11.4.2 数据准备

运行重力模型前，必须先标定重力模型阻抗函数的参数。本节以幂函数型阻抗函数为例，介绍重力模型的标定方法。采用其他类型阻抗函数时的模型标定方法与此类似。

标定重力模型前，需要准备的基础数据包括：

（1）一个小区地理文件。

（2）一个现状出行分布矩阵，该矩阵的行、列索引要与小区编号相同。

（3）一个小区间阻抗矩阵，该矩阵的行、列索引要与小区编号相同。

标定后的重力模型可以用于预测未来年的出行分布矩阵。运行重力模型前，需要准备的基础数据包括：

（1）一个小区间阻抗矩阵。

（2）一张未来年出行产生量和吸引量表。

（3）重力模型阻抗函数的参数。

11.4.3 重力模型法

本小节以反推 OD 矩阵作为现状出行分布矩阵为例给出重力模型法的操作过程。

1. 构建小区间阻抗矩阵

（1）打开地图文件，激活点层为当前图层，选择"Selection"→"Settings"命令，系统弹出"Node Selection Sets"对话框，如图 11-7 所示，单击"Add Set"按钮，关闭对话框。

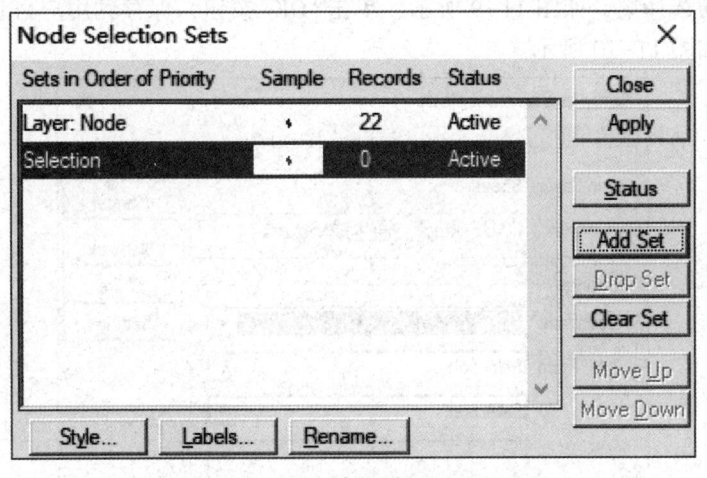

图 11-7 "Node Selection Sets"对话框

（2）单击快捷图标中的▦按钮，在弹出的数据窗口中，单击"ID"字段前的空白处，将"Index"字段不为空的记录选中作为一个选择集，如图 11-8 所示。

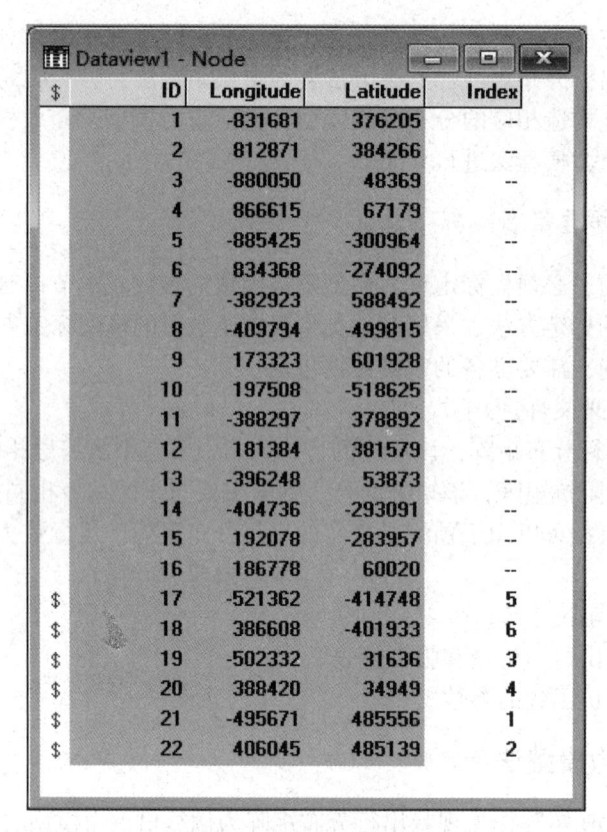

	ID	Longitude	Latitude	Index
	1	-831681	376205	--
	2	812871	384266	--
	3	-880050	48369	--
	4	866615	67179	--
	5	-885425	-300964	--
	6	834368	-274092	--
	7	-382923	588492	--
	8	-409794	-499815	--
	9	173323	601928	--
	10	197508	-518625	--
	11	-388297	378892	--
	12	181384	381579	--
	13	-396248	53873	--
	14	-404736	-293091	--
	15	192078	-283957	--
	16	186778	60020	--
$	17	-521362	-414748	5
$	18	386608	-401933	6
$	19	-502332	31636	3
$	20	388420	34949	4
$	21	-495671	485556	1
$	22	406045	485139	2

图 11-8 数据窗口

（3）选择"Networks/Paths"→"Multiple Paths"命令，系统弹出"Multiple Shortest Path"对话框，在"Minimize"下拉列表框中选择"Time"作为阻抗，在"From"和"To"下拉列表框中分别选择包含的选择集，如图 11-9 所示，单击"OK"按钮，保存到用户目录下，并自动打开运行结果，如图 11-10 所示。

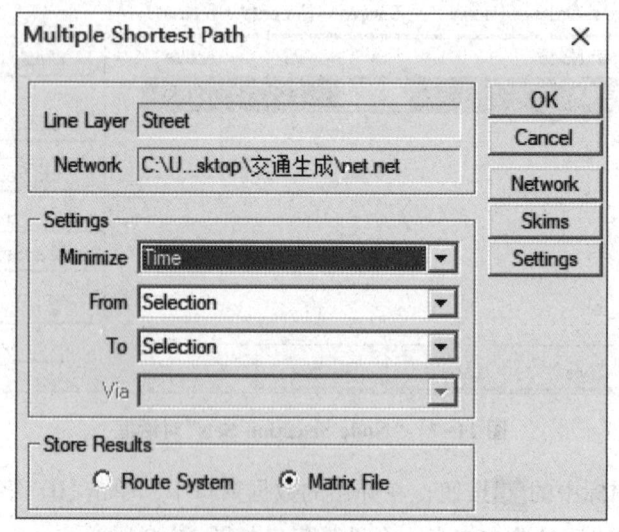

图 11-9 "Multiple Shortest Path"对话框

	17	18	19	20	21	22
17	0.00	102.17	63.43	114.68	100.66	149.91
18	102.17	0.00	118.23	66.28	152.36	103.11
19	63.43	118.23	0.00	100.83	37.23	86.49
20	114.68	66.28	100.83	0.00	86.09	36.83
21	100.66	152.36	37.23	86.09	0.00	49.26
22	149.91	103.11	86.49	36.83	49.26	0.00

图 11-10　阻抗矩阵的计算结果

2. 重力模型的标定

(1) 按照 8.6.3 小节中的方法，将阻抗矩阵的索引转换为以小区"Zone ID"为索引的矩阵，结果如图 11-11 所示。

	1	2	3	4	5	6
1	0.00	49.26	37.23	86.09	100.66	152.36
2	49.26	0.00	86.49	36.83	149.91	103.11
3	37.23	86.49	0.00	100.83	63.43	118.23
4	86.09	36.83	100.83	0.00	114.68	66.28
5	100.66	149.91	63.43	114.68	0.00	102.17
6	152.36	103.11	118.23	66.28	102.17	0.00

图 11-11　索引转换后的阻抗矩阵

(2) 在反推 OD 矩阵及阻抗矩阵打开的状态下，将地图窗口设置为当前活动窗口，选择"Planning"→"Trip Distribution"→"Gravity Calibration"命令，系统弹出"Gravity Calibration"对话框，在上方的"Matrix File"下拉列表框中选择反推 OD 矩阵，在下方的"Matrix File"下拉列表框中选择阻抗矩阵，选择"Inverse Power"单选按钮，如图 11-12 所示，然后单击"OK"按钮。

图 11-12　重力模型的标定

此时，系统提示将模型标定结果保存为一个数据表文件，单击"Save"按钮后，出现一个新的数据视图，其中列"b"下方的数字即为幂函数型阻抗函数的参数。至此完成重力模型的标定。

3. 重力模型运行

在 TransCAD 中，打开阻抗矩阵文件和未来年出行产生量和吸引量表。选择"Planning"→"Trip Distribution"→"Gravity Application"命令，此时系统弹出"Gravity Application"对话框。

在该对话框的"General"选项卡中，在"Productions"下拉列表框中选择"[[P-Fur]]"，在"Attractions"下拉列表框中选择"[[A-Fur]]"，如图 11-13（a）所示。在"Friction Factors"选项卡中，在"Factors Come from"选项组中选择"Inverse"单选按钮，在"b"文本框中输入前面标定的模型参数，如图 11-13（b）所示，单击"OK"按钮，此时，系统提示将模型运行结果保存为一个矩阵文件，这个矩阵文件就是用重力模型法预测得到的未来年的交通分布矩阵。

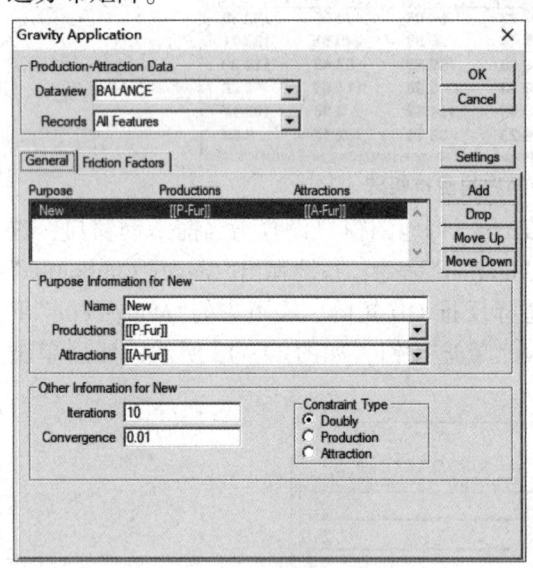

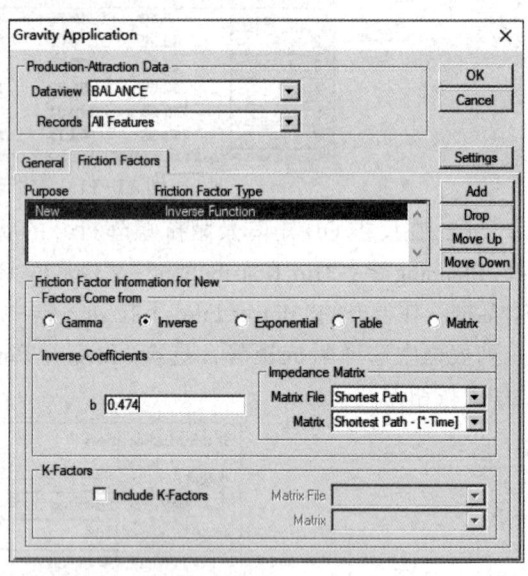

(a)   (b)

图 11-13 "Gravity Application"对话框

(a) "General"选项卡；(b) "Friction Factors"选项卡

11.5 出行方式划分预测

11.5.1 基本原理

出行方式划分是指预测出行分布中选择某一交通方式出行所占的比例或数量，根据不同的对象可将出行方式划分为公共交通和私人交通等，影响出行方式划分的因素有收入、距离、费用等，根据分析的对象不同，出行方式划分方法分为两大类：基于集计的方式划分选择模型与基于非集计的方式划分选择模型。集计模型，是指以一批出行者作为分析对象，先对与他们有关的调查数据进行统计处理，得出平均意义上的量，然后对这些量进行进

一步的分析和研究。而非集计模型则是指以单个出行者作为分析对象，充分地利用每个调查样本的数据，求出描述个体行为的概率值。本书主要以二元 Logit 模型为例介绍其操作方法。

11.5.2 数据准备

本节设定有两种交通方式——小汽车和公交车，同时准备两组矩阵：一组矩阵是两种交通方式的出行费用矩阵，即目录文件夹中的"Cost Matrix.mtx"文件，它包含两个子矩阵，分别命名为"Bus Fare"和"Car Cost"；另一组矩阵是两种交通方式的出行时间矩阵，即目录文件夹中的"Time Matrix.mtx"文件，它也包含两个子矩阵，分别命名为"Car Time"和"Bus Time"。为估计 Logit 模型的参数，还应准备一张交通方式离散选择表，这张表为目录文件夹中的"Choice.bin"文件。最后，还需要准备一个全方式出行矩阵，即目录文件夹中的"ODME_OD.mtx"文件。

1. 创建"Cost Matrix.mtx"和"Time Matrix.mtx"矩阵文件

（1）将面层激活为当前图层，选择"File"→"New"命令，在系统弹出的"New File"对话框中选择"Matrix"，打开"Create Matrix File"对话框，在"Name"文本框中输入"Cost Matrix"；在"IDs are in"下拉列表框中选择"[Zone ID]"；在"Matrices"文本框中输入"2"，分别命名为"Bus Fare"和"Car Cost"，如图 11-14 所示，单击"OK"按钮，弹出空白的矩阵文件。

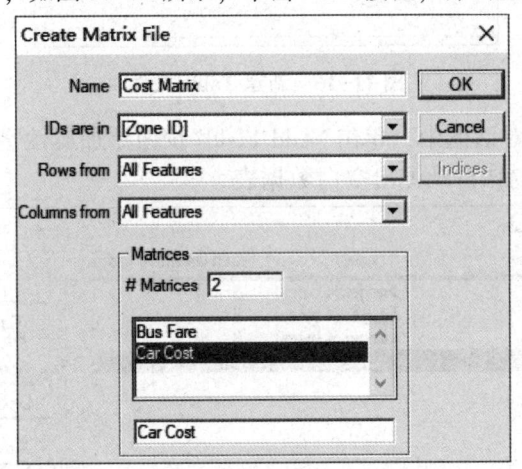

图 11-14 "Create Matrix File"对话框

（2）在弹出的矩阵文件中，分别为"Bus Fare"和"Car Cost"两个子矩阵输入对应的数据，如图 11-15 所示，数据输入可参考 8.6.2 小节中的方法进行操作。

图 11-15 填充"Cost Matrix.mtx"矩阵文件

(3)参照步骤(1)和(2)完成"Time Matrix.mtx"矩阵文件的构建和填充。

2. 创建交通方式离散选择表

(1)选择"File"→"New"命令,在系统弹出的"New File"对话框中选择"Table",在系统弹出的"New Table Type"对话框中,选择"Fixed-format binary"单选按钮,如图 11-16 所示,单击"OK"按钮,弹出"New Table"对话框。

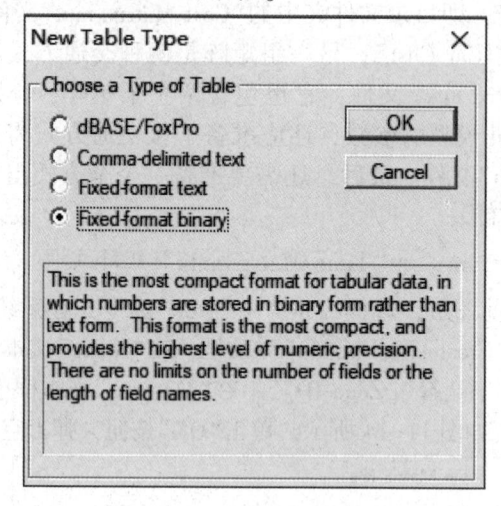

图 11-16　新建 Table 文件

(2)在"New Table"对话框中,单击"Add Field"按钮添加属性字段,如图 11-17 所示,单击"OK"按钮,TransCAD 自动弹出空白数据表。

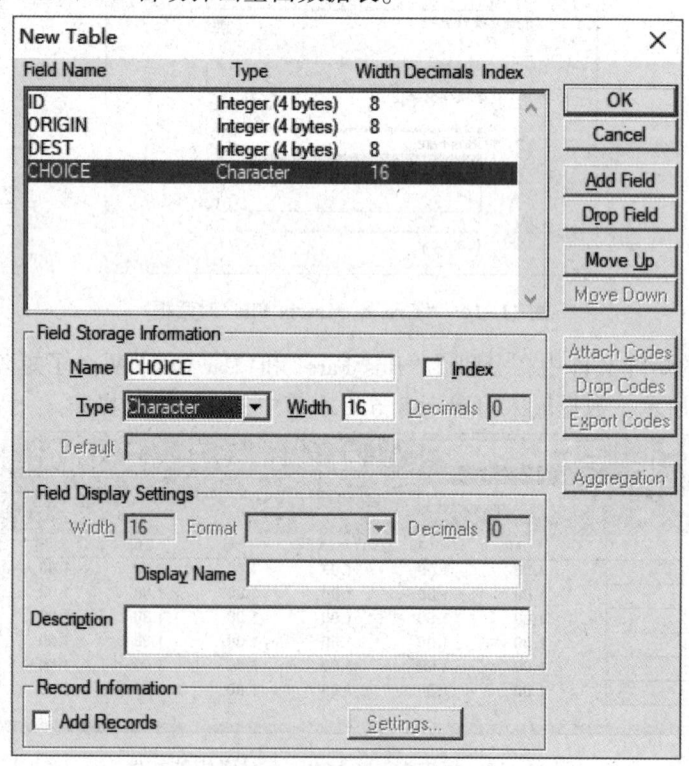

图 11-17　添加属性字段

(3)选择"Edit"→"Add Records"命令,在系统弹出的"Add Records"对话框中,输入数据的记录条数,根据实际调查数据填充表格,如图11-18所示,完成"Choice.bin"数据表的设置。表中第一列是 ID 值,第二列是出行起点,第三列是出行终点,第四列是选择的出行方式,这张表可以通过调查数据得到。

ID	ORIGIN	DEST	CHOICE
1	1	2	Bus
2	1	3	Bus
3	1	4	Car
4	1	5	Car
5	1	6	Car
6	2	3	Bus
7	2	4	Bus
8	2	5	Car
9	2	6	Car
10	3	4	Bus
11	3	5	Bus
12	3	6	Car
13	4	5	Bus
14	4	6	Bus
15	5	6	Bus
16	6	1	Car
17	5	2	Car
18	4	3	Bus
19	3	4	Bus
20	2	5	Car

图 11-18 交通方式离散选择表

11.5.3 创建出行方式表

打开"Cost Matrix.mtx"和"Time Matrix.mtx"矩阵文件,以及地理文件。

选择"Planning"→"Mode Split"→"Specify a Multinomial Logit Model"命令,系统弹出"Create MNL Model Table"对话框。

单击"Specify Alternatives"右侧的"Add"按钮,添加两个出行方式"Car"和"Bus";单击"Specify Parameters"右侧的"Add"按钮,添加两个变量"Time"和"Cost",如图11-19所示,单击"OK"按钮后,弹出一个对话框,提示保存建立的出行方式表文件。在"文件名"文本框中输入"ModelTab.bin"并保存后,系统弹出"Fill MNL Model Table"对话框。

在"Number of Alternatives"下拉列表框中选择"2",在"Specify Utility for"列表框中先选择"Car",然后在"Change Information"选项组的"Parameter"下选择"Time",最后在最下方选择"Matrix"单选按钮,然后在其后的下拉列表框中分别选择"Time Matrix"和"Car Time",如图11-20(a)所示,这样就完成了小汽车出行方式的出行时间变量数据来源的设置。按照同样的方法,可以分别为小汽车出行方式的费用变量、公交车出行方式的出行时间、费用变量设置数据来源。出行方式表设置完成后,如图11-20所示,单击"OK"按钮,这时系统会弹出一张数据视图,如图11-21所示。

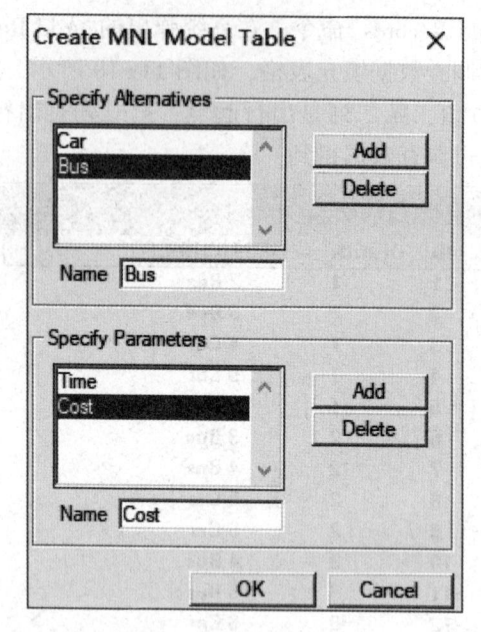

图 11-19 "Create MNL Model Table" 对话框

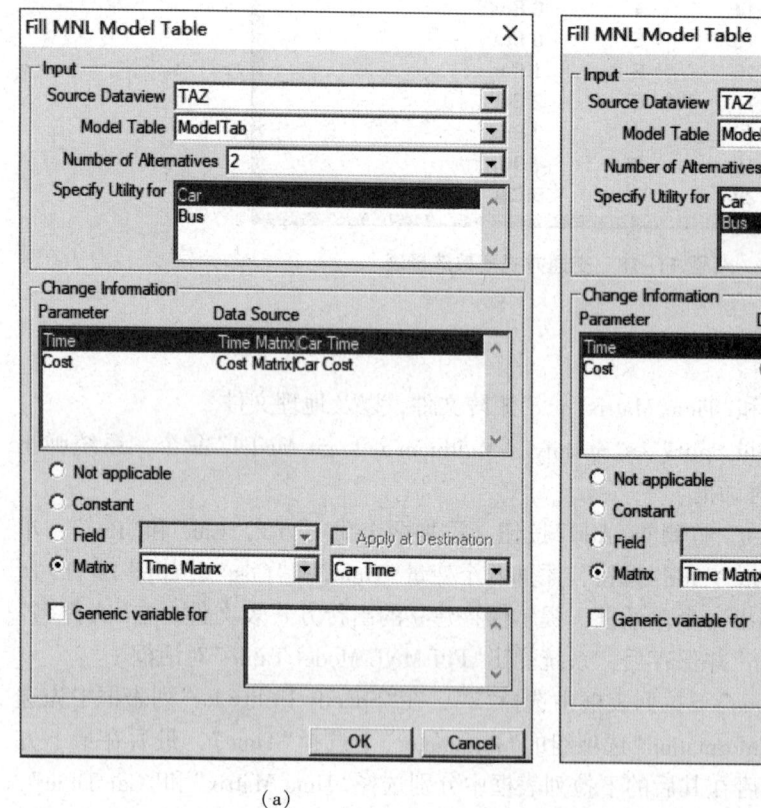

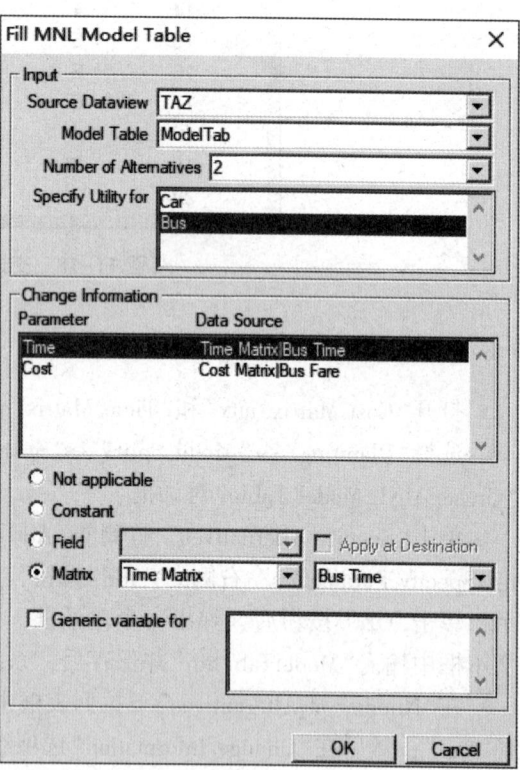

(a)　　　　　　　　　　　　　　　(b)

图 11-20　填充出行方式表

(a) Car；(b) Bus

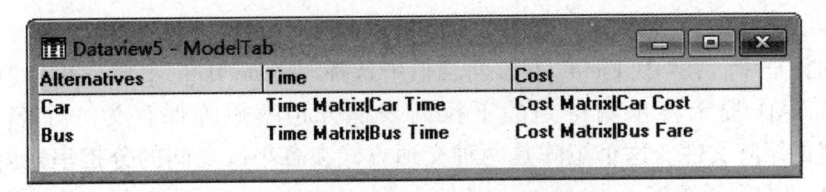

图 11-21 设置完成后的出行方式表

▶▶| 11.5.4　Logit 模型的参数估计 ▶▶▶

打开"Cost Matrix.mtx"和"Time Matrix.mtx"矩阵文件、上一步建立的"ModelTab.bin"数据表及交通方式离散选择表"Choice.bin"。

选择"Planning"→"Mode Split"→"Multinomial Logit Estimation"命令，系统弹出"MNL Estimation"对话框，如图 11-22 所示。

图 11-22　"MNL Estimation"对话框

在"ID Field"下拉列表框中选择"ID"，在"Choice Field"下拉列表框中选择"CHOICE"，在"Origin Field"下拉列表框中选择"ORIGIN"，在"Destination Field"下拉列表框中选择"DEST"，然后单击"OK"按钮。这样就完成了 Logit 模型的参数估计，所估计的参数值显示在出行方式表"ModelTab.bin"的最后一行。

需要注意的是，在实际规划工作中，对 Logit 模型的参数估计是一项十分复杂的工作。因为影响出行方式划分的因素有很多，这些因素都可以作为效用函数中的变量。但是，有的因素对出行方式划分的影响程度高，而有的因素则可以忽略掉。具体选择哪些因素作为效用函数的变量，需要在模型参数估计的过程中反复尝试，并借助模型运行报告中的 t 检验值进行判定。一般来说，如果某个变量的 t 检验值的绝对值小于 2，那么这个变量很可能就无关紧要，应该在效用函数中移去。

▶▶| 11.5.5　应用 Logit 模型 ▶▶▶

打开"Cost Matrix.mtx"和"Time Matrix.mtx"矩阵文件、包含参数估计值的"ModelTab.bin"数据表及地图文件。

选择"Planning"→"Mode Split"→"Multinomial Logit Application"命令，系统弹出"Multinomial Logit Application"对话框，如图 11-23 所示。

在该对话框中，在"ID Field"下拉列表框中选择"[Zone ID]"，然后单击"OK"按钮。此时，TransCAD 提示将预测得到的下拉列表框分担率矩阵保存为一个名为"MNL_EVAL.mtx"的矩阵文件。这个矩阵是两种交通方式在各小区之间的分担率矩阵，它包含"Car"和"Bus"两个子矩阵。

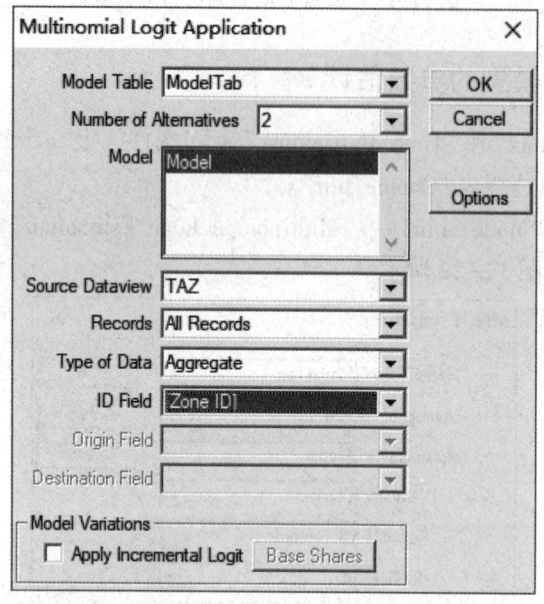

图 11-23 "Multinomial Logit Application"对话框

11.5.6 将分担率矩阵转换为出行分布矩阵

使用 TransCAD 的矩阵相乘功能，将全方式出行分布矩阵分别与两个分担率矩阵相乘，可得到两种方式的出行分布矩阵。

(1)在 TransCAD 中打开全方式出行分布矩阵文件"cgrav.mtx"和上一步中生成的分担率矩阵文件"MNL_EVAL.mtx"，然后在"Output Matrix"矩阵的单元格上右击，在弹出的快捷菜单中选择"Contents"命令。此时，TransCAD 弹出"Matrix File Contents"对话框，如图 11-24 所示。

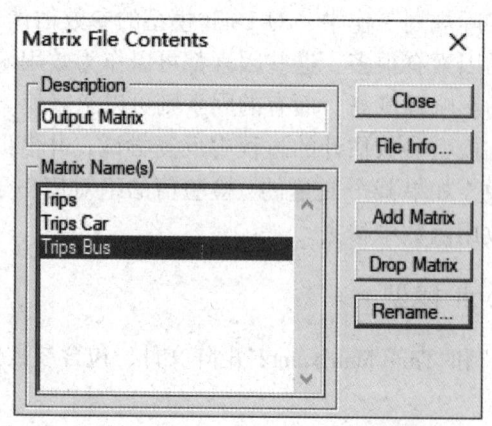

图 11-24 "Matrix File Contents"对话框

(2)在该对话框中，单击"Add Matrix"按钮，输入两个子矩阵，并分别命名为"Trips Car"和"Trips Bus"，单击"Close"按钮关闭此对话框。然后在快捷图标的下拉列表框中选择"Trips Car"，在"Output Matrix"矩阵的单元格上右击，在弹出的快捷菜单中选择"Fill"命令。此时，TransCAD 弹出"Fill Matrix：Output Matrix"对话框，如图 11-25 所示。

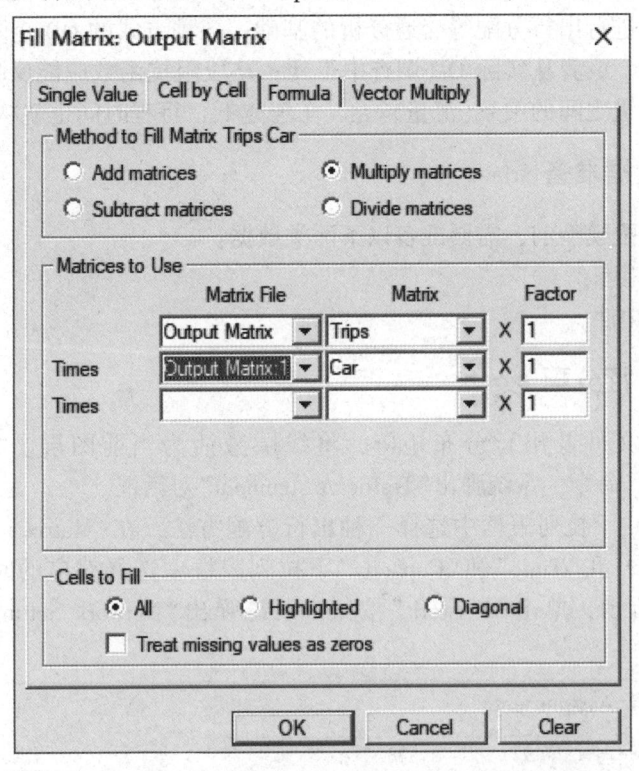

图 11-25 "Fill Matrix：Output Matrix"对话框

（3）在该对话框中，切换至"Cell by Cell"选项卡，然后选择"Multiply matrices"单选按钮，在"Matrix File"和"Matrix"下分别选择"Output Matrix""Trips"和"Output Matrix：1""Car"，这样就将全方式出行分布矩阵与小汽车分担率矩阵进行了相乘，并将结果填充到了"Trips Car"子矩阵中。采用类似的操作方法，可以将全方式出行分布矩阵与公交车分担率矩阵进行相乘，并将结果填充到"Trips Bus"子矩阵中，这样就得到了两种方式的出行分布矩阵。

11.6 出行分配预测

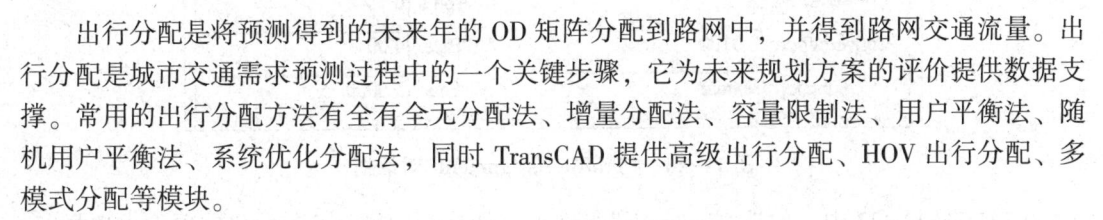

出行分配是将预测得到的未来年的 OD 矩阵分配到路网中，并得到路网交通流量。出行分配是城市交通需求预测过程中的一个关键步骤，它为未来规划方案的评价提供数据支撑。常用的出行分配方法有全有全无分配法、增量分配法、容量限制法、用户平衡法、随机用户平衡法、系统优化分配法，同时 TransCAD 提供高级出行分配、HOV 出行分配、多模式分配等模块。

11.6.1 基本原理

出行分配可以归纳为问题形式，即已知交通网络的有向图形式、OD 矩阵、路段阻抗函数，求解网络中各路段的交通流量及阻抗值。其中，交通网络的有向图形式是交通网络的数学化描述，是进行出行分配等交通分析的基础；各种方式的 OD 矩阵一般由交通方式划分预测过程获取，或者从实际 OD 调查中得到；路段阻抗函数应能反映实际道路路段上行程时间与路段流量之间的关系(流量越大，车速越低，行程时间也就越长)。

11.6.2 数据准备

在运行出行分配模型前，需要准备以下两类数据：
(1) 出行分布矩阵；
(2) 小区地理文件。

11.6.3 出行分配

(1) 打开地理文件及出行分布矩阵，将线层激活为当前图层，选择"Planning"→"Traffic Assignment"命令，系统弹出"Traffic Assignment"对话框。

(2) 在"Method"下拉列表框中选择一种出行分配方法，在"Matrix File"下拉列表框中选择出行分布矩阵，在"Time"和"Capacity"下拉列表框中选择对应的时间和通行能力数据，如图 11-26 所示，单击"Network"按钮，系统弹出"Network Settings"对话框，如图 11-27 所示。

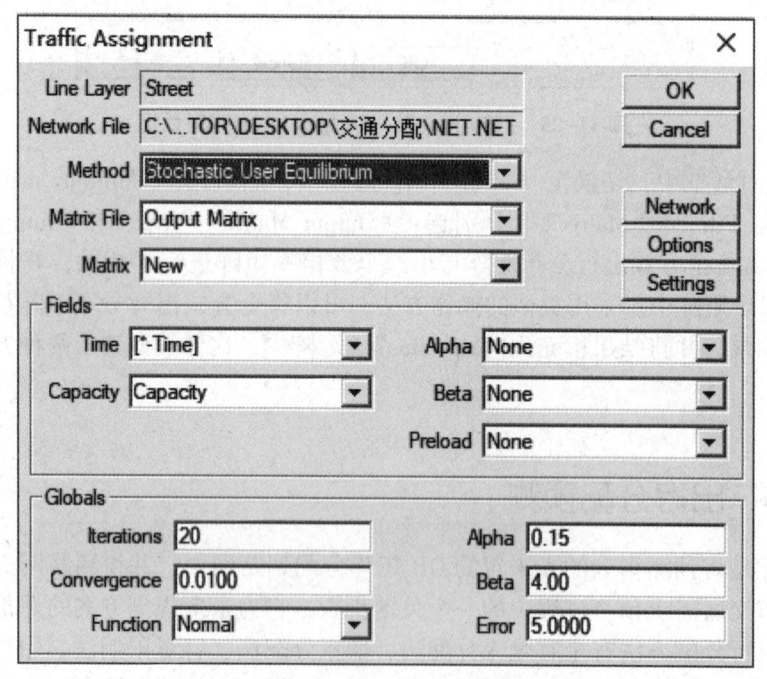

图 11-26　"Traffic Assignment"对话框

(3) 在图 11-27 中，勾选"Centroids"复选框，切换至"Other Settings"选项卡，选择"In Selection Set"单选按钮，在右侧的下拉列表框中选择"Selection"，如图 11-28 所示，单击

"OK"按钮，返回"Traffic Assignment"对话框。

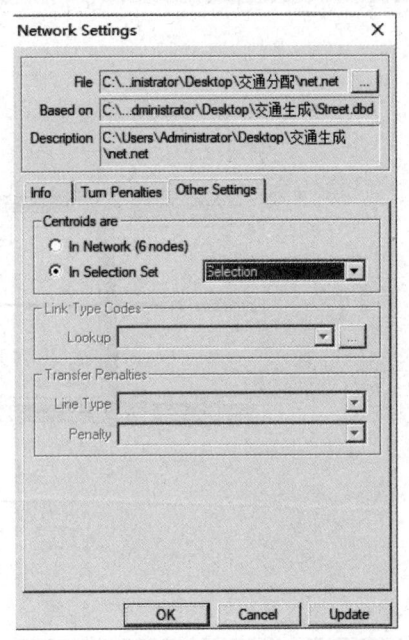

图 11-27 "Network Settings"对话框 1　　图 11-28 "Network Settings"对话框 2

（4）在"Traffic Assignment"对话框中，单击"Options"按钮，系统弹出"Options"对话框，勾选"Create Themes"复选框，创建分配主题图，如图 11-29 所示；单击"OK"按钮，出现出行分配对话框，并显示分配结果，如图 11-30 所示，利用"Automatic Labels"功能可将分配的流量或路段饱和度展示在交通网络上。

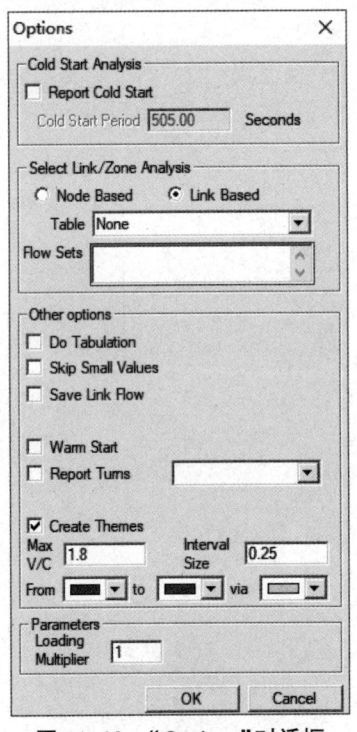

图 11-29 "Options"对话框

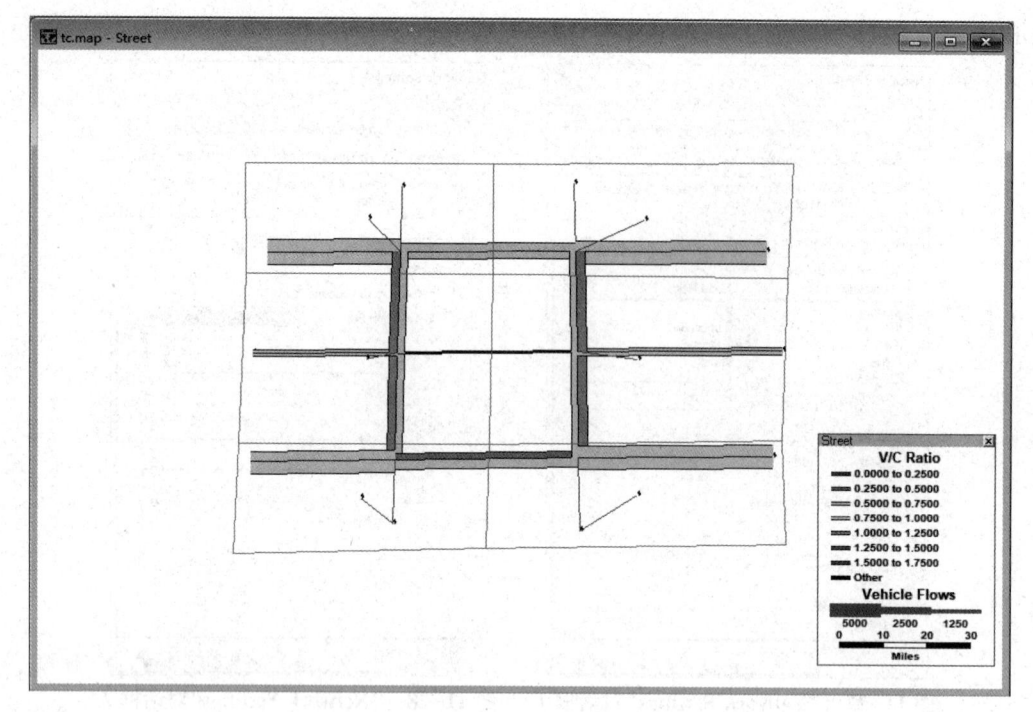

图 11-30 分配结果

参 考 文 献

[1] 刘博航,安桂江. 交通仿真实验教程[M]. 2版. 北京:人民交通出版社,2015.
[2] 任其亮,刘博航. 交通仿真[M]. 北京:人民交通出版社,2013.
[3] 周晨静. 微观交通仿真理论与实训[M]. 北京:机械工业出版社,2020.
[4] 邓建华. 道路交通系统仿真技术与应用[M]. 北京:国防工业出版社,2013.
[5] 王保山,丁勇,杜鹏,等. 交通专业软件及其应用[M]. 北京:清华大学出版社,2018.
[6] 秦焕美,曹静. 交通规划与仿真软件实验指导书[M]. 北京:北京工业大学出版社,2014.
[7] 闫小勇,刘博航. 交通规划软件实验教程(TransCAD 4.x)[M]. 北京:机械工业出版社,2010.
[8] 章玉,胡兴华,王佳,等. 交通规划模型——TransCAD的操作与应用[M]. 北京:中国建筑工业出版社,2010.